Christian Bommarius
Todeswalzer

CHRISTIAN BOMMARIUS

TODES

Der Sommer 1944

WALZER

dtv

Für Kristin

© 2024 dtv Verlagsgesellschaft mbH & Co. KG, München
Satz: Fotosatz Amann, Memmingen
Gesetzt aus der Minion Pro
Druck und Bindung: CPI books GmbH, Leck
Printed in Germany · ISBN 978-3-423-28370-0

Sie können nicht sagen: »Das geht mich nichts an.«
Es geht Sie etwas an.

Albert Camus,
Gegen den totalen Krieg: Totaler Widerstand!,
Combat Nr. 55, März 1944

Wir müssen eingedenk sein, dass der Rassenwahn,
der Faschismus aus diesem Krieg nicht nur den
bitteren Beigeschmack der Niederlage davonträgt,
sondern auch die süße Erinnerung,
wie leicht der Massenmord gelingt.

Wassili Grossman,
Die Hölle von Treblinka

INHALT

VORWORT _____ 11

1. KAPITEL
6. Juni 1944 _____ 15

2. KAPITEL
»Die SS, die weiß alles, die hat schon alles ausprobiert.«
NORMANDIE – TRENT PARK – NORMANDIE –
ORADOUR SUR GLANE _____ 31

3. KAPITEL
»Heute gibt es schon wieder Sardinen, Onkel Rahm.«
KONSTANZ – BERLIN – THERESIENSTADT _____ 51

4. KAPITEL
»Aber ich denke an Coventry …«
ROM – KRETA – BREST – LÜBECK _____ 71

5. KAPITEL
»Wir sitzen im Kochtopf des Teufels.«
BUDAPEST – SALZBURG – OSTFRONT – DEBRECEN –
OBERSALZBERG – PARIS _____ 91

6. KAPITEL
»Niemand tanzt, die Freude ist ausgestorben, der Hass schwelt.«
KRUMMHÜBEL – BUDAPEST – HIRSCHEGG
(KLEINWALSERTAL) – MOSKAU _____ 111

7. KAPITEL
»Eine ganz kleine Clique ehrgeiziger,
gewissenloser Offiziere«
BERLIN – WOLFSSCHANZE –GERTLAUKEN – BERLIN _____ 153

8. KAPITEL
»Alle diese Kohlköpfe wachsen in menschlicher Asche.«
MAJDANEK – BREST – BERLIN _____ 189

9. KAPITEL
»Hitler braucht erst eine Bombe unter seinem Hintern …«
WOLFSSCHANZE – BERLIN – KOLBERG – LEUNA _____ 203

10. KAPITEL
»Du wirst Sterne haben, die lachen können.«
NORMANDIE – VERCORS – PARIS _____ 211

11. KAPITEL
»Ein deutscher Soldat kapituliert nicht.«
AMSTERDAM – ST. MALO – BREST – BERLIN _____ 225

12. KAPITEL
»Die grundlose Erde wogt wie ein abgrundtiefes Meer.«
PLOIEȘTI – BERLIN – TREBLINKA – NEUSTRELITZ –
BORDEAUX – DRANCY _____ 237

13. KAPITEL
Ascheregen I. und II.
PARIS – KÖNIGSBERG _____ 255

SCHLUSS _____ 265

NACHBEMERKUNG	269
BIOGRAFIEN	271
LITERATUR	295
DANK	305
ANMERKUNGEN	307

Vorwort

Der Zweite Weltkrieg in Europa zerfällt – wie das deutsche Sturmgewehr – in mehrere Teile. In den fast fünf Jahren zwischen dem 1. September 1939, dem Tag des Überfalls des Deutschen Reichs auf Polen, und dem 20. Juli 1944, dem Tag des gescheiterten Attentats auf Adolf Hitler, haben mehr als 2,8 Millionen Deutsche – Wehrmachtsangehörige und Zivilisten – ihr Leben verloren. Doch ab dem 21. Juli 1944 werden in nicht einmal zehn Monaten bis zum Ende des Krieges mehr als vier Millionen Deutsche sterben (und rund 1,5 Millionen Rotarmisten, über 100 000 US-Amerikaner und Briten, Hunderttausende KZ-Häftlinge werden ermordet). Im Sommer 1944 ist der Krieg für Deutschland verloren, aber das knappe Jahr bis zur Kapitulation wird sein blutigstes Kapitel. Zwar werden seit Monaten deutsche Städte von den westlichen Alliierten in Grund und Boden gebombt. Aber erst in diesem Sommer rücken die Armeen der USA, Großbritanniens und der Sowjetunion vom Westen, Süden und Osten auf die deutschen Grenzen zu – der von Deutschland entfesselte Weltkrieg kehrt zu seinem Ausgangspunkt zurück.

Schon Ende Januar 1944 hat die Rote Armee nach einer Belagerung von beinahe 900 Tagen die Blockade Leningrads durchbrochen (1,1 Millionen Zivilisten sind während der Blockade gestorben, 90 Prozent sind verhungert) und im März den Bug überschritten, der 1941 einen Teil der Ausgangsposition für das Unternehmen Barbarossa, Deckname für den Überfall der Wehrmacht auf Russland, gebildet hatte. Ende 1943 verfügte das deutsche Heer über 13 Armeen, im April 1944 nur noch über neun. Der Winterfeldzug der Roten Armee hat den Deutschen und ihren Verbündeten fast eine Million Verluste zugefügt, bis zum 12. Mai verloren sie weitere 110 000 Mann auf der Krim. Innerhalb weniger Wochen wurde Sewastopol, die Hauptstadt der Krim, eingenommen, Odessa, die Krim und die Ukraine.

Royal Air Force und US-Luftwaffe haben im November 1943 eine halbjährige Bombenkampagne gegen die Reichshauptstadt begonnen, zahlreiche deutsche Städte sind in Schutt und Asche versunken. Seit dem Frühjahr flogen die alliierten Luftstreitkräfte 21 000 Einsätze gegen deutsche Nachschubwege wie Eisenbahnen und Brücken. Während eines siebentägigen, »Big Week« genannten Bombenangriffs hat die 8. US-Luftflotte allein im Februar 70 Prozent aller deutschen Anlagen zur Flugzeugproduktion und 290 deutsche Kampfflugzeuge zerstört oder beschädigt und damit auch das industrielle Rückgrat der deutschen Industrie.[1] Sir Arthur Harris, der Oberbefehlshaber der britischen Bomberkommandos, hat sein Versprechen gehalten: »Die Nationalsozialisten sind mit der irrwitzigen Vorstellung in diesen Krieg eingetreten, sie würden jeden bombardieren und niemand würde zurückbomben ... Sie haben den Wind gesät, und jetzt werden sie den Sturm ernten.«[2]

Im Januar sind die Alliierten überraschend bei Anzio und Nettuno gelandet und attackierten Monte Cassino, Teil der deutschen Verteidigungslinie (Gustav-Linie), von dem aus die Wehrmacht die einzige große Straße nach Rom blockieren konnte. Nach schweren Kämpfen haben die Deutschen rund um Monte Cassino Mitte Mai den Rückzug angetreten, Hitler hat Rom zur offenen Stadt erklärt. Am 5. Juni ziehen amerikanische Truppen in die italienische Hauptstadt ein.

Das ist die Lage, als am 6. Juni 1944 die Operation Overlord in der Normandie beginnt. Die Landung der anglo-amerikanischen Truppen bedeutet die Bildung der zweiten Front, die Stalin zur Unterstützung der sowjetischen Truppen an der Ostfront seit Jahren gefordert hat. Am 25. August wird die Wehrmacht in Paris kapitulieren.

Wenige Wochen nach Beginn der Invasion an der Westfront startet am 22. Juni die Rote Armee an der Ostfront die Operation Bagration. Sie führt innerhalb weniger Tage zum Zusammenbruch der Heeresgruppe Mitte. Die Wehrmacht verliert bis Mitte Juli mindestens 260 000 Soldaten. Hunderttausende fallen den folgenden sowjetischen Offensiven zum Opfer. Ermutigt von den deutschen Niederlagen beginnt die polnische Untergrundarmee Armia Krajowa am 1. August den Aufstand in Warschau. Sie hofft auf die Unterstützung der vor Warschau stehenden Roten Armee – vergeblich. Anfang Oktober bricht der Aufstand zusammen, die Deutschen machen Warschau dem Erdboden gleich.

Die verantwortlichen deutschen Militärs erkennen die Aussichtslosigkeit der Lage, der Kreis von Verschwörern um Claus Graf von Stauffenberg entschließt sich zum Staatsstreich. Genutzt werden soll dafür der Wehrmachtsplan zur Niederschlagung eines möglichen Aufstands, Operation Walküre, der gegen die NS-Dienststellen gewendet werden soll. Doch der Sprengstoffanschlag am 20. Juli in der Wolfsschanze, Hitlers Hauptquartier im ostpreußischen Rastenburg, scheitert. Noch am Abend werden Stauffenberg und mehrere seiner Mitverschwörer verhaftet und erschossen. In den folgenden Wochen werden rund 200 Personen als vermeintliche Mittäter getötet oder in den Tod getrieben.

VORWORT

Drei Tage nach dem Attentat, am 23. Juli 1944, wird das KZ Majdanek von der SS aufgelöst, einen Tag später von Einheiten der vorrückenden Roten Armee befreit. Der Rückzug der Deutschen aus den Ostgebieten hält die Vernichtung der Juden nicht auf. Von Mitte April bis Anfang Juni werden 289 000 ungarische Juden nach Auschwitz deportiert. Bis zum 8. Juli steigt die Zahl auf mehr als 434 000, von denen etwa 100 000 für die Zwangsarbeit selektiert, die übrigen sofort getötet werden. Am 7. Juli verfügt das Horthy-Regime die Einstellung der Deportationen.

Der Sommer 1944 besiegelt das Ende der Wehrmacht. Aber bis zur Kapitulation des Deutschen Reichs und der Zerschlagung der NS-Diktatur am 8. Mai 1945 werden in ganz Europa noch Millionen Menschen sterben. Und bis zur Einsicht der Deutschen, dass der Untergang der Diktatur und das Ende des Krieges der Beginn ihrer Befreiung war, werden noch Jahrzehnte vergehen.

1. KAPITEL

6. Juni 1944

OBERSALZBERG. Er will nicht gestört werden. Also warum ihn wecken. Seine Nächte sind lang. Seine Tage dürfen erst mittags beginnen. Gestern hat er bis tief in die Nacht mit Joseph Goebbels und Eva Braun am Kamin geplaudert. Bis zwei Uhr morgens hat man Erinnerungen ausgetauscht, sich über die »vielen Tage und Wochen« gefreut, »die wir zusammen erlebt haben«,[1] und »der Führer« hat sich »nach diesem und jenem« erkundigt. Ein gemütlicher Abend also, auch wenn auf dem Obersalzberg ein »schauderhaftes Gewitter«[2] lag. Und wenn die Nacht so spät begonnen hat, dann muss jeder verstehen, dass sie erst zu Ende gehen darf, wenn die Sonne hoch über dem Berghof steht. Für den Schläfer hat das den Vorteil, die Welt möglichst lange mit geschlossenen Augen betrachten zu dürfen, mag ihm so auch die eine oder andere interessante Geschichte verborgen bleiben. Heute zum Beispiel entgeht Hitler, dass in der Nacht sein Untergang begonnen hat. Aber das wird er erst in ein paar Monaten begreifen.

PARIS. Das Leben meint es zurzeit gut mit Simone de Beauvoir und Jean-Paul Sartre. Beauvoir hat im vergangenen Jahr mit dem ersten Roman *L'Invitée (Sie kam und blieb)* ihren Durchbruch als philosophische Schriftstellerin gefeiert – er ist bei Gallimard erschienen, der Zentralinstanz des franzö-

1. KAPITEL

sischen Geisteslebens –, Sartre vor einigen Tagen die Uraufführung seines Dramas *Huis Clos (Geschlossene Gesellschaft)* im Théâtre du Vieux-Colombier. Am vergangenen Abend haben sie mit Freunden gefeiert, haben getrunken, gelacht, gesungen. Albert Camus, Lektor bei Gallimard, hatte eine junge Schauspielerin mitgebracht, Maria Casares, Tochter des spanischen Ministerpräsidenten Santiago Casares Quiroga, der durch den faschistischen Franco-Putsch mit seiner Familie ins Pariser Exil getrieben worden war. Vor einigen Tagen haben sich die 21 Jahre alte Casares und der neun Jahre ältere, verheiratete Camus bei einem Picasso gewidmeten Abend kennengelernt und sich sogleich ineinander verliebt. Beauvoir, Sartre, Casares, Camus – keiner von ihnen wird die Nacht vergessen. Der 6. Juni ist für sie der erste Tag in einer neuen Welt. Als Beauvoir nach fünf oder sechs Stunden Schlaf am Morgen erwacht, dringt die Stimme eines Radios durch ihr Fenster: »Sie sagte lang erwartete, unglaubliche Dinge, ich sprang aus dem Bett. Die angloamerikanischen Truppen hatten in der Normandie Fuß gefasst.« Die Hausgenossen sind überzeugt, Beauvoir und Sartre hätten geheime Informationen gehabt und deshalb schon in der Nacht die Landung gefeiert. So ist es nicht. Aber die Tage, die folgen, sind für das Paar und seine Freunde ein einziges Fest. Der Melancholiker Camus gesteht nach der ersten mit »meiner kleinen Maria« verbrachten Nacht, »ich kann mir nichts Schlimmeres vorstellen, als Dich zu verlieren«.[3] Er muss sich keine Gedanken machen. Die Liebe wird ihn durch das Leben tragen. Nur hat er vorläufig nicht ganz so viel Zeit, wie er Maria widmen möchte. Denn Camus ist nicht nur Schriftsteller und Lektor, derzeit schreibt er vor allem Leitartikel im *Combat*, der Untergrundzeitung der Résistance. Er bekämpft die deutschen Besatzer, aber er hasst die Kollaborateure, die sich den Deutschen zur Verfügung halten und ihre Landsleute verraten. Mit dem Beginn der Invasion ist der Tag der Befreiung näher gerückt und damit auch das letzte Stündlein der Kollaborateure. In den nächsten Wochen wird Camus, angetrieben von der »Kraft der Rache«, ein publizistisches Feuerwerk entfachen.

THERESIENSTADT (SOGENANNTES PROTEKTORAT BÖHMEN UND MÄHREN). Die Möglichkeit des Überlebens – Margot hat sie berechnet. Zwei Wege führen aus dem Auffanglager in der früheren Pathologie des Berliner Jüdischen Krankenhauses hinaus, nur einer führt nicht in den sicheren Tod. 15 Monate hat Margot im Untergrund gelebt, hat sich die schwarzen Haare tizianrot gefärbt, hat den Judenstern durch eine Kette mit Kreuz ersetzt, ist der Gestapo dreimal entkommen und ihr schließlich doch ins Netz gegangen, durch Zufall, bei einer Ausweiskontrolle. Sie hatte mit ein paar Freundinnen den überfüllten Bunker am Zoo nach einem schweren Bombenangriff verlassen, als zwei Männer ihnen den Weg verstellten: »Ihre Papiere bitte.« Auf dem Weg zur Wache hatte sie gestanden: »Ich bin jüdisch.« Seitdem dachte sie über die zwei Wege aus dem Lager nach. Der eine führt in den Osten, über den Margot nichts weiß, nur dass niemand jemals daraus zurückgekehrt ist. Sie weiß nicht einmal, dass ihre Mutter und ihr Bruder schon im vergangenen Jahr dorthin verschleppt und ermordet worden sind, ins Konzentrationslager Auschwitz. Der zweite Weg führt nach Theresienstadt. Davon erzählt einer, der von dort zurückgekehrt ist. Die Deutschen hatten ihn zurückgeholt, weil er als früherer Angestellter der Jüdischen Gemeinde über deren Finanzen Bescheid weiß und deshalb bei der Enteignung der Gemeinde nützlich sein kann. Seine Frau und seine Tochter mussten bleiben. Er erzählt, nach Theresienstadt würden vor allem Prominente verschleppt, Künstler, Wissenschaftler, Rabbiner, auch alte Menschen, Mischlinge und jüdische Partner aus privilegierten Mischehen. Ende Mai 1944 hat Margot erfahren, dass ein Transport nach Theresienstadt organisiert werde. Nur 23 Leute waren dafür vorgesehen, schreibt Margot, fast ausschließlich Mischlinge und Privilegierte. Für Margot war klar: »Ich wollte auf diese Transportliste.« Wenig später hatte sie erfahren, dass ihr Name auf der Liste stand. Als sich die Tore hinter ihr schlossen und ihre Gruppe das Lager in einem Lastwagen verließ, war ihr, als ob ihre Seele nicht mehr in ihrem Körper sei. Sie weiß nicht, wie lange sie auf den Zug am Bahnhof gewartet haben, sie weiß auch nicht, wie lange die Zugfahrt dauerte, denn sie hatte jedes Gefühl für die Zeit verloren. Aber Margot Friedländer aus Berlin, 22 Jahre alt, weiß, dass sie am 6. Juni 1944 Theresienstadt erreicht. Sie schläft auf dem Dachboden einer Kaserne, auf einem Fußboden aus ungehobelten Holzplanken, die Frauen auf der einen Seite, die Männer auf der anderen. Alle liegen nur da. Stille.[4]

WADOWITZ (IN DER NÄHE VON KRAKAU). Von seiner Karriere im Reichsarbeitsdienst hat sich Egon Oelwein etwas mehr erwartet. Er ist, um es klar zu sagen, von ihr so sehr enttäuscht, dass er in diesem Sommer mit einem Wechsel in die Waffen-SS liebäugelt. Die Gründe, warum er es mit seinen 42 Jahren als Diplomlandwirt und unerschütterlicher »Nazi-Deutscher« noch nicht weiter gebracht hat als bis zum Arbeitsführer (Major), kennt er nicht. An seiner Gesinnung kann es nicht liegen. Schon früh hat der Sohn des Direktors eines Steinkohlebergwerks mit seiner Herkunft aus dem österreichischen Galizien gebrochen und sich zu seinem »Deutschtum« bekannt, ist »Reichsdeutscher« geworden und Mitglied der NSDAP. Die »neue, deutsche und nationalsozialistische Weltanschauung«

betrachtet er als seine geistige »Grundlage«, mit seiner Frau Marta hat er drei kleine Kinder, zu deren nationalsozialistischer Geburtstagsfeier Vater Oelwein im vergangenen September daran erinnerte, dass der »Kampf um die Verbreitung und Erhaltung ihres Deutschtums« immer »das hervorragendste Merkmal« seiner bis ins 16. Jahrhundert zurückzuverfolgenden »Sippe« gewesen sei. Für ihn persönlich verbindet sich die nationalsozialistische Losung, dem Germanentum neuen »Lebensraum« zu erobern, mit der Aussicht, ein landwirtschaftliches Gut im Osten zu erwerben. In dieser Hinsicht hat es sich für Oelwein allerdings in den vergangenen Jahren zum Guten gefügt. Seine Versetzungen haben ihn immer weiter in den Osten geführt, in die eingegliederten Ostgebiete. Nach Anfängen in Baden ging es zunächst in den Reichsgau Sudetenland, sodann nach Oberschlesien, im April 1942 schließlich nach Teschen im östlichen Oberschlesien. Zwar bringt es der Dienst mit sich, dass Egon Oelwein getrennt von seiner Familie in der Ortschaft Wadowitz wohnt. Der kleine Garten, der zu seiner Dienstwohnung des Reichsarbeitsdienstes gehört, ermöglicht es ihm aber, vergleichende Studien zum Jäten des Unkrauts und zum »Ausrotten« des »Untermenschentums« anzustellen und in seinem Tagebuch die Resultate zu vermerken: »Das Untermenschentum wuchert, besonders bei ungünstigen Lebensbedingungen, wenn es nicht niedergehalten wird. Drum rücksichtslos ausrotten bzw. nicht hochkommen lassen, und selber noch und noch abhärten.«[5] Die Trennung Oelweins von seiner Familie ist eine Härte, die ertragen werden muss. Zumal der Wohnort der Familie (Teschen) und der Dienstsitz Egon Oelweins (Wadowitz) recht nah beieinanderliegen. Zwischen Teschen und Wadowitz liegt Auschwitz.

Am 6. Juni widmet Egon Oelwein zwei Ereignissen jeweils drei Zeilen in seinem Tagebuch. Er habe dieser Tage bei einem

1. KAPITEL

alten Bundesbruder »einen Antrag zur Aufnahme in die Altherrenschaft ›Graf Götzen‹ – Zusammenschluss der früheren Breslauer Turnerschaften – gestellt«. Und anschließend: »Die Invasion ist endlich im Rollen – entgegen meiner Vermutung, denn damit tun die Alliierten uns nur einen Gefallen. Es muss jedenfalls innenpolitisch sehr mau bei ihnen aussehen.«[6]

BEI BARI (ITALIEN). Etwa 500 000 jüdische Soldaten kämpfen in der Roten Armee, 550 000 in der U. S. Army, und 30 000 Juden aus Palästina dienen in der British Army. Einer von ihnen ist Martin Hauser, 1933 mit 18 Jahren von Berlin nach Palästina emigriert, stationiert in der Nähe von Bari auf dem Vormarsch Richtung Norden. Vor einigen Tagen hatte er ein schönes Erlebnis, das er bestimmt nicht vergessen wird. Auf dem Gleis vor einem schwer zerstörten Bahngebäude stand ein Güterzug, aus dem sich Männer, Frauen und Kinder lehnten und sich mit den Menschen auf dem Bahnsteig in verschiedenen europäischen Sprachen unterhielten. Grüße wurden gewechselt, Bestellungen aufgegeben, Küsse und Umarmungen ausgetauscht. Ein untersetzter palästinensischer Soldat hatte sich an eine ältere Dame gewandt, eine Bekannte aus seiner Heimatstadt: »Und wenn Sie meine Frau und mein kleines Kind sehen, küssen Sie sie in meinem Auftrag. Und sagen Sie meiner Frau, sie soll mir mehr Bilder des Jungen schicken, und dass ich gesund bin und dauernd an sie denke.« Wie um sich zu entschuldigen, sagte er zu Hauser: »Ich war schon zweieinhalb Jahre nicht zu Hause. Ich habe das Kind noch nicht gesehen.« So schwirrten Worte von Mund zu Mund, in Deutsch, Polnisch, Ungarisch und auch in Hebräisch. Hauser musste an eine Schilderung Arthur Koestlers denken, in der er einen Menschentransport in Güterzügen beschreibt, Juden, die in »Todeslager« geschafft wurden, um dort zu Millionen vergiftet

6. JUNI 1944

zu werden. »Dort die Reise in den Tod«, schreibt Hauser in seinem Tagebuch, »hier die Reise zu neuem Leben.«[7]

Vor zwei Tagen hat er den Einmarsch der Alliierten in Rom knapp auf Englisch im Tagebuch notiert (»This morning our troops entered Rome, the first Axis capital.«). Heute schreibt er: »Hurrah! Invasion!« Stundenlang hört er im Radio die neuesten Meldungen: »09.54: General de Gaulle ist in England angekommen.« Der König von Norwegen meldet sich aus dem Londoner Exil: »Long live the cause of freedom!« Der niederländische Premierminister aus dem Londoner Exil: »The great moment has arrived.« Der Premierminister von Belgien aus dem Londoner Exil: »Hour is near!« Martin Hauser und seine Kameraden sind in einer wunderbaren Stimmung. Für 11 Uhr vermerkt er: »Die erste Whiskyflasche ist schon fast leer.« Er hat keine Lust zu arbeiten. Aber ein Gedanke an die Zeit bis zum Ende des Krieges lässt ihn nicht los: »Es wird mehr Menschenleben kosten als die ganzen fünf Jahre Krieg bis zum heutigen Tag.«[8] Hauser wird recht behalten.

BEI ORIOLO (ITALIEN). Was für ein schöner Sommertag. Der Duft von Thymian und Lavendel, das mächtige Weizenfeld, das sanft in ein Tal hinabfließt, und Teppiche von gelben und violetten Blumen. Eigentlich zu schön, um ein Verbrechen zu begehen. Aber Obersoldat Alfred Andersch wüsste nichts, was er heute lieber täte. Er ist Teil einer Radfahrereinheit der Infanterie, die noch an die Front geworfen wird. Vor zwei Tagen haben die amerikanischen Truppen Rom befreit, Anderschs Einheit strömt der deutsche Rückzug entgegen, den sie durch Verzögerungsgefechte sichern soll. Kurz bevor die Radfahrerschwadron die Front erreicht, zerstört der Obersoldat die Reifen seines Rades, lässt die anderen vorausfahren und schlägt sich allein in die Büsche der Macchia. Sein Ziel ist die amerika-

1. KAPITEL

nische Kriegsgefangenschaft, er erreicht es nach einer Nacht und einem weiteren Tag: »Hinter den Bäumen am Talrand konnte ich Häuser sehen, und ich vernahm das Geräusch rollender Panzer, ein helleres, gleichmäßiges Geräusch, als ich es von den deutschen Panzern kannte. Ich hörte das klirrende Gejohl der Raupenketten. Die Töne klangen fern in der rötlichen Neigung des westlichen Lichtes. Darauf tat ich etwas kolossal Pathetisches – aber ich tat's –, indem ich meinen Karabiner nahm und unter die hohe Flut des Getreides warf.« Für ihn persönlich ist mit der Desertion der Krieg beendet. Erst später hört er die Nachricht, dass an diesem Tag der italienische Krieg sein Ohr auf die Erde gelegt hat, um auf den normannischen Krieg zu lauschen.[9]

KRUMMHÜBEL ist weit weg von Berlin. Zwischen dem Ort im Riesengebirge und der Reichshauptstadt liegen 250 Kilometer, weit genug, um vor alliierten Luftangriffen in Sicherheit zu sein. Als Marie (»Missie«) Wassiltschikow am zweiten Weihnachtsfeiertag vergangenen Jahres von ihrem Ministerium, dem Auswärtigen Amt, erfahren hat, sie werde mit der Informationsabteilung nach Krummhübel evakuiert, war sie nicht überrascht: »Kein Wunder, da alle unsere Gebäude zerstört sind.«[10] Im November hatte die vom britischen Luftmarschall Arthur Harris ausgerufene Battle of Berlin begonnen, ein nächtlicher Großangriff hatte die Berliner Innenstadt vernichtet, die Gedächtniskirche, das Schauspielhaus, die Neue Synagoge hatten lichterloh gebrannt. Als Missie am nächsten Morgen am Zoologischen Garten vorbeigekommen war, hatte sie die Schäden gesehen: Eine Sprengbombe hatte im Aquarium alle Fische und Schlangen getötet. Die Krokodile waren erschossen worden, als sie versuchten, in den Landwehrkanal zu springen: »Welch ein Anblick das gewesen sein muss.«[11]

6. JUNI 1944

Seit einem halben Jahr pendelt die junge Frau zwischen Berlin und dem Riesengebirge, nicht ganz ungefährlich, immer wieder bleiben bei Luftalarm die überfüllten Züge stundenlang in der offenen Landschaft stehen. Bisher hatte Missie Glück, auf dem Einsatzplan der gewaltigen Bomberverbände stand offenbar nur die Reichshauptstadt, nicht die Eisenbahnstrecke. Allerdings hat sie seit der Evakuierung einige neue Probleme. Eines heißt Franz Six, neuer Chef der Informationsabteilung, von dem Missie nur weiß, dass er ein hoher SS-Offizier ist und – »ein Schwein«.[12] Professor Dr. Franz Alfred Six war Amtschef in Heinrich Himmlers Reichssicherheitshauptamt, nach dem Überfall auf die Sowjetunion Kommandeur des Vorkommandos Moskau der Einsatzgruppe B, die für Massenerschießungen im Raum Smolensk verantwortlich war, und arbeitet bei der Verschleierung und Rechtfertigung des Holocaust mit Paul Karl Schmidt, dem Leiter der Presseabteilung des Auswärtigen Amtes, zusammen. Missie hält ihn für »gefährlich« und erlebt ihn als Choleriker. Ihr zweites Problem ist ein »fettes Walroß mit einem Hitlerbärtchen und Hornbrille«,[13] Dr. Rudolf Schleier, der neue Chef der Personalabteilung. Er war die rechte Hand des deutschen Botschafters in Paris, Otto Abetz, und an den Judendeportationen in Frankreich beteiligt. Nach allem, was Missie über ihn gehört hat, ist er »ein übler Kerl«, jedenfalls kein akzeptabler Nachfolger für den freundlichen und verständnisvollen Hans Bernd von Haeften, der mit seinem »totenbleichen, undurchdringlichen Gesicht« Missie zwar an ein »mittelalterliches Grabmal« erinnert, aber für sie »einer der besten Leute«[14] im Ministerium ist.

Und Haeften ist ein enger Freund von Adam von Trott zu Solz, Missies Chef, 33 Jahre alt, Jurist, Rhodes-Stipendiat am Balliol College in Oxford, Aufenthalte in den USA, spätestens seit 1939 im Einsatz gegen das NS-Regime. Anfangs bewun-

1. KAPITEL

dert Missie nur seine Augen, dann sehr bald seine »überragende Intelligenz«, auch seine »unendliche Herablassung«,[15] mit der er Six behandelt. Es gefällt Missie Wassiltschikow, dass sie mit ihrem Chef mehr Englisch spricht als Deutsch. Die 27 Jahre alte Fürstentochter, staatenlos, gebürtige Russin, hat mit ihrer Familie Russland im Frühjahr 1919 verlassen, im Januar 1940 war sie mit ihrer Schwester Tatjana nach Berlin gekommen, nach kurzer Zeit hatte sie Arbeit in der Informationsabteilung des Auswärtigen Amts gefunden. Deutsch spricht sie fließend, aber ihr Englisch ist perfekt. Ihre Familie hat ihr gesamtes Vermögen verloren, doch ihre Beziehungen zu hohen und höchsten Adelskreisen hat sie behalten – arm, aber vernetzt. Vor drei Jahren hat Tatjana Paul Alfons von Metternich, Urenkel des Staatsmanns Metternich, geheiratet. Seitdem flüchten Marie und ihre Eltern von Zeit zu Zeit vor den Luftangriffen auf Schloss Königswart im Egerland, seit dem 17. Jahrhundert im Besitz der Metternichs. Ende August 1942 hatte Missie auf der Hochzeit von Prinz Konstantin von Bayern mit Prinzessin Maria Adelgunde von Hohenzollern getanzt, und Gottfried Graf von Bismarck-Schönhausen, ein jüngerer Enkel des »eisernen Kanzlers«, gehört zu ihrem engeren Bekanntenkreis. Er ist Mitglied der NSDAP, Regierungspräsident von Potsdam, Mitglied des Reichstags und seit Anfang 1944 SS-Brigadeführer. Doch seit einiger Zeit betrachtet er sich als Gegner des NS-Regimes. Vom ersten Augenblick an war Bismarck Missie »sehr sympathisch«,[16] was auch an seiner österreichischen Cousine Loremarie Schönburg liegen mag, Missies Kollegin im Auswärtigen Amt. Sie ist eine entschlossene Gegnerin der Nationalsozialisten, ebenso mutig wie unvorsichtig, und eine der engsten Freundinnen Missies.

Sie wird von Missie vermisst. Kurz vor deren Eintreffen ist Loremarie nach Berlin abgereist. Sie hasst Krummhübel, was

6. JUNI 1944

Missie versteht, aber jetzt fehlt ihr die Freundin. Immerhin gibt es eine gute Nachricht: »Der lang erwartete Tag der Invasion!«[17] Der berühmte, von den Deutschen als unüberwindlich gerühmte Atlantikwall: »Jetzt werden wir ja sehen!« Doch wie für Martin Hauser, den jungen jüdischen Soldaten der britischen Armee in der Nähe von Bari, ist auch für Missie Wassiltschikow in Krummhübel der Gedanke an die nächste Zukunft vor allem bedrohlich: »Es ist fürchterlich, an die vielen Opfer zu denken, die diese letzte Runde noch fordern wird.«[18]

AMSTERDAM. In ihrem letzten Brief hat sich Anne von Kitty mit der verzweifelten Frage verabschiedet: »Wovon werden wir im nächsten Monat leben?« Aber das war gestern, heute beginnt sie ihren Brief mit einem Jubelruf, einem Zitat aus dem englischen Radio: »This is D-Day« und schickt einen Stoßseufzer hinterher: »This is the day – die Invasion hat begonnen.« Seitdem Anne, 14 Jahre alt, und ihre Mitbewohner der Amsterdamer Prinsengracht 263 am Morgen die Nachricht gehört haben, ist das Hinterhaus in Aufruhr. Sollte das wirklich die Befreiung sein, auf die Anne Frank, ihre ältere Schwester Margot, ihre Eltern, die dreiköpfige Familie van Pels und Fritz Pfeffer, ein Bekannter von Annes Eltern, seit Jahren warten, versteckt in drei kleinen Zimmern auf 60 Quadratmetern? »Sollte dieses Jahr, dieses 1944, uns den Sieg schenken?« Seit zwei Jahren lebt die jüdische Familie Frank in ihrem Versteck. Damals wurden allein in Amsterdam etwa 70 000 Juden registriert, zehn Prozent der Bevölkerung. Mit dem ersten Zug vom Durchgangslager Westerbork nach Auschwitz-Birkenau wurden 1137 Juden in den Tod geschickt[19] – bis September dieses Jahres werden weitere 96 Züge von Westerbork abgefahren sein, gefüllt mit 107 000 Menschen (von denen 5000 zurückkehren werden). Die Zeit hat Anne, hellwach, gescheit und fantasiebegabt, für den Aufbau eines ansehnlichen Kreises von Brieffreundinnen genutzt: Kitty, Pop, Phien, Conny, Lou, Marjan, Jettje, Emmy. Ihre intimste Freundin ist Kitty geworden, der sie fast täglich schreibt. Was Kitty mit den anderen Mädchen verbindet, die Anne mit der Zeit als Adressatinnen ihrer Briefe ausgeschlossen hat: Es gibt sie nur in Annes Fantasie: »Kitty, das Schönste an der Invasion ist, dass ich das Gefühl habe, dass Freunde im Anzug sind.« Ihre Schwester Margot, schreibt Anne, hoffe sogar, im September oder Oktober wieder zur Schule gehen zu können.[20]

DRESDEN. Seit 1897 führt Victor Klemperer Tagebuch. Er hat ihm sein Leben erzählt, als Student, als Dozent, als Soldat im Ersten Weltkrieg und als Romanistikprofessor, in Berlin, München, Genf, Paris, Neapel, Flandern, Leipzig, Litauen und schließlich in Dresden. Das Tagebuch ist Klemperers Lebensbegleiter. Er hat ihm im Sommer 1935 von dem Verbot erzählt, als zum Protestantismus konvertierter Jude weiterhin an der Dresdener Hochschule Romanistik zu lehren, von dem Verbot Ende 1937, sich in den Lesesaal der Universitätsbibliothek zu setzen, schließlich von dem Verbot für »Sternträger« Ende 1938, die Universitätsbibliothek zu betreten. Dass Klemperer noch nicht deportiert worden ist, verdankt er erstens seiner Ehe mit Eva, die keine jüdischen Vorfahren hat, und zweitens Annemarie Köhler, Ärztin in einer Privatklinik in Pirna. Mit einer Wohnungsdurchsuchung der Gestapo im »Judenhaus« in der Zeughausstraße muss das Ehepaar Klemperer jederzeit rechnen, nicht aber Annemarie Köhler in ihrer Praxis. Also wird alles, was Victor notiert, von seiner Frau zur Freundin gebracht, die die Papiere in den »Doktorbüchern« versteckt. Würden sie entdeckt, wäre es das Ende für die Ärztin und das Ehepaar. Ein Verhör wäre überflüssig, denn das Tagebuch ist

6. JUNI 1944

ein einzigartiges Geständnis – protokollierter Hass auf den NS-Staat. Am 6. Juni notiert Klemperer, Eva habe die Nachricht von der Invasion gebracht: »Eva war sehr erregt, ihr zitterten die Knie. Ich selbst blieb ganz kalt, ich vermag nicht mehr oder noch nicht zu hoffen.«[21]

SEPSISZENTGYÖRGY (UNGARN). Heinrich Böll ist in der Welt schon ganz hübsch herumgekommen. Als der Krieg begann, wurde der junge Schriftsteller von Köln nach Osnabrück in ein Ausbildungslager befohlen, einige Monate später als Soldat erst ins besetzte Polen, dann ins besetzte Frankreich geschickt, hatte einige Zeit als Wachsoldat in Deutschland verbracht, war als Soldat nach Frankreich zurückgekehrt und hatte danach in Russland und Ungarn gekämpft. Zuletzt ist der 26 Jahre alte Böll mit dem Zug länger als eine Woche durch Ungarn gebummelt – wirklich ein schönes Land, dunkel und lebensvoll, wie er in einem seiner täglichen Briefe an Ehefrau Annemarie berichtet –, auf der Fahrt in die Karpaten, in die rumänische Stadt Jassy, dem nächsten Einsatzort. Am Pfingstmontag ist er mit seinen Kameraden zur Kompanie gestoßen, einen Tag später in einem langen und hitzigen Marsch an die Front gegangen. Die Artillerie hatte die russischen Linien stundenlang behämmert, und deutsche Panzer waren in tollen Massen vorgefahren. Aber schon zwei Tage später, um sechs Uhr morgens, hatte Böll »Eisen ins Kreuz« bekommen, genauer gesagt drei veritable Splitter in die linke Schulter. Kaum war er notdürftig verbunden, brachen russische Panzer ein, Bölls Kompanie machte sich davon, aber gleichzeitig wurde es »50 Meter vor uns schwarz vor russischer Infanterie«. Der Lazarettzug mit 50 Waggons, jeder Platz mit Verwundeten belegt, brachte Böll in zwei Tagen zurück in den äußersten südlichen Zipfel Ungarns, in ein nettes Städtchen namens Sepsiszentgyörgy, nicht ins Lazarett, das war überfüllt, sondern in eine Krankensammelstelle, 30 Mann in einem großen Saal auf Strohsäcken, Läuse reichlich vorhanden, Ausgang von zwei bis fünf jeden Nachmittag. Heute ist Böll zusammen mit einem Freund in eine deutsche Bäckerei gegangen, die junge Frau im Geschäft hat sie eingeladen, ins Wohnzimmer zu kommen. Sie erzählt, sie habe einen Besatzungssoldaten aus Düsseldorf geheiratet, der in Stalingrad gefallen ist. Ihr gemeinsames Töchterchen war einen Monat alt, als der Vater starb. Die Frau wirkt auf Böll nervös und unruhig, von der Trauer zerstört, aber gefasst. Böll bedenkt, dass der Vater dieses harmlos spielenden kleinen Mädchens »nun unendlich weit in Russland begraben liegt«. Mit welch einer »vernichtenden Sicherheit« der Krieg doch alles trifft, was deutsch ist, schreibt Böll seiner Annemarie, selbst in diesem so entlegenen, friedlichen Winkel Ungarns. Am Ende des Briefs schreibt Böll, er habe mit großer Erregung und Erwartung von der Invasion im Westen gehört: »Ach, wie gerne möchte ich dort sein, es muss doch schöner sein, einem Feind wie dem Engländer gegenüberzustehen als dieser Finsternis und dem düsteren Schrecken der Russen.« Und dann, beklagt er sich, »ist es auch nicht so unendlich weit von Dir fort«.[22]

KZ AUSCHWITZ. Aus dem Konzentrationslager Herzogenbusch/Vught (Niederlande) werden 496 weibliche und männliche jüdische Häftlinge überstellt.[23]

OBERSALZBERG. Generalfeldmarschall Wilhelm Keitel, Chef des Oberkommandos der Wehrmacht, und Generaloberst Alfred Jodl unterrichten Adolf Hitler nach dessen spätem Frühstück über die Entwicklung in der Normandie. Hitler ist begeistert: »Die Nachrichten könnten gar nicht besser sein! Solange sie in England waren, konnten wir sie nicht fassen. Jetzt haben wir sie endlich dort, wo wir sie schlagen können.«[24] Er befiehlt, die Alliierten noch am selben Tag ins Meer zu werfen. An diesem Morgen zitiert der *Völkische Beobachter* aus einer Rede, die Goebbels zwei Tage zuvor in Nürnberg gehalten hat: »Ich bin der festen Gewissheit, dass aus den gegenwärtigen Belastungen dieses Krieges für uns der Sieg hervorgehen wird. (…) Voraussetzungen dafür sind die Tapferkeit unserer Herzen, die Standhaftigkeit unserer Seelen, der bedingungslose Gehorsam und die Treue zum Führer, dem wir heute auf neue geloben: Befiehl, wir folgen.«[25] Weitere, von Goebbels vorsorglich nicht genannte Voraussetzungen: Panzer, Flugzeuge, Treibstoff und Soldaten. Der Führer, schreibt Goebbels in seinem Tagebuch, sei durch die Nachricht der Invasion »außerordentlich aufgekratzt«.[26] Wie immer glaubt Hitler, alles vorher gewusst zu haben. Nur auf Zeitpunkt und Ort der Invasion war er nicht vorbereitet.

NORMANDIE. In der Nacht zum 6. Juni ist vor der Küste der Normandie die größte Armada der Weltgeschichte aufgezogen. 16 Minuten nach Mitternacht hat die Operation Overlord begonnen, die alliierte Invasion in Europa. Erste britische Lastensegler sind mit Soldaten und Material im Zielgebiet gelandet. Eine Luftlandedivision hat die strategisch wichtigen Brücken über die Orne und den Caen-Kanal bei Bénouville genommen. Zwei US-Luftlandedivisionen wurden wegen der rauen Wetterverhältnisse und teils schlecht markierter Landezonen zwar weit verstreut, dennoch ist es gelungen, einige Tausend Soldaten abzusetzen. Um fünf Uhr hat die alliierte Invasionsflotte den Ärmelkanal überfahren – mehr als 6000 Schiffe mit mehr als 200 000 Soldaten, unterstützt von 4190 Jagdflugzeugen, 3440 schweren Bombern, 930 mittleren und leichten Bombern,

1. KAPITEL

1360 Truppentransportern und Frachtmaschinen, 1070 Maschinen des Küstenkommandos, 520 Aufklärungsflugzeugen und 80 Rettungsflugzeugen. Um sechs Uhr hat die erste Invasionswelle nach Bombardierung aus der Luft und massivem Beschuss der Schiffsartillerie das Land erreicht. Die ersten Boote steuern auf die beiden ersten der fünf alliierten Landungsabschnitte zu. Die deutschen Widerstandsnester sind nur schwach besetzt, entsprechend gering sind die Verluste (Tote, Verletzte, Gefangene) der Landungstruppen. Am *Utah Beach* kämpfen nur knapp 100 Wehrmachtssoldaten (alliierte Verluste: 300), am *Gold Beach* 175 (alliierte Verluste: rund 400), am *Juno Beach* etwa 300 (alliierte Verluste: 800), am *Sword Beach* 370 (alliierte Verluste: 650). Selbst am erbittert umkämpften *Omaha Beach*, dem mit zehn Kilometern längsten Küstenabschnitt, sind nur 500 Soldaten eingesetzt, hier liegen die Verluste der Alliierten bei rund 4000.[27] Aber in den nächsten Stunden kommen hier 35 000 US-Soldaten an Land. Am Ende des Tages sind 150 000 Soldaten über die See oder aus der Luft in Frankreich gelandet.

2. KAPITEL

»Die SS, die weiß alles, die hat schon alles ausprobiert.«

NORMANDIE – TRENT PARK – NORMANDIE – ORADOUR SUR GLANE

Drei Wochen nach der Schlacht trifft Lee Miller am Omaha Beach ein. Der Krieg ist einige Kilometer weitergezogen, die 44. Sanitätseinheit der U. S. Army hat dort ein Lazarett aufgebaut. Lee Miller ist 37 Jahre alt, sie fotografiert und schreibt für das amerikanische Modemagazin *Vogue*. Das Lazarett kampiert auf einem mit Kuhdung bedeckten Feld, 40 Ärzte, 40 Krankenschwestern, im Durchschnitt 100 Operationen am Tag auf sechs Operationstischen, dazu kommen 400 nichtstationäre Patienten. Alle paar Minuten fährt ein voll besetzter oder leerer Ambulanzwagen ins Lager herein oder hinaus. Die Operations- und Röntgenzelte, die Zelte mit den Intensiv- und den Bettenstationen gleichen sich nicht nur äußerlich, innen sind in allen Zelten »die schrägen, dunklen, schwankenden Dächer, der platt gedrückte Grasboden und die Stille der Verwundeten«. Lee Miller bemerkt, dass die deutschen Patienten genauso behandelt werden wie die verwundeten US-Soldaten: »In den Operationszelten bestimmt sich der Einsatzplan nach der Dringlichkeit des Eingriffs und nicht nach der Nationalität der jeweiligen Patienten, und in einem Lazarett, in dem sich zwei deutsche Chirurgen unter den Gefangenen befinden, ope-

2. KAPITEL

rieren diese Seite an Seite mit ihren amerikanischen Soldaten.«[1] Auch sie werden mit dem Blut versorgt, das in die Normandie geflogen wird – pro Tag 240 Liter. Lee Miller fotografiert einen US-Feldwebel, der sich lachend hinlegt, um Blut zu spenden, und dann einen Schluck Bourbon nimmt. Mit der Flasche geht er zum nächsten Zelt und überlässt sie einem Deutschen, der weinend auf einem Operationstisch sitzt. Es ist der einzige Verwundete, schreibt Lee Harper, den sie auf ihrer ganzen Reise weinen sieht.

Die Fotojournalistin reist mit leichtem Gepäck: ein wenig Kleidung, ein paar Dutzend Filme, eine Daunendecke und der Hass auf die »Hunnen«, die »Krauts«. Sie verkrampft jedes Mal, wenn sie einen Deutschen sieht, und sie verachtet sich dafür, wenn ihr Herz beim Anblick deutscher Verwundeter »unfreiwillig weich wird«.

Einige Wochen nach Beginn der Invasion besprechen zwei hohe deutsche Offiziere die Lage. Das Gespräch findet in einem herrschaftlichen Anwesen in der Nähe Londons statt, in Trent Park, einem Landhaus aus dem 18. Jahrhundert, seit zwei Jahren im Dienst des Combined Services Detailed Interrogation Centre (CSDIC), Büro der vereinigten Dienste für eingehende Verhöre. Es ist ein Gefangenenlager, in dem vor allem deutsche Generäle in zwangloser Atmosphäre, umgeben von großen Rasenflächen, Baumgruppen von Zedern und alten Eichen und einem Teich mit Wildenten, zum freimütigen Gespräch unter Kameraden verführt werden, im besten Fall zur Preisgabe kriegswichtiger Informationen. Die Gefangenen ahnen nicht, dass jede Silbe in den 30 verwanzten Räumen von britischen Soldaten – zumeist deutsche und österreichische Exilanten – mitgehört und auf Platten aufgenommen wird. Sie genießen die Gelegenheit zum unbeschwerten Gedankenaustausch, die

Themen, die sie verhandeln, liegen auf der Hand: Wie ist der weitere Kriegsverlauf? Wie erklären sich die Niederlagen an allen Fronten? Wie viel Schuld haben die Deutschen mit dem Krieg auf sich geladen? Im Bewusstsein der Gefangenen ist der Krieg allgegenwärtig, aber die friedliche Stille des englischen Landhauses stört er nicht.

Harmonisch verläuft auch das Gespräch, das an diesem Julitag Oberst Walter Köhn und Konteradmiral Walter Hennecke miteinander führen. Bis zu seiner Gefangennahme am 26. Juni war Köhn Kommandeur eines Grenadierregiments. Am selben Tag war auch für Hennecke der Krieg vorbei, wie Köhn hat er sich der U. S. Army in Cherbourg ergeben. Doch ist dem 46 Jahre alten Konteradmiral vor seiner persönlichen Kapitulation ein Husarenstück gelungen. Zusammen mit dem Stadt- und dem Hafenkommandanten hat er die Hafenanlage der Stadt komplett zerstört, beispiellos in der Militärgeschichte, selbst Hitler war beeindruckt. Noch am Tag seiner Gefangennahme war Hennecke das Ritterkreuz verliehen worden.[2]

Aber was geschieht, wenn sich die Gegner von der Kriegsführung des Konteradmirals inspirieren lassen? Oberst Köhn spricht seine Befürchtung offen aus: »Die Bolschewisten, die schlagen in Deutschland alles kurz und klein.« Hennecke gibt selbstbewusst Entwarnung: »Ach, dass sie die Städte kaputtmachen, glaube ich nicht.« (Er hat den Untergang Hamburgs und anderer deutscher Städte offenbar nicht mitbekommen.) Dann wendet sich das Gespräch einer grundsätzlichen Frage zu, die seit Beginn der Invasion das Oberkommando der Wehrmacht (OKW) beschäftigt. Glück für die beiden deutschen Kriegsgefangenen, dass ihre Antworten nur von britischen Abhörspezialisten aufgenommen werden, den Ohren der Gestapo jedoch verborgen bleiben. Köhn sagt: »Meines Erachtens bricht das in den nächsten Wochen zusammen.« Hennecke bestätigt:

»Ja, meines Erachtens auch.«[3] Die Einschätzung der Offiziere trifft die Lage. Sie in britischer Kriegsgefangenschaft auszusprechen, ist für die deutschen Offiziere ungefährlich. In Deutschland hätten sie eventuell damit ihr Leben verwirkt. Oberst Köhn und Konteradmiral Hennecke sind allerdings, obwohl sie im Gemeinschaftsraum von Trent Park Radio hören dürfen, nicht auf dem neuesten Stand. Der Zusammenbruch hat längst begonnen.

Wieder einmal hat sich eine Prophezeiung Hitlers als falsch erwiesen. Vor zwei Jahren, im September 1942, hatte er in einer Rede im Sportpalast angekündigt, Winston Churchill könne im Fall einer Invasion von Glück reden, »wenn er neun Stunden an Land bleibt«.[4] Das war eine waghalsige Behauptung. Denn damals hatte der Bau des »Atlantikwalls« an der 5000 Kilometer langen Küste vom Nordkap bis zur spanischen Grenze gerade erst angefangen, und bei Beginn der Invasion war er noch längst nicht beendet. In der Zwischenzeit hatten Zwangsarbeiter, deutsche Soldaten und bezahlte einheimische Arbeiter – seit November 1943 insgesamt 291 000 Mann – 28 Millionen Kubikmeter Erdreich bewegt und zehn Millionen Kubikmeter Eisenbeton verbaut. Entstanden waren zum Schutz der »Festung Europa« Tausende von Bunkern. Der »Atlantikwall« war das gewaltigste Unternehmen seit dem Bau der Chinesischen Mauer,[5] ein Projekt des Größenwahns. Der entscheidende Baumeister war nicht Adolf Hitler, nicht die Organisation Todt, die die Zwangsarbeiter unter katastrophalen Bedingungen hatte schuften lassen, auch nicht Generalfeldmarschall Erwin Rommel, der von den Alliierten jüngst aus Afrika vertriebene »Wüstenfuchs« und nunmehr Oberbefehlshaber der Heeresgruppe B, seit Dezember 1943 zuständig für die Vorbereitungen der Invasion. Bei ihnen lag die Planung, aber die Leitung wurde vor allem vom Mangel bestimmt. Es mangelte an Material, es mangelte an Soldaten, und es mangelte an Organisation.

Rommel hatte Sperren aus Landungsabwehrhindernissen errichten und über fünf Millionen Minen auslegen lassen, auf dem Strand, in den Steilhängen, in Wassergräben und auf Fußpfaden, die vom Strand wegführten, allein 1944 Woche für Woche 200 000 bis 300 000 Minen.[6] Ziel war die Verwandlung der Küste in ein gigantisches Minenfeld, mit einem Gürtel von 60 Millionen Minen. Aber als die Invasion begonnen hatte, war das »Bollwerk« nach Ansicht des Oberbefehlshabers West, Generalfeldmarschall Gerd von Rundstedt, noch immer ein »gigantischer Bluff«. Der Mangel an Stahl hatte den Verzicht auf größere drehbare stählerne Panzertürme erzwungen. Die Geschützstellungen erinnerten an verbunkerte Unterstände. Behelfsweise waren zum Teil die Geschütztürme älterer Panzer integriert worden. Die Maginot-Linie und alte deutsche Grenzbefestigungen hatten als Rohstofflieferanten gedient, das Material war demontiert, eingeschmolzen und am »Atlantikwall« verwendet worden.

Auf dem Nürnberger Parteitag 1935 hatte Hitler die idealen Jugendlichen des NS-Staates skizziert: »Flink wie Windhunde, zäh wie Leder und hart wie Kruppstahl.« Das sind Eigenschaften, die sich vor allem für deutsche Frontkämpfer empfehlen, damals eine Zukunftsvision für männliche Jugendliche. 1935 war das mörderische Propaganda, aber im Jahr 1944 ist es eine groteske Karikatur der Wehrmachtssoldaten in der Normandie – vom General bis zum einfachen Soldaten. Viele Offiziere sind an der Westfront gelandet, weil sie gesundheitlich schwer angeschlagen sind oder an der Ostfront militärisch versagt haben. Die militärischen Spitzenkräfte gehören fast alle zur alten Garde, beispielsweise der 68 Jahre alte Generalfeldmarschall von Rundstedt, der sein Hauptquartier in Saint-Germain-en-

Laye bei Paris nur noch alle drei Wochen verlässt, um sich seinen Soldaten zu zeigen.[7] Verglichen mit den deutschen Truppen, deren mörderische Blitzkriege Europa seit 1939 in Angst und Schrecken versetzt hatten, geben die Soldaten in der Normandie im Sommer 1944 ein jämmerliches Bild.

Die gesamte Wehrmacht ist im fünften Kriegsjahr ausgelaugt, bis Mai 1944 hat sie allein an der Ostfront insgesamt 1,85 Millionen Soldaten durch Tod oder Gefangenschaft verloren.[8] Zwar ist es gelungen, im Westen noch einmal 1,5 Millionen Soldaten aufzubieten, doch die meisten Infanterieeinheiten sind nicht motorisiert, also bewegungsunfähig. Denn Motorisierung ist kein Synonym für Beweglichkeit, ohne Benzin fährt kein Panzer. Es hat einige Zeit gedauert, bis das die Alliierten begriffen haben. Noch im April 1944 wunderte sich das Oberkommando der Luftwaffe, »warum der Anglo-Amerikaner diese Anlagen noch nicht zerschlagen hat, wozu er bei seiner in letzter Zeit so hochentwickelten Angriffstechnik ohne weiteres in der Lage wäre. Mit der Zerstörung unserer wenigen großen Raffinerien und Hydrierwerke könnte er einen Erfolg erringen, der tatsächlich die Möglichkeiten einer Fortsetzung des Krieges durchaus in Frage stellen würde.«[9] Als hätte der »Anglo-Amerikaner« diese Worte gehört, begannen ebenfalls im April US-Bomberverbände damit, der Wehrmacht den Lebenssaft abzudrehen. Sie starteten Flächenbombardements der elf rumänischen Erdölfelder bei Ploiești und der im deutschen Machtbereich liegenden Ölraffinerien und Hydrierwerke – mit beachtlichem Erfolg. Es droht der Stillstand der Wehrmacht.

Allein 15 Bataillone wurden aus Soldaten mit schweren Kriegsverletzungen gebildet, etliche Ausbildungsdivisionen wurden zusammengezogen, nicht zu vergessen die sogenannten Osttruppen, deren Verbände sich aus ehemaligen Rotarmisten rekrutierten, die es vorgezogen haben, dem fast sicheren Hungertod in einem deutschen Kriegsgefangenenlager zumindest vorläufig durch Dienst in der Wehrmacht zu entkommen. Weil viele von ihnen wieder zur Roten Armee übergelaufen waren, sind sie im Herbst 1943 in den Westen, nach Italien oder auf den Balkan kommandiert worden. 60 000 von ihnen stehen im Sommer 1944 in Frankreich ein wenig verloren herum, allerdings mit stark modifiziertem Kampfauftrag. Bisher wurden sie im »Kampf gegen den Bolschewismus« eingesetzt, jetzt geht es gegen die »englisch-amerikanische Plutokratie«.

Noch schlechter als um das Heer ist es um Marine und Luftwaffe bestellt. Schon einige Zeit vor der Invasion haben Briten und Amerikaner in mehrwöchigen Bombenangriffen auf die nordfranzösischen Eisenbahnnetze und die Brücken der Seine und Loire die deutschen Nachschubwege für die Truppen in der Normandie systematisch zerstört. Die Luftflotte 3 – zuständig für Nordostfrankreich, Belgien und die Niederlande – hat der Überlegenheit der Alliierten in der Luft kaum etwas entgegenzusetzen. Sie verfügt nur noch über 919 Flugzeuge, davon sind 500 einsatzbereit. Anfang Januar 1944 hatte die Luftwaffe noch 2395 Piloten für ihre Jagdflugzeuge, bis zum Sommer hat sie 2262 Jagdflieger verloren, also eine Verlustrate von fast 99 Prozent.[10] Auch die zunehmend unzureichende Ausbildung der deutschen Piloten erleichtert ihren Gegnern die Arbeit.

Die Misere der Luftwaffe hat Oberst Josef »Pips« Priller am Morgen des 6. Juni zu spüren bekommen. Zwei Tage vor Beginn der Invasion war ein Geschwader mit 124 Maschinen von der Küste zurückgezogen worden. Geschwaderkommandant Priller standen nur zwei Maschinen zur Verfügung, als er sich – in der anderen Maschine begleitet von seinem Rottenkameraden Feldwebel Heinz Wodarczyk – der gewaltigen Luftflotte der Briten und Amerikaner entgegenwarf. Es war der einzige direkte Einsatz der Luftwaffe gegen die Landungsflotte an diesem Tag. Bemerkenswert auch der Tatendrang der deutschen Kriegsmarine. Angesichts der gewaltigen auf sie zudampfenden Armada war eine einzige Schnellbootflottille aus Cherbourg vernünftigerweise beigedreht und in den Hafen zurückgekehrt. Eine Torpedobootflottille aus Le Havre hatte zwar einen norwegischen Zerstörer versenkt, aber dann hatte auch sie sich im Hafen in Sicherheit gebracht.

Hätten die Deutschen Zeit und Ort der Invasion gekannt, wären sie immerhin sehenden Auges in die aussichtslose Schlacht gezogen, aber die Alliierten hatten sie mit Blindheit geschlagen. Die Operation Fortitude war nicht nur eines der »kühnsten Ablenkungsmanöver in der Kriegsgeschichte«,[11] sondern auch eines der erfolgreichsten. Zur Verschleierung der geplanten Landung in der Normandie hatten die Alliierten durch einen fingierten Funkverkehr die Existenz einer Heeresgruppe First United States Army Group (FUSAG) in Kent vorgetäuscht, die sie sogar mit einem »Oberbefehlshaber«, General George S. Patton, ausgestattet hatten. Der sollte die Deutschen auch glauben machen, die Invasion sei weiter östlich am Pas-de-Calais, der schmalsten Stelle des Ärmelkanals zwischen Frankreich und England, bei Dover geplant. Auch mithilfe von Flugzeug-, Panzer- und Geschützattrappen aus Holz und Gummi und mit Übungen der Geisterarmee auf der Themse war die Täuschung gelungen. Für Operation Overlord hatten die Briten in Bletchley Park in der Nähe von London mit »Ultra« ein eigenes Informationssystem in Betrieb genommen – Experten sollten jede relevante Nachricht sofort entschlüsseln und weiterleiten. Mit den abgefangenen Funksprüchen konnten die Alliierten überprüfen, ob die von Doppelagenten gestreuten Falschinformationen bei den Deutschen verfingen.

»DIE SS, DIE WEISS ALLES, DIE HAT SCHON ALLES AUSPROBIERT.«

Denn den Briten war gelungen, alle von den Deutschen in Großbritannien eingesetzten Agenten zu enttarnen und die meisten von ihnen umzudrehen. Das hatte perfekt funktioniert. Am 2. Juni hatte Bletchley gemeldet: »Jüngste Informationen lassen annehmen, dass Gegner alle Vorbereitungen Alliierter für abgeschlossen hält. Erwartet erste Landungen in Normandie oder Bretagne, gefolgt von Hauptaktion am Pas de Calais.«[12] Die Deutschen hatten die Köder geschluckt. Noch bis Juli wird Hitler die Landung in der Normandie für ein raffiniertes Ablenkungsmanöver der Alliierten halten.

Seit dem Frühjahr hatten die amerikanischen Truppen Südengland in ein gigantisches Militärcamp verwandelt. Von Dezember 1943 bis Mai 1944 hatten die USA die Zahl der dort stationierten Truppen von 775 000 auf 1 527 000 Mann verdoppelt. Dazu kamen 14 britische, drei kanadische sowie eine polnische und eine frei-französische Division.[13] Ihren Einsatz hatte Dwight D. Eisenhower, Oberbefehlshaber der alliierten Streitkräfte in Nordwesteuropa (Supreme Commander, Allied Expeditionary Force) zunächst für den 5. Juni bestimmt. Die alliierten Meteorologen hatten nur für drei Junitage günstige Bedingungen für die Operation Overlord prognostiziert – den 5., 6. und 7. Juni. Nur an diesen Tagen seien die Wetterverhältnisse für die Landung akzeptabel. Es musste alles stimmen: Windstärke, Seegang, Meeresströmung, Gezeiten, Mondphasen, Sonnenaufgang. Dann war jedoch eine Sturmfront über dem Ärmelkanal aufgezogen, und Eisenhower hatte die Operation im letzten Augenblick um einen Tag auf den 6. Juni verschoben. Für die Nacht war bis zum Morgen eine Wetterverbesserung angekündigt. In diesen Stunden werde der Wind nachlassen und die Wolkendecke aufreißen, jedenfalls so weit, dass die Bomber in der Nacht zum 6. Juni und den ganzen Morgen über zum Einsatz kommen könnten.

Das hatten auch die deutschen Meteorologen erkannt, aber die Generäle hatten andere Schlüsse gezogen. Als General Eisenhower den Befehl zum Start der Invasion gegeben hatte (»Okay, let's go«), waren die Deutschen noch sicher, die Elemente auf ihrer Seite zu haben. Generalfeldmarschall Rommel besuchte seine Frau in Herrlingen (bei Ulm), die ihren 50. Geburtstag feierte, auch sein Erster Generalstabsoffizier weilte in Deutschland. Admiral Theodor Krancke hatte sich nach Bordeaux begeben, nachdem er sich bei Oberbefehlshaber West, von Rundstedt, mit dem Hinweis abgemeldet hatte, die Patrouillenboote könnten wegen der unfreundlichen See die Häfen unmöglich verlassen. Eine ironische Volte: Für den 6. Juni waren alle höheren Befehlshaber in der Normandie zu einer großen Planübung nach Rennes gebeten. Sie sah eine »Invasion« der Alliierten vor, die mit einem Angriff der Fallschirmjäger beginnen sollte und mit einer »Landung« von See her fortgesetzt wurde. Ort der fiktiven Landung: die Normandie. Wie angeordnet, hatten sich am Morgen des 6. Juni mehrere Divisionskommandeure in Rennes zum »Kriegsspiel« eingefunden oder waren auf dem Weg dorthin. Der Dritte Generalstabsoffizier von Rundstedts – zuständig für die Beurteilung der Feindlage – war in Urlaub, der Chef des Stabs einer Division nicht zu erreichen, weil er sich mit seiner französischen Freundin auf einem Jagdausflug amüsierte.

Es war, als hätte eine Vision des amerikanischen Autors Carl Sandburg die deutschen Generäle inspiriert: »Sometime they'll give a war and nobody will come.« (Stell dir vor, es ist Krieg und keiner geht hin.) Der Stabschef Rommels, Generalleutnant Hans Speidel, war zwar am Vorabend der Invasion im Hauptquartier der Heeresgruppe B in La Roche-Guyon, hatte die Lage jedoch für so ruhig gehalten, dass er zu einem kleinen Abendessen geladen hatte, unter anderem mit dem Schriftsteller Ernst Jünger. Gefeiert wurde an diesem Abend auch im Generalkommando des 84. Armeekorps in Saint-Lô. Der Stab des Kommandierenden des Armeekorps, General Erich Marcks, hatte zur Feier des Tages für Mitternacht einige Flaschen vortrefflichen Chablis' gekühlt. Die Offiziere wollten ihrem Chef zu dessen 53. Geburtstag eine Freude machen. Marcks war einer der wenigen Generäle, die die Invasion in der Normandie erwartet hatten. An seinem Geburtstag wurde er bestätigt. Wenige Tage später war es mit ihm vorbei. Ein kurzes Gedenken: General Marcks hat beruflich, persönlich und gesundheitlich für Adolf Hitler alles gegeben. Er hatte am Überfall auf Polen teilgenommen, für den Überfall auf die Sowjetunion einen Operationsplan ausgearbeitet, vor drei Jahren, im Juli 1941, hat er in der Ukraine – wie man so sagt – sein linkes Bein verloren, davor bereits zwei seiner drei Söhne, wenige Tage nach Beginn der Invasion schließlich auch sein Heldenleben. Erich Marcks starb bei einem Tieffliegerangriff nicht weit von seinem Hauptquartier. Mehr Hingabe war nicht möglich.

Vor der Invasion hatte Rommel seinem Ordonnanzoffizier gesagt: »Hier am Strand wird der Krieg gewonnen oder verloren werden. Wir haben nur eine Möglichkeit, den Gegner zum Stehen zu bringen: Wir müssen ihn fassen, solange er noch im Wasser ist und sich an Land vorkämpft. (…) Die ersten vierundzwanzig Stunden der Invasion sind die entscheidenden.«[14] Rommel hatte recht behalten. Am Abend des 6. Juni waren mehr als 150 000 britische, US-amerikanische und kanadische Soldaten in der Normandie gelandet, der entscheidende Auftakt der Invasion war gelungen. Stalin hatte von den westlichen Alliierten immer wieder die »zweite Front« gefordert, um die Wehrmacht im Kampf im Osten zu schwächen. Erst auf der Konferenz in Teheran im November 1943 hatten sich Roosevelt und Churchill dazu bereit erklärt, am 6. Juni ist sie endlich entstanden.

2. KAPITEL

Bis Ende Juli werden auf beiden Seiten jeweils rund 116 000 Soldaten sterben (und 18 000 bis 19 000 französische Zivilisten, weitere 76 000 Zivilisten verlieren ihr gesamtes Hab und Gut).[15] Auf den ersten Blick ein ausgewogenes Verhältnis, für die Deutschen aber in Wahrheit ein Desaster. Die Alliierten bringen in den nächsten Wochen 1,5 Millionen Soldaten an Land, Rommels Heeresgruppe B muss sich mit 14 594 Mann Ersatz begnügen.[16] Die Schlacht am Strand der Normandie war für die Deutschen von Anfang an aussichtslos. Rommels Konzept, mit starken Panzerverbänden die Landungstruppen noch am Strand zu schlagen, scheiterte nicht daran, dass Hitler dringend benötigte Panzer am Pas-de-Calais zurückhielt, weil er noch lange Zeit glaubte, die Landung in der Normandie sei ein Täuschungsmanöver. Die extremen Verspätungen, mit denen die Verbände am Ort des Geschehens zur geplanten Gegenoffensive erschienen, waren eine Folge von Treibstoffmangel und fehlenden Transportkapazitäten.[17] Für die 17. SS-Panzergrenadier Division »Götz von Berlichingen« war die Schlacht beispielsweise schon verloren, ehe sie begonnen hatte. Die gepanzerte Division lag am 6. Juni südlich der Loire, von der Front rund 350 Kilometer entfernt, als sie in die Normandie beordert wurde. Die Verlegung verzögerte sich nicht nur, weil die LKW wegen der alliierten Tiefflieger nur nachts und abseits der zerbombten Straßen auf Nebenwegen fahren konnten. Noch vier Tage später lag ein großer Teil der Division 70 Kilometer hinter der Front – lahmgelegt wegen Treibstoffmangels. Den Weg in den Einsatzraum Carentan hatte die Truppe zu Fuß zurückgelegt.

Eine wesentliche Ursache der Nachschubprobleme war die Aktivität der Résistance, die sich schon vor Beginn der Invasion mit Anschlägen – bevorzugt auf Züge und Gleisanlagen –

»DIE SS, DIE WEISS ALLES, DIE HAT SCHON ALLES AUSPROBIERT.«

in das Bewusstsein der Deutschen bombte. In der Nacht vom 1. zum 2. April hatten Soldaten der 12. SS-Panzerdivision »Hitlerjugend« im nordfranzösischen Dorf Ascq, wenige Kilometer entfernt von Lille, 86 französische Zivilisten ermordet. Die Deutschen nannten es Vergeltung, aber es war ein Verbrechen. Weil die Invasion erwartet wurde, befand sich der Verband von Belgien mit einem Eisenbahntransport auf dem Weg in die Normandie, als bei Ascq eine Sprengfalle der Résistance zwei Waggons entgleisen ließ. Obersturmbannführer Walter Hauck, ein im Osteinsatz gestählter SS-Mann, hatte befohlen, das Dorf zu durchsuchen und alle männlichen Bewohner zwischen 17 und 50 Jahren festzunehmen. Das Massaker dauerte drei Stunden. Damit seien die Deutschen noch ein Stück weiter gegangen, als wir es uns je vorstellen konnten, schrieb Albert Camus im *Combat* erschüttert.

Schon früher hatten die Deutschen das Vorstellungsvermögen Camus' beträchtlich erweitert. Am 29. Januar hatten sie in Malleval, Département Isère, ein Dorf angezündet, weil männliche Bewohner verdächtigt wurden, sich dem Zwangsarbeitsdienst in Deutschland zu entziehen. Nach ihrem Abzug waren in zwölf Häusern elf Leichen gefunden worden. Im Dezember 1943 waren in Chaveroche, Département Corrèze, von den Deutschen zwei Bauernhäuser niedergebrannt und fünf Geiseln erschossen worden, nachdem ein deutscher Offizier unter ungeklärten Umständen verletzt worden war. Vor einigen Monaten hatten die Deutschen in Groslée, Département Ain, einen Mann nicht gefunden, der sich der Zwangsarbeit verweigert hatte, und darauf den Bürgermeister und zwei Honoratioren erschossen. Diese Verbrechen hatten Camus genügt, um im März zum »totalen Widerstand« gegen den »totalen Krieg« aufzurufen. Aber jetzt, nach dem Massaker von Ascq, sei klar, dass der Kampf der Franzosen »gegen einen würdelosen Feind«

2. KAPITEL

geführt werde. Drei Stunden Massaker bedeute – etwas mehr als zwei Minuten für jedes der Opfer. »Drei Stunden – das ist die Zeit, die einige an diesem Tage zum Essen benötigten oder um in Ruhe mit Freunden zu reden.« Während dieser drei Stunden »waren ohne Unterbrechung, ohne Pause, Minute auf Minute, in einem einzigen Dorf Frankreichs Schüsse zu hören und wurden Körper auf den Boden geworfen«.[18] Camus hat keinen Deutschen namentlich erwähnt, aber mit »Herrn de Brinon« hat er sich ausführlich beschäftigt. Fernand de Brinon ist Repräsentant der Vichy-Regierung gegenüber den deutschen Behörden in Paris. Er hatte nicht gegen das Massaker protestiert, sondern gegen den Eingriff der Deutschen in »meinen eigenen Arbeitsbereich als weltlicher Polizist«. Dafür, hatte Camus gedroht, werde sich de Brinon vor Gericht verantworten müssen: »Denn es handelt sich nicht darum zu wissen, ob diese Verbrechen vergeben werden, es handelt sich darum zu wissen, ob sie bezahlt werden müssen.«[19]

Kurze Zeit nach dem Massaker hatte sich zumindest geklärt, wer dafür nicht würde bezahlen müssen – die Täter der SS-Panzerdivision. Nicht nur Vertreter des französischen Roten Kreuzes und der Präfektur waren am Tatort erschienen, auch Carlo Schmid, Kreisverwaltungsrat – im Rang eines Majors – der Oberfeldkommandantur in Lille, war nach Ascq geeilt. Schmid war der Sohn eines deutschen Vaters und einer französischen Mutter, promovierter Jurist, Liebhaber der französischen Kultur und diskreter Freund der Résistance. Er hatte sofort einen Tatbericht aufgesetzt, der an den Gerichtsherrn der SS-Einheit weitergeleitet wurde. Dieser Gerichtsherr war Sepp Dietrich, der als Vertrauter Hitlers in den vergangenen Jahren eine Blitzkarriere vom Garagenmeister einer Tankstelle zum Generaloberst der Waffen-SS hingelegt hatte. Dietrich verstand nichts vom Recht, aber er wusste, worauf es ankommt.

Also hatte er den für die Morde verantwortlichen Sturmführer beglückwünscht: Wenn er weiterhin so entschlussfreudig sei, werde er es noch weit bringen. Carlo Schmid hatte die Akten an sich genommen, »um sie eines Tages dort vorzulegen, wo abgerechnet werden sollte«.[20]

Ist es möglich, den Strahl eines Flammenwerfers auf das Gesicht eines Menschen zu richten, »der Ihnen ins Auge blickt«? Im Sommer 1944 beschäftigt Albert Camus diese Frage.[21] Die Antwort haben deutsche Soldaten nicht erst in Oradour-sur-Glane in der Nähe von Limoges gegeben. Nach der Invasion hatte die in Südwestfrankreich stationierte 2. SS-Panzerdivision »Das Reich« Marschbefehl nach Norden bekommen. Der Oberbefehlshaber West, Gerd von Rundstedt, hatte am 7. Juni angeordnet: »Die Entwicklung der Bandenlage im Zentral-Massiv während der letzten Tage und Stunden erfordert sofortiges und rücksichtsloses Zuschlagen starker Kräfte. Hierzu werden dem Militärbefehlshaber in Frankreich mit sofortiger Wirkung unterstellt: (…) die 2. SS-Panzerdivision mit allen verfügbaren Teilen. Sie ist sofort antretend in den Raum Tulle-Limoges zu führen.«[22] Für diese Aufgabe war die Panzerdivision erste Wahl. Auf dem Gebiet der »Bandenbekämpfung«, seit dem Überfall auf die Sowjetunion ein anderes Wort für Mord und Totschlag an der Zivilbevölkerung, hat sie Erfahrung. Sie hat im Osten unter anderem im Partisanenkrieg gekämpft, ihr Kommandeur, SS-Brigadeführer Heinz Lammerding, war Stabschef beim »Chef der Bandenkampfverbände«, Erich von dem Bach-Zelewski, dessen Vernichtungsmethoden (»Ausrottung durch Einkesselung«) ihm selbst in der SS und in der Wehrmacht einen furchteinflößenden Namen verschafft haben.

Im April ist die Division in den Raum Toulouse verlegt worden und hat von Anfang an die in sie gesetzten Erwartungen erfüllt, gelegentlich sogar übertroffen. Am 21. Mai haben ihre Soldaten in Frayssinet-le-Gélat, Département Lot, 15 Menschen hingerichtet, darunter auch Frauen, nachdem angeblich eine Abteilung der Division aus dem Dorf beschossen worden war. Am selben Tag ließ eine andere Einheit von »Das Reich« in Lacapelle-Biron, Département Lot-et-Garonne, alle 47 Männer im Alter von 16 bis 60 Jahren nach Deutschland und Österreich deportieren. (Nur die Hälfte von ihnen wird aus den Konzentrationslagern Dachau und Mauthausen zurückkehren).[23] Drei Tage später, am 24. Mai, meldete die Division insgesamt 1266 Gefangene von einem größeren »Bandenunternehmen« bei Figeac, Département Lot. Es war offenkundig, dass so viele Gefangene unmöglich Partisanen oder »Partisanenhelfer« sein konnten. Zu den Morden an der Zivilbevölkerung kamen umfangreiche Plünderungsaktionen. Zwar hat der Militärbefehlshaber zwei Tage nach Beginn der Invasion Requirierungen in »bandengefährdeten Gebieten« erlaubt, jedoch nur, soweit sie militärisch »notwendig« seien. Doch raubten die Soldaten der SS-Division bei der Gelegenheit auch Lebensmittel, Nähmaschinen und sogar silberne Kaffeelöffel.

Die Mord- und Raubaktionen – vom Kommandeur des Panzerkorps trotz vereinzelter Proteste hoher Wehrmachtsoffiziere ausdrücklich gebilligt – waren nur das Vorspiel zum Massaker von Oradour-sur-Glane, dem allerdings noch weitere Massaker vorausgingen. Am 8. Juni ist es Kämpfern der Résistance gelungen, nach Gefechten mit Vichy-freundlichen und deutschen Einheiten für einige Stunden das Städtchen Tulle, Département Corrèze, zu besetzen. Die Verluste der Deutschen – 122 Tote, Verletzte, Vermisste – waren hoch, ihre massive Vergeltung war Massenmord. Am 9. Juni trieben Soldaten der SS-Division »Das Reich« alle männlichen Einwohner der Ortschaft zusammen und verkündeten, 120 von ihnen würden aufgehängt. Die Auswahl traf ein Offizier des SS-Sicherheitsdienstes (SD), der sich von hohen Beamten des Vichy-Regimes beraten ließ. Die Kollaborateure legten für ihre Freunde unter den Gefangenen ein gutes Wort ein, am Ende wurden 99 Männer gehängt, an Laternen und Balkonen, begleitet vom Gelächter der SS-Soldaten und den Blicken einer Gruppe von 600 zum Arbeitsdienst gehörenden Jugendlichen, die zur Zeugenschaft gezwungen wurden.[24]

Über das Massaker von Tulle hat später ein in Kriegsgefangenschaft geratener SS-Soldat einem Obergefreiten der Fallschirmjäger berichtet. Dass er die Zahl der Opfer in dem abgehörten Gespräch zu hoch ansetzt, ist vermutlich seinem Renommierbedürfnis zuzuschreiben:

SS-Soldat: »Die haben es auf uns, Division ›Das Reich‹, abgesehen, denn wir haben in der Gegend von Toulouse mehr Partisanen umgelegt als gefangen. Gefangen genommen haben wir vielleicht 20 Stück, das war alles und die auch bloß zum Verhören. Dann haben wir sie auch noch gepeinigt, die zwanzig, so dass sie zugrunde gegangen sind. (…) Wie wir dann hier raufmarschiert sind, sind wir über Tours marschiert. Da haben sie eine Wehrmachtskompanie zur Sau gemacht, aber restlos. (…) haben wir gleich 150 gekapert und dann in der Stadt aufgehangen.«

Obergefreiter: »Aber das kann ich nicht verstehen, dass sie gleich 150 auf einmal aufhängen können.«

SS-Soldat: »Die haben wir alle liegen gesehen, Augen ausgestochen, Finger abgeschnitten. Bei den 150 Partisanen, die wir aufgehängt haben, sind die Knoten vorne, nicht hinten. Wenn der Knoten hinten ist, bricht sofort die Wirbelsäule, aber hier, da erstickt er langsam. Da quält er sich.«

Obergefreiter: »SS, die weiß alles, die hat schon alles ausprobiert.«

SS-Soldat: »Mensch, überlegt das nur, wenn sie 150 Kameraden von der Wehrmacht kaltmachen, dann kennen wir nichts. Das ist das einzige Mal, wo ich dafür war. Ich hab sonst noch nichts mitgemacht. Wir tun keinem was, aber wenn die uns was antun, dann sind wir (…)«[25]

Am 10. Juni 1944 gegen 14 Uhr erreichen 120 Soldaten der SS-Panzerdivision »Das Reich« Oradour sur Glane. Die unbewaffneten Einwohner werden zusammengetrieben. Als die SS-Männer keine Informationen über Waffenverstecke erhalten, durchsuchen die Soldaten die Häuser. Die Männer werden in fünf Gruppen unterteilt und in Scheunen gesperrt. Dort eröffnen die SS-Soldaten das Feuer auf sie und setzen die Scheunen in Brand. Frauen und Kinder werden in die Dorfkirche gesperrt. Die Soldaten zünden eine Rauchbombe am Altar. Als einige der Eingeschlossenen versuchen, sich vor dem beißenden Qualm in Sicherheit zu bringen, werden sie erschossen. Dann zünden die uniformierten Mörder das Kirchengebäude an. In Oradour sur Glane ermordet an diesem Tag die SS 642 Dorfbewohner, unter ihnen 245 Frauen und 207 Kinder.

Marguerite Rouffanche, 47 Jahre alt, ist die einzige Überlebende des Massakers in der Kirche. Sie erleidet fünf Schusswunden und verliert an diesem Tag ihre Eltern, ihren Mann, ihren Sohn, beide Töchter und einen Enkel im Alter von sieben Monaten. Ihr Bericht:

»Gegen 14 Uhr am 10. Juni 1944, nachdem sie in mein Haus eingedrungen waren, forderten mich deutsche Soldaten auf, ich sollte mich mit meinem Mann, meinem Sohn und meinen Eltern und meinen beiden Töchtern auf den Marktplatz begeben. Dort waren viele Einwohner von Oradour versammelt, wobei von allen Seiten noch Männer, Frauen, Kinder und Jugendliche hinzukamen sowie die Schulkinder, die in Gruppen eintrafen. Die Deutschen teilten uns in zwei Hälften: auf der einen Seite die Frauen und die Kinder, auf der anderen Seite die Männer. Die erste Gruppe, zu der ich gehörte, wurde von bewaffneten Soldaten zur Kirche geführt. Dazu gehörten alle Frauen der Stadt, vor allem die Mütter. Sie betraten die heilige Stätte, indem sie ihre Babys auf den Armen trugen oder sie in ihren Kinderwagen schoben. Dazu gehörten auch alle Kinder aus den Schulen. Die Zahl der Anwesenden kann auf mehrere hundert geschätzt werden. Wir warteten in der heiligen Stätte zusammen und wurden immer unruhiger. Wir waren besorgt über das Ende der Vorbereitungen, denen wir beiwohnten. Gegen 16 Uhr kamen Soldaten, die etwa 20 Jahre alt waren, in die Kirche. Im Kirchenschiff, in der Nähe des Chors, stellten sie eine große Kiste auf aus der Schnüre heraus auf den Boden hingen. Als die Schnüre angezündet wurden, wurde das Feuer in der Kiste entfacht. Es kam zu einer heftigen Explosion; dicker schwarzer und erstickender Rauch wurde freigesetzt. Die Frauen und Kinder eilten halberstickt und vor Entsetzen schreiend in die Teile der Kirche, in denen die Luft noch atembar war. So kam es, dass die Tür der Sakristei unter dem Druck der angstvollen Menge eingedrückt wurde. Ich ging in den Raum und setzte mich resignierend auf eine Treppenstufe. Meine Tochter gesellte sich zu mir. Die Deutschen bemerkten, dass der Raum bezogen worden war. Sie erschossen brutal alle, die dort Zuflucht suchten. Meine Tochter wurde neben mir durch einen Schuss von außen getötet. Ich verdankte mein Leben der Idee, die Augen zu schließen und den Tod vorzutäuschen.«[26]

Am Abend des 11. Juni explodiert in der Nähe der westfranzösischen Gemeinde Châtellerault, Département Vienne, ein deutscher Zug mit einem mit 200 000 Litern Benzin gefüllten Kesselwagen. Das ist keine Vergeltung für den Massenmord in

2. KAPITEL

Oradour sur Glane am Tag zuvor, sondern das Ergebnis einer gelungenen Zusammenarbeit des britischen Militärs mit Mitgliedern des lokalen Widerstands (Maquis). Vor einigen Tagen haben britische Flugzeuge zwei Teams der Geheimdienstoperation Bulbasket[27] mit dem Auftrag abgesetzt, die Eisenbahnlinien Richtung Norden anzugreifen. Von den Maquisards haben die Briten von dem Benzinzug erfahren, sofort hat sich einer mit dem Fahrrad nach Châtellerault begeben und konnte den schwer bewachten und getarnten Zug einen Kilometer westlich der Stadt lokalisieren. Die Nachricht wird um 17 Uhr nach England gemeldet, noch am Abend des 11. Juni zerstören britische Bomber den von den Deutschen dringend erwarteten Zug. Das Benzin war für die SS-Panzerdivision »Das Reich« bestimmt. Ihr Vormarsch zur Front in der Normandie verzögert sich um drei Wochen.

3. KAPITEL

»Heute gibt es schon wieder Sardinen, Onkel Rahm.«

KONSTANZ – BERLIN – THERESIENSTADT

In Konstanz lässt es sich leben, vor allem jetzt im Sommer, wenn der Bodensee im Sonnenlicht funkelt und kein Flugzeuglärm die Stille stört. Es gibt keinen Fliegeralarm, der in anderen deutschen Städten die Bevölkerung Tag und Nacht in Angst und Schrecken versetzt, und keine Verdunkelung, denn Konstanz wird von den alliierten Bomberverbänden nicht bedroht. Die unmittelbare Nachbarschaft zur neutralen Schweiz bietet einen zuverlässigeren Schutz als eine Flakbatterie. In anderen deutschen Städten geht es nurmehr ums Überleben, in Konstanz aber wird gelebt. Zwar sind der Bohnenkaffee und die Bratwurst mit Älplermagronen, die gegenüber auf dem Säntis, dem Schweizer Hausberg des Bodensees, serviert werden, seit Jahren für die Konstanzer unerreichbar, auf deren Tischen wie überall in Deutschland seit Kriegsbeginn der Bohnen- dem Zichorienkaffee weichen musste und rationierte Lebensmittel die Essgewohnheiten diktieren. Im Übrigen aber dürfen sich die Konstanzer nicht beklagen. Die Stadt wächst und gedeiht. Das Verschwinden von 118 jüdischen Bürgern, die in Konzentrationslager deportiert worden sind, hat sie verkraftet. Die Zahl der Einwohner ist seit Kriegsbeginn von 39 000 auf mehr als 60 000 gestiegen, nicht zu vergessen 15 000 Verwundete, Soldaten der Garnison und Offiziere. Auch die Hotellerie ist auf Wachstumskurs. Hotels und Pensionen sind belegt von Offizieren und Ärzten der ebenfalls voll belegten Lazarette. Hinzu kommen Schülerinnen und Schüler der Kinderlandverschickung mit ihren Lehrkräften, Evakuierte, Ausgebombte und »illegale« Flüchtlinge aus den in Schutt und Asche versunkenen Städten.[1]

Dr. jur. Herbert Engelsing und sein Team von der Tobis-Filmkunst GmbH in Berlin haben also Glück, dass sie sich im Inselhotel, ehemaliges Dominikanerkloster, bestes Haus am Platz direkt am See, kaum fünf Gehminuten von der Schweizer Nachbarstadt Kreuzlingen entfernt, für die nächsten zwei Monate einquartieren können. Am 20. Juni treffen die 50 Kameraassistenten, Beleuchter, Bautechniker, Friseure, Gewandmeisterinnen, Kabelträger, Maskenbildnerinnen und Pferdepfleger mit ein paar Stars des deutschen Films und Nachwuchsdarstellern in Konstanz ein, angeführt von Engelsing, 39 Jahre alt, der als Leiter einer Herstellungsgruppe der Tobis auf einige schöne Unterhaltungserfolge (*Der Mustergatte* mit Heinz Rühmann, *Der Tiger von Eschnapur*) zurückblicken kann. Aber auch mit Filmen aus dem Milieu der Hitlerjugend hat er Erfahrung. Sein Projekt am Bodensee soll wieder ganz der leichten Unterhaltung dienen. Der Arbeitstitel *Umarmt das Leben* passt allerdings nicht so recht in diese Zeit und wird darum später zeitgemäß verändert: *Leb' wohl, Christina*. Die Handlung des Films feiert euphorisch die Gedankenfreiheit im Sinne des NS-Systems – sie wird von keinem Gedanken belastet: Properer Schüler und kriegsinvalider Schulleiter lieben eine Schülerin, sie entscheidet sich für den schwer angeschlagenen Pädagogen, der im Krieg eine Hand verloren hat: In Zukunft werde sie seine »rechte Hand« sein: »Man liebt den ganzen Menschen, auch seine kleinen Fehler.« Der jugendliche Konkurrent übt einsichtig Verzicht. Er und sein erfolgreicher Rivale erklären sich gerührt zu »Kameraden«.

Selbst für die NS-Filmpolitik ist das ein bedenkliches Niveau, aber das ist nicht wichtig. Wichtig ist, dass die Crew am Bodensee acht Wochen lang dem Krieg entkommt, den Johannisthal-Studios der Tobis-Filmkunst in Berlin, die schon mehrfach von Bomben schwer getroffen worden sind. Wichtig ist, dass die Filmarbeiten den Segen Joseph Goebbels' haben. Er hat die Filmgesellschaften angewiesen, die Deutschen bis zum von der Vorsehung bestimmten »Endsieg« vor allem mit »volksberuhigender Unterhaltung« zu bedienen. Das Bedürfnis danach ist unabweisbar. Obwohl die alliierten Bomber bis zu diesem Sommer bereits einige hundert Kinos in Trümmer verwandelt haben, werden 1944 in Deutschland 1,1 Milliarden Eintrittskarten verkauft. Und wichtig ist natürlich auch das leibliche Wohl des Bodensee-Teams. Darum kümmert sich erfolgreich der eloquente und erfindungsreiche Engelsing. Er lädt Konstanz' Bürger zur Besichtigung der Dreharbeiten ein. Wer teilnehmen will, muss aber die Frage beantworten, ob er Zugang hat zu Speck, Brot, Eiern, Wein oder Obstbrand, der in der obstreichen Region gern schwarz gebrannt wird.

Auch für die Ausstattung des Films ist großzügig gesorgt. Die Gastspieldirektion Franz Grossmann in der Berliner Brennerstraße erlaubt sich für das Filmmusikorchester 3000 Mark in Rechnung zu stellen. Maskenbildner Hugo Heuer in Berlin-Steglitz stellt sechs Dosen Herrenteint und fünf Dosen Damenteint zur Verfügung. Mit einer künstlichen Hand für den invaliden Schulleiter hilft Rudolf Haase von den Spezialwerkstätten für Kunstglieder aus, Preis: 95 Mark. Und selbstverständlich können sich die Mitglieder der Filmcrew nicht über die Gagen beklagen. Das gilt insbesondere für den Drehbuchautor und Regisseur Gustav Fröhlich. Seit seiner Rolle als Freder Fredersen in Fritz Langs *Metropolis* ist er in Deutschland ein Begriff. Im Kollegenkreis ist Fröhlich auch aus anderen Gründen bekannt. Seine geschiedene Frau Gitta Alpár beschuldigt ihn, sie verstoßen zu haben, um seine Karriere im NS-Staat nicht zu gefährden. Vor 1932 war die Ungarin in Deutschland als Opernsängerin, Schauspielerin und Tänzerin berühmt, seitdem war sie nur noch eine singende und tanzende Jüdin. Sie hatte ihre Karriere beendet und war mit dem gemeinsamen Kind erst nach Großbritannien, schließlich in die USA gereist. Fröhlich ist ein Opportunist, ein – wenig plausibles – Gerücht behauptet jedoch, er sei immerhin kein Feigling. Es wird erzählt, er habe Goebbels geschlagen, als sich der verheiratete Minister in seine Beziehung mit der tschechischen Schauspielerin Lída Baarová gedrängt habe. In diesem Fall hätte Fröhlich wohl nicht nur mit seiner Karriere bezahlt. Aber mit dieser geht es munter voran. Als Spielleiter ist Fröhlich von der Tobis die großzügige Gage von 30 000 Mark versprochen, plus 6000 Mark für Treatment und seine Mitarbeit am Drehbuch.

Das Tobis-Team erwarten in Konstanz sorglose Wochen, sofern jeder Mitarbeiter beachtet, dass Goebbels nicht nur der Herr der Drehbücher ist. Auch in der Freizeit empfiehlt es sich vom Kabelträger bis zum Hauptdarsteller, seine Zunge zu hüten. Käthe Dyckhoff funkelt seit einiger Zeit als aufgehender Stern in der Filmwelt des NS-Staats. Sie soll in Engelsings Produktion die weibliche Hauptrolle spielen. Im vergangenen Jahr hat sie in Wolfgang Staudtes *Akrobat schö-ö-ö-n* (1943) mit Charlie Rivel in der Titelrolle und in Veit Harlans *Immensee* (1943) nicht nur ein größeres Publikum erobert. Sie hat auch Joseph Goebbels auf sich aufmerksam gemacht – er gilt als ihr Förderer, sie als Denunziantin. Die gebotene Vorsicht im Gespräch fällt vor allem dem Chef der Reisegruppe schwer. Herbert Engelsing ist nicht nur wortgewandt, ihm gefällt die ironische Volte. Auf sie sollte er in der nächsten Zeit verzichten. Er hat zwar den Parteiausweis der NSDAP, aber auch eine »halbjüdische« Ehefrau. Inge muss er schützen, das könnte als Parteimitglied besser gelingen. Im Übrigen steht er dem Widerstand nah. Mit einigen Mitgliedern der Roten Kapelle, insbesondere mit Harro Schulze-Boysen und seiner schönen Frau Libertas, hatte ihn bis zu deren Hinrichtung eine enge Freundschaft verbunden. Als Harro am 31. August 1942 plötzlich verschwand, hatte Libertas sofort geahnt, was geschehen war: Sie rief Herbert und Inge an, eine »merkwürdig tragische Unterhaltung«, wie sich Inge später erinnerte. Harro sei auf einer »Dienstreise«, hatte Libertas bestürzt erzählt. Es war das letzte Gespräch unter Freunden, kurz darauf wurde auch Libertas verhaftet. Die Engelsings kümmerten sich fortan um die Hinterbliebenen. Die Familien der Betroffenen zu unterstützen ist gefährlich, doch das nimmt »Schutzengelsing« – wie man Herbert Engelsing im vertrauten Kreis nennt – in Kauf.

Die Bodensee-Schmonzette *Leb' wohl, Christina* wird nie in die Kinos gelangen. Die Produktion ist dennoch ein voller Erfolg – immerhin gibt es keine Toten. Das Filmteam hat die Reichshauptstadt gerade noch rechtzeitig vor dem nächsten schweren Luftangriff verlassen. Einen Tag nach seiner Ankunft in Konstanz bombardieren Flugzeuge der 8. US-Luftwaffe mit einem Tagesangriff am 21. Juni Berlin und Umgebung. Auf der Casablanca-Konferenz im Januar 1943 haben die USA und Großbritannien vereinbart, die nächtlichen Angriffe der Royal Air Force mit den Tagesangriffen der US Air Force zu kombinieren, was die Bombardierung deutscher Städte rund um die Uhr ermöglicht (*combined round the clock*). 1942, ein Jahr nach ihrem Eintritt in den Krieg, produzierten die USA 48 000 Maschinen, davon 2600 viermotorige Boeing B-17 »Flying Fortresses« (Fliegende Festungen). Seit Sommer 1942 hat die US-Luftwaffe eine eigene Basis in England errichtet, von der aus nicht mehr nur von den Deutschen besetzte Gebiete in Frankreich und Holland erreicht werden können, sondern die deutschen Städte selbst.

Der Angriff auf Berlin am 21. Juni von oben: Unter den 2500 US-Flugzeugen sind 600 der B-17-Bomber, Ziele sind die Berliner Innenstadt, Flugzeugwerke und Bahnanlagen. 1269 Jagdflugzeuge geben wirksamen Begleitschutz: Nur 44 US-Bomber werden abgeschossen. Auf die Stadt gehen 2000 Tonnen Bomben nieder. Das ist einer der bis zum Kriegsende 310 Bombenangriffe auf Berlin, darunter 40 schwere und 29 Großangriffe. Dabei werden 45 517 Tonnen Bomben abgeworfen. Die Zahl der Opfer wird auf zwischen 20 000 und 50 000 geschätzt.

Der Angriff auf Berlin am 21. Juni von unten: Ruth Andreas-Friedrich, 42 Jahre alt, Journalistin, Mitglied der Widerstandsgruppe »Onkel Emil«, sitzt an diesem Mittwochmorgen mit ihrer Tochter beim Kaffee. Es ist ein wolkenloser Sommertag. Die Tochter sagt: »Schlechtes Fliegerwetter. Ich denke, man wird uns heute in Ruhe lassen.« Das Radio gibt eine Nachricht durch: Anflüge aus dem Westen. Kommen sie nach Berlin oder drehen sie vorher ab? Ruth Andreas-Friedrich greift nach dem Christusbildchen ihres Lebensgefährten, das seit Beginn der Bombenangriffe als Schutzgeist auf dem Schreibtisch liegt. Die Stimme des Ansagers im Radio: »Nur noch vereinzelte Jagdmaschinen.« Gott sei Dank, denkt Ruth Andreas-Friedrich und zündet sich mit ihrer Tochter eine Zigarette an. Da heult die Sirene im lang gezogenen Auf und Ab: Vollalarm! Vor Schreck lassen die Frauen die Zigaretten fallen. Auf der Straße rennen die Leute Hals über Kopf dem Bunker zu, mit Koffern und Kinderwagen. Die Autos bleiben stehen, die Straßenbahn stockt mit quietschenden Bremsen. In drei Minuten sind alle Fahrzeuge verlassen, Mutter und Tochter auf dem Weg nach unten. »Von fern ertönt dumpfgrollendes Brummen. Beängstigend fremd, unheilverkündend und geheimnisvoll.« Wo ist die Gasmaske, wo sind die Stahlhelme, wo die nassen Tücher? »Da, jetzt kommt's. Sie sind über uns. Wir sagen nichts. Wir schreien nicht.« Sie pressen die nassen Tücher vor die Lippen. Draußen das Beben, im Luftschutzkeller Stille wie in der Kirche. Es kracht, es birst, es zittert. »Jetzt hat es eingeschlagen. Jetzt wieder. Jetzt abermals.« Was ist geschehen, ist einer verletzt? »Wir ahnen es nicht. Wir ahnen nur, dass wir arm sind, nackt und entsetzlich hilfsbedürftig.«

Der Luftschutzwart brüllt: »Feuer im dritten Stock. Alle antreten zum Löschen!« Die Bomben krachen, die Luft ist gefüllt mit schwarzem Rauch, hier der Sandeimer, da die Spitzhacke, hinauf in den dritten Stock. Niemand sagt ein Wort. Wo ist das Wasser? »Barmherziger Gott, sie haben das Wasser abgestellt. Ein Segen, dass wenigstens unsere Badewannen ...« Also die Eimerkette von Hand zu Hand, aus Spülbecken, Krügen und Badewannen. Die Behälter sind leer, also die Sandtüten her! Das Wohnzimmer brennt, der Phosphor fließt grünlich unter Schränken und Polsterstühlen. Die Bomben pfeifen, immer näher und näher! »Aufpassen«, schreit der Luftschutzwart. Alle stürzen wieder in den Keller. Über ihnen fliegt stadteinwärts das letzte Geschwader. Der Brand ist gelöscht. Entwarnung.[2]

Bei dem Bombenangriff auf Berlin am 21. Juni 1944 werden 603 Menschen getötet, 297 werden danach vermisst.

Die Bombenangriffe sollen nicht nur Industrieanlagen, Regierungsbehörden, Bahngleise und Wohnhäuser zerstören. Die Bevölkerung soll in Schockstarre gehalten und psychisch zermürbt werden. Das war im Sommer 1940 in der Luftschlacht um England das Ziel der deutschen Luftangriffe auf London, Birmingham und Coventry. Das ist auch das Ziel der Offensive des Deutschen Reichs mit der V1 (= Vergeltungswaffe 1), einer rückstoßgetriebenen Flugbombe, die vor einigen Tagen begonnen hat. Die deutsche Propaganda feiert die V1 als »Wunderwaffe«, als »Sprengkörper größten Ausmaßes«, gegen die die englische Abwehr »wirkungslos«[3] bleibe. Das Gegenteil ist richtig. Nicht nur wegen der englischen Flugabwehr ist die V1 recht erfolglos, auch technische Mängel entzaubern die »Wunderwaffe«. Bis Ende August schießen die Deutschen 8000 fliegende Bomben ab. Unmittelbar nach dem Start fallen davon 2000 mit technischen Defekten aus. Ein großer Teil wird von britischen Jägern und der Abwehr zerstört. Nur 2400 erreichen London oder Südengland. Bei den Angriffen werden 6185 Zivilisten getötet und 17 980 schwer verletzt. Die V1 löscht Menschenleben aus und zerstört Krankenhäuser, Schulen und Kirchen, Wohn- und Geschäftshäuser, nicht aber den Widerstandsgeist der Bevölkerung. Die *Sunday Times* kommentiert deutsche Rundfunkberichte, die die Schlagkraft der Waffe feiern: »Das deutsche Radio hat sich in der Übertreibung der Wirksamkeit dieses fliegenden Sprengmittels ebenso übertroffen wie in seiner sadistischen Freude. Wir sehen darin das Zeichen der wachsenden Panik, von der Hitler, Goebbels und ihre Freunde erfasst sind. Der Zweck dieser Waffe ist völlig klar. Das neue deutsche Kampfmittel dient einzig und allein dazu, den Verfall des Vertrauens im eigenen Volk aufzuhalten.«[4] Die »Wunderwaffe« entpuppt sich vor allem als Propagandawaffe, die den Fortgang des Krieges kaum beeinflusst.

Was den Deutschen mit der V1 nicht gelingt, das gelingt allerdings auch nicht den Alliierten mit der *combined bomber offensive* in Berlin. Zwar ist die Zerstörungskraft der Bomben ungeheuer, aber die Moral der Bevölkerung zeigt sich erstaunlich stabil. Anfang des Jahres, während der großen britischen Luftoffensive gegen die Reichshauptstadt, hatte es noch anders ausgesehen. Im Februar hatte Ruth Andreas-Friedrich in ihrem Tagebuch notiert: »Alarm, Alarm und nochmals Alarm. Man hört nichts anderes, sieht nichts anderes. In der S-Bahn, auf den Straßen, in Geschäften und Autobussen – überall schwirren die gleichen Gesprächsfetzen: Total ausgebombt … Dach abgedeckt, Wand eingestürzt … Fenster raus … Türen raus … Fliegerschadenschein … alles verloren.«[5] Schon Ende November 1943 gab es 500 000 Obdachlose, und in Berlin hatte der Galgenhumor Konjunktur: Gescherzt wurde über Berlin als »Stadt der Warenhäuser«: »Hier waren Häuser, da waren Häuser.« An einem Baum hing ein Zettel: »Tausche wegen Fettmangel eine beinahe neue Bratpfanne gegen ein Führerbild.« Das ist der Humor der Verzweiflung, aber nicht die Wut des Widerstands. Wer alles verloren hat und kein Dach über dem Kopf, wer nicht weiß, wie er die nächsten Tage und Nächte überstehen kann, denkt nicht an Umsturz.

Das NS-Regime unternimmt alles, um den Gedanken daran in der Bevölkerung gar nicht erst entstehen zu lassen. Nach jedem Angriff ist ein Heer von Notdienstverpflichteten in den zerstörten Straßen mit Feldküchen zur Stelle, bei denen alle Passanten, wie Missie Wassiltschikow festhält, »zu jeder Tageszeit eine ausgezeichnete Suppe, echten starken Kaffee und Zigaretten« bekommen können – »alles Dinge, die in Läden nicht mehr zu haben« sind.[6] Die Nationalsozialistische Volkswohlfahrt ist stets vor Ort und damit der sorgende Geist des »Führers«, der sein Volk nicht im Stich, das heißt die Bevölkerung nicht in der Katastrophe alleinlässt, in die er sie geführt hat. Das ist die Botschaft der Tafeln, die die Nazis in den qualmenden Ruinen aufstellen: »Unsere Mauern brechen, unsere Herzen nicht.« Auf den Schutz der Bunker sollten die Berliner jedenfalls nicht vertrauen. Nur für zwei Prozent stehen hier Plätze zur Verfügung. Das ist nicht für jeden ein Problem. Joseph Goebbels zum Beispiel hat sich im Garten seiner offiziellen Residenz in der Hermann-Göring-Straße für 350 000 Reichsmark einen persönlichen Luftschutzbunker errichten lassen. Der Architekt hatte geklagt, für den Preis hätte man 300 Arbeiterwohnungen bauen können.[7] Juden haben zu den Bunkern keinen Zutritt. Seit 1943 leben sie in Berlin nur noch als Zwangsarbeiter, in »Mischehen« mit »arischen« Ehepartnern oder in der Illegalität, als sogenannte U-Boote.

Ausgeschlossen ist auch Theodor Michael, 19 Jahre alt, Sohn einer deutschen Mutter aus einem Dorf bei Posen und eines Kameruner Vaters, den es Anfang des Jahrhunderts nach Deutschland verschlagen hatte. Vor ein paar Monaten wäre es ihm fast gelungen, bei einem Luftangriff in einen Schutzraum zu gelangen. Über den Vorraum war er aber nicht hinausgekommen. Als er ihn mit einem Begleiter betreten hatte, hatten ihn feindselige Blicke empfangen und die Rufe, er solle verschwinden: »Schmeißt sie doch raus. Es sind ihre Freunde, die uns da bombardieren.«[8] Das entspricht der NS-Propaganda, welche dem Publikum bevorzugt Afroamerikaner als Bomberpiloten präsentiert, die ihre Spreng- und Brandbomben auf deutsche Frauen und Kinder werfen. Wäre es tatsächlich so – vielleicht hätte sich Theodor darüber gefreut. Aber wie die deutschen Rassegesetze ihm den Zugang zu Bunkern versperren, so verweigern die Rassegesetze der USA den Afroamerikanern einen Platz im Bombercockpit. Erst seit kurzer Zeit werden sie – gegen den Widerstand hoher Militärs – am Tuskegee-College ausgebildet, das ausschließlich von Afroamerikanern besucht wird. Vor einem Jahr haben die ersten schwarzen Piloten das College verlassen und bilden seitdem die 99. Jagdfliegerstaffel der U. S. Air Force. Aber die ersten schwarzen Bomberpiloten werden erst nach Kriegsende in Europa in Asien eingesetzt werden.

Seit seiner Abfuhr im Luftschutzbunker – er hatte sofort bemerkt, dass »die Situation nun drinnen gefährlicher war als draußen«[9] – hat Theodor keinen Versuch mehr unternommen, vor Bomben in Schutzräumen Schutz zu suchen. Bei Alarm bleibt er auf der offenen Straße. Damit riskiert er zwar, als Plünderer verdächtigt zu werden. Und Plünderern droht die Todesstrafe. Aber Theodor vertraut darauf, dass die Polizeibeamten »auch nur Menschen sind«[10] und bei Luftangriffen einen Bunker oder Keller aufsuchen. So wird er an einem Berliner Sommertag Zeuge eines Wunders. Er sitzt mit einem Bekannten während des Luftangriffs auf dem Rinnstein eines Trottoirs an einem unbebauten Grundstück. Plötzlich sieht er an der Hauswand eines Mietshauses gegenüber ein Flugblatt heruntersegeln. Seit Beginn des Krieges hat allein die Royal Air Force über Deutschland und den deutsch besetzten Gebieten 1,25 Milliarden Flugblätter abgeworfen, sie sind »unter uns Fremdarbeitern eine begehrte Sache«, eine Möglichkeit, mehr über den Stand des Krieges zu erfahren. Sofort rennen die beiden los, um das Flugblatt aufzuheben. Da hören sie das Geräusch einer fallenden Bombe und suchen nach einer Deckung. Da ist nur die Hauswand. Also werfen sie sich auf das Pflaster. Als sich der Staub nach einer mittelschweren Explosion verzogen hat, sehen sie genau an der Stelle, an der sie zuvor gesessen haben, einen fünf Meter breiten Trichter. Sie tasten sich ab, alles in Ordnung: »Wir schauten uns an, grinsten und lachten dann aus vollem Hals. Wir waren voller Dreck und Staub, aber am Leben.«[11] Das Flugblatt ist verschwunden. Es hat ihnen das Leben gerettet. »Von diesem Augenblick an war ich fest überzeugt, dass es einen Gott gibt, der meine Schritte lenkt und der möchte, dass ich weiterlebe.«

Missie Wassiltschikow braucht kein Flugblatt, um zu ihrem Gott zu finden. An einem Sonntag im Mai war sie in der kleinen russisch-orthodoxen Kirche in der Nähe des Zoos, als das Bombardement begann. Die Kirche war nur spärlich besetzt, vor allem mit Ostarbeitern, die mit unbewegten Gesichtern laut beteten: »Hier war man viel besser aufgehoben als in irgendeinem anonymen Keller.«[12] Draußen war zunächst alles still, aber dann waren sie zu hören, in großen Pulks, eine Welle nach der anderen. Die Maschinen flogen niedrig, das Getöse der Maschinen war so laut wie der Krach der Bomben: »Es war, als stünde man unter einer Eisenbahnbrücke, über die ein Schnellzug donnert.« Plötzlich hatte der Chor innegehalten, kurze Zeit hatte die Gemeinde den Gesang noch tapfer fortzusetzen versucht. Missie waren die Knie weich geworden, sie war zum Altar gewankt und hatte sich auf die Stufen gesetzt. Eine Nonne hatte sie zu trösten versucht: »Während einer Heiligen Messe kann niemals etwas passieren.« Das hatte Missie zunächst ein wenig beruhigt. Aber als sie die Kirche verließ, fühlte sie sich um 50 Jahre gealtert. Später erfuhr sie, dass an diesem Morgen 1500 Bomber Berlin angegriffen hatten. »Es ist merkwürdig, dass ich mich theoretisch mit der Vorstellung abgefunden habe, im Bombenhagel umzukommen, und dennoch vor Angst fast körperlich gelähmt bin, wenn das Gedröhn der Flugzeuge und das Krachen der Explosionen beginnt. Diese Angst nimmt mit fast jedem Angriff zu.«[13]

Wenn sie übermächtig wird, könnte es Missie ergehen wie Willy Fritsch, schon in der Weimarer Republik einer der populärsten und bestbezahlten männlichen Filmstars, der in zwölf Filmen Seite an Seite mit Lilian Harvey (»Traumpaar des deutschen Films«) die Herzen des Publikums als ewig lächelnder

Charmeur betörte. Er betört sie noch immer, aber seit 1939 ohne Lilian Harvey. Sie hat Deutschland verlassen, weil sie unter anderem das Interesse der Gestapo für ihre Bekanntschaften mit Juden nicht länger ertrug und es vorzog, ihr Leben zunächst in Frankreich, dann in den Vereinigten Staaten unbespitzelt fortzusetzen. Fritsch ist in Deutschland geblieben, ist – wenngleich passives – Mitglied der NSDAP geworden, hat im vergangenen Jahr noch die Ehekomödie *Die Gattin* gedreht, in diesem Jahr der NSDAP im Film *Junge Adler* einen Dienst erwiesen, der Goebbels »gut gefiel«, aber jetzt, im Sommer 1944, ist er am Ende – die Bombenangriffe haben seine Nerven zerrüttet. Eine Freundin hat Missie Wassiltschikow erzählt, sie sei in Fritschs Haus gezogen, »ein reizendes Häuschen, das er Hals über Kopf verlassen hat«. Nach einem Bombenangriff habe er einen Nervenzusammenbruch erlitten und den ganzen Tag schluchzend auf dem Bett gelegen. Seine Frau habe ihn abgeholt und aufs Land geschafft.[14]

Doch ist Berlin zum Leben nicht der schlechteste Ort. Natürlich ist der vom Bombenhagel zermürbte, erfolgsverwöhnte Willy Fritsch im Vergleich zu seinem ebenfalls erfolgsverwöhnten Kollegen Gustav Fröhlich in keiner kommoden Lage. An Fröhlichs Ohren dringt nur der sanfte Wellenschlag des Bodensees und das Geplapper des Tobis-Filmteams, nicht der irre Klang der Sirenen. Und sein Blick gleitet gelassen über die Schönheit des Alpsteins, qualmende Ruinen und verbrannte Tote auf der Straße sind hier nicht zu befürchten. Dazu kommt, dass in diesen Tagen auf der Mainau und in der Konstanzer Altstadt lauschige Kulissen entstehen, durch die Fröhlich und seine Kollegen demnächst wandeln werden – vor dem Schloss Mainau eine Freitreppe, auf dem Dach eine gemütliche Terrasse, Sonnenschirme und Zierpflanzen. Die Szenerie wird zusätzlich belebt von 40 Konstanzer Mädchen und Jungen als Komparsen, für die Bahn- und Straßenszenen sind weitere 60 Komparsen und ein ganzer Reisezug gebucht.[15] Aber eine schöne Landschaft, Sicherheit vor Luftangriffen und entzückende Filmkulissen hat auch Terezín zu bieten, eine kleine ehemalige Festungsstadt in Böhmen am Ufer der Eger. Doch es gibt keinen Ort auf der Welt, den Kurt Gerron nicht sofort gegen Terezín tauschen würde – ausgenommen Auschwitz. Auschwitz ist der Ort, der die Menschen in Terezín, deutsch: Theresienstadt, in der Regel als letzte Station ihres Lebens erwartet.

Gerron ist als Schauspieler, Kabarettist und Regisseur so erfolgsverwöhnt wie seine Kollegen Fröhlich und Fritsch, er ist berühmt geworden durch seinen Auftritt in der Uraufführung der *Dreigroschenoper* (1928) von Bert Brecht und Kurt Weill mit der »Moritat von Mackie Messer«, in der Rolle des Zauberkünstlers Kiepert in Josef von Sternbergs *Der blaue Engel* (1930) mit Marlene Dietrich und als Rechtsanwalt Dr. Kalmus in *Die Drei von der Tankstelle* mit Willy Fritsch. Wer Gerron einmal gesehen hat, der wird ihn nicht mehr vergessen. Sein extremes Übergewicht – eine physiologische Krankheit infolge einer Kriegsverletzung – macht ihn zu einer grotesken Figur. Als Gerron in Theresienstadt im Februar eingeliefert wurde, hat ihn ein SS-Mann sofort wiedererkannt und zusammengeschlagen. Er hatte Gerron im antisemitischen Propagandafilm *Der ewige Jude* von 1940 gesehen, in dem der Schauspieler als Beispiel für einen »minderwertigen Juden« vorgeführt worden war.

Spätestens seit Dezember 1942 ist die Weltöffentlichkeit über die Vernichtung der Juden in Europa unterrichtet. Die Regierungen von Belgien, Großbritannien, den Niederlanden, Griechenland, Luxemburg, Norwegen, Polen, den USA, der Sowjetunion, der Tschechoslowakei, Jugoslawien und Frankreich teilten mit, es sei ihnen bekannt, »dass sich die deutschen Behörden in allen Gebieten, auf die sich ihr barbarisches Regime erstreckt, nicht nur auf die Entziehung der elementarsten Menschenrechte von Personen jüdischer Abstammung begrenzen, sondern die von Hitler mehrfach ausgedrückte Absicht verwirklichen, das jüdische Volk in Europa auszutilgen. (…) Aus allen besetzten Ländern werden Juden unter den grässlichsten und brutalsten Bedingungen nach Osteuropa transportiert. (…) Die Kräftigeren werden in Arbeitslagern langsam durch Arbeit vernichtet. Die Schwachen lässt man sterben, durch Hunger umkommen, oder sie werden in Massenhinrichtungen planmäßig niedergemetzelt. Die Zahl der Opfer dieser blutigen Grausamkeiten geht in viele Hunderttausende völlig unschuldiger Männer, Frauen und Kinder.«[16] Dass inzwischen in den Konzentrationslagern Millionen Juden vergast worden sind, war da noch nicht bekannt.

Anfang 1943 hat das Internationale Rote Kreuz Interesse an einem Kontrollbesuch eines nationalsozialistischen Konzentrationslagers bekundet. Die Nazis haben Theresienstadt als passendes Anschauungsobjekt ausgewählt – das »Vorzeigeghetto«. Hier werden seit November 1941 die Juden Tschechiens, ältere Juden und Personen mit »besonderen Verdiensten« aus Deutschland, Österreich und Tschechien und einige tausend Juden aus den Niederlanden und aus Dänemark interniert. Theresienstadt ist kein Vernichtungslager, es ist ein Durchgangslager auf dem Weg in die Vernichtung. Die Menschen hungern, sie werden misshandelt, sie leiden unter der fürchterlichen Enge, aber es gibt auch ein vielfältiges Kulturleben und sogar einen Ältestenrat (Judenrat). Am 23. Juni 1944 betritt eine zehnköpfige Kommission des Internationalen Roten Kreuzes das Ghetto, begleitet von hochrangigen Offizieren der SS, darunter der Befehlshaber der Sicherheitspolizei im

3. KAPITEL

Protektorat, Dr. Erwin Weinmann, und Adolf Eichmanns Stellvertreter im Reichssicherheitshauptamt, SS-Sturmbannführer Rolf Günther.[17] Sie bleibt ein paar Stunden, und als sie abreist, sind alle Zweifel an den humanen Lebensverhältnissen in Theresienstadt verflogen. Mit anderen Worten: Die Täuschungsaktion der Nazis ist ein voller Erfolg. Sie haben dem Lager in den vergangenen Monaten einen perfekten Anstrich verpasst: Das Ghetto Theresienstadt wurde umgetauft und heißt jetzt »jüdisches Siedlungsgebiet«. Eine Bank ist gegründet worden, in Selbstverwaltung mit eigenen Banknoten, bei denen es sich jedoch um wertloses Papier handelt. Geschäfte sind eröffnet worden mit schönen, attraktiven Angeboten. Allerdings sind die Waren den Juden bei ihrer Ankunft in Theresienstadt abgenommen worden. Es gibt einen schönen Kinderspielplatz und ein gemütliches Kaffeehaus. Und weil nichts den erfreulichen Anblick trüben soll, sind alle Häftlinge, »die nicht mehr gut aussehen«, stillschweigend in Konzentrationslagern verschwunden. Auch von der vielfach beklagten Überbelegung des Lagers in den nunmehr schmuck angemalten Häusern ist nichts zu sehen: 7503 Häftlinge wurden schon Mitte Mai ins »Familienlager Theresienstadt« in Auschwitz-Birkenau verschleppt, um Platz in der »jüdischen Stadt« zu schaffen.

Die Delegation besichtigt nicht das Ghetto, sondern eine gigantische Kulisse namens »jüdisches Siedlungsgebiet«, sie sieht nicht das Leben der Internierten, sondern wird Zeuge einer sorgfältig einstudierten Inszenierung. Offenbar ist alles zu schön, um nicht wahr zu sein. Selbst die monströseste Lüge wird geglaubt, wenn der Belogene sie glauben will. Der Schweizer Arzt Maurice Rossel, 27 Jahre alt, Mitglied der Delegation, will sie glauben. Er notiert in seinem kurzen Bericht für das Internationale Rote Kreuz zur Krankenstation: »Der Zustand der medizinisch-chirurgischen Instrumente ist in jeder Hinsicht zufriedenstellend. Es gibt sicher wenige Orte, in denen die Bevölkerung solch eine Pflege genießen dürfte wie in Theresienstadt.« Zur Verpflegung: »Man kann sich überall vom ausreichenden Ernährungszustand der Bevölkerung überzeugen.« Zur Bekleidung: »Die Menschen, denen wir unterwegs begegnen, sind unterschiedlich gekleidet, so wie man es sich in einem kleinen Städtchen erwarten würde, von wohlhabend bis einfach. Elegante Damen tragen seidene Strümpfe, Hüte, Halstücher und moderne Handtaschen.« Die unverfrorenste Lüge, die Rossel aufgetischt und von ihm geglaubt wird, ist die Behauptung der SS, Theresienstadt sei ein »Endlager«. Normalerweise werde niemand, der einmal hier angekommen sei, woanders hingeschickt. Tatsächlich werden die Häftlinge – Männer, Frauen und Kinder – aus Theresienstadt in verschiedenen Intervallen über den gesamten Zeitraum der Existenz des Lagers in die Vernichtungslager Auschwitz-Birkenau, Treblinka und Sobibor deportiert. Jahre später wird Rossel bestätigen, beim Besuch Theresienstadts antisemitische Vorurteile gegenüber Juden gehabt zu haben. Er habe den Eindruck gehabt, »als ob dorthin die Israeliten sehr reiche Leute oder diejenigen schicken, die in ihrer Stadt irgendwie wichtig waren und die nicht einfach so verschwinden konnten«.[18]

Die liebevoll angelegten Gärten, die schön angemalten Häuschen, der neue Musikpavillon auf dem Stadtplatz, die wohlgenährten Damen und Herren auf den Straßen, die vergnügten Kinder – das wäre auch eine perfekte Kulisse für einen Propagandafilm. Kurt Gerron bekommt den Auftrag, das Drehbuch zu schreiben und die Regie zu übernehmen: *Theresienstadt. Ein Dokumentarfilm aus dem jüdischen Siedlungsgebiet.* Die Kameraleute kommen aus Prag, alle anderen Mitwirkenden sind Häftlinge in Theresienstadt. Die SS führt Aufsicht – an allen Tagen, zu allen Stunden. Über den Verlauf der Dreharbeiten muss Gerron täglich berichten. Jedes Bild ist eine Fälschung, jedes Wort eine Lüge. Vor Vollendung des Films wird Gerron als Regisseur abgelöst, die Fertigstellung wird er nicht erleben.

Marlene Dietrich, Kollegin und Freundin Gerrons, hatte vor Jahren versucht, ihn rechtzeitig aus Deutschland nach Hollywood zu locken. Er hatte abgelehnt. Vermutlich hat er die deutsche Sprache als sein Lebenselixier betrachtet. Bis Mai 1945 werden mehr als 155 000 Juden in Theresienstadt gewesen sein. 35 440 sterben im Ghetto, etwa 88 000 werden in die Vernichtungslager geschickt. Einer von ihnen ist Kurt Gerron, 47 Jahre alt. Er wird am 28. Oktober 1944 im letzten Zug von Theresienstadt nach Auschwitz-Birkenau transportiert.

Zurück bleibt die 22 Jahre alte Margot Friedländer, die jüdische Berlinerin, die der Gestapo dreimal entkommen war, ehe sie ihr doch noch ins Netz gegangen und am 6. Juni nach Theresienstadt verschleppt worden ist. Sie arbeitet bei den Dreharbeiten als Statistin mit. Es hat sich herumgesprochen, dass Lagerkommandant Karl Rahm in dem Film auftritt. Er spielt vor laufenden Kameras mit Kindern im neu errichteten Glaspavillon. Die Kinder müssen ihn »Onkel Rahm« rufen und genüsslich stöhnen: »Heute gibt es schon wieder Sardinen, Onkel Rahm.« Nach Drehschluss wird kein Kind mehr einen Fuß in den Glaspavillon setzen. Und selbstverständlich gibt es für die kleinen Statisten auch keine Sardinen. Eines Tages wird Margot Friedländer mit anderen Insassen angewiesen, sich gruppenweise auf den Rasen zu setzen, auf dem eine kleine Bühne aufgebaut worden ist. Schauspieler und Sänger geben eine Szene aus der *Dreigroschenoper*, mit deren Uraufführung Kurt Gerron einst berühmt geworden ist. Als die Szene beendet ist, sitzen die Zuschauer einfach nur da, schweigen und blinzeln gegen die Sonne. Niemand weiß, was zu tun ist. »Klatschen!«, schreit einer von den Filmleuten. »Was ist denn los?

Alle klatschen, verdammt nochmal!« Die Vorstellung geht weiter. Alle klatschen jetzt nach jeder Szene. Auch Margot Friedländer applaudiert wie befohlen und denkt: »Was wird aus den Letzten, die hier spielen?«

Das Filmteam verschwindet. Die Parks verwildern, später im Jahr werden die Sportplätze zu Schlammlachen, und der Kinderpavillon wird allmählich verfallen. Im Herbst kommen neue Transporte aus dem niederländischen Lager Westerbork.[19]

4. KAPITEL

»Aber ich denke an Coventry …«

ROM – KRETA – BREST – LÜBECK

Als Martin Hauser, der jüdische Berliner aus Palästina im Dienst der britischen Armee, am 19. Juni mit seiner Einheit die Vororte Roms erreicht, ist die berühmteste Soldatin der Alliierten schon wieder abgereist. Marlene Dietrich, seit ihrer Rolle der Lola Lola im *Blauen Engel* (1930) die verruchteste Femme fatale des Films, nach ihrer Emigration in die USA im selben Jahr Hassobjekt der Nazi-Presse und doch von Goebbels immer wieder mit lukrativen Angeboten vergeblich nach Deutschland gelockt, ist seit 1939 US-amerikanische Staatsbürgerin. Sie hat ihren Beruf an den Nagel gehängt, ist keine Schauspielerin mehr. Ihre Karriere in Hollywood ist in den vergangenen Jahren ohnehin nicht mehr so recht vorangekommen, jüngere Verruchte sind nachgewachsen, sie arbeitet als Entertainerin für die USO (United Service Organizations), die zivile amerikanische Organisation für die künstlerische Truppenbetreuung. Als Diva steht Marlene Dietrich nicht mehr zur Verfügung, sie ist jetzt Teil der Truppe, von den jungen Soldaten begafft in Paillettenkleidern, weil sie nicht vor jedem Auftritt gebügelt werden müssen, auf improvisierten Bühnen in zerbombten Städten. Es ist ein Unterschied, im Filmstudio vor Kameras den einstudierten Text zu sprechen oder von 20 000 aufgeregten GI angestarrt zu werden, die ihre Aufmerksamkeit

4. KAPITEL

suchen, Rosen auf die Bühne werfen, nach jedem Lied pfeifen und grölen.[1] Manche Lieder sind witzig, manche sentimental, aber wichtig ist gar nicht, was Marlene Dietrich singt, sondern dass sie vor ihnen singt, dass sie bei ihnen ist und ihre Angst besänftigt. Wenn die jungen Soldaten zu ihrem Auftritt kommen, dann haben sie den Lärm der Schlacht noch in den Ohren, die Schreie ihrer verwundeten Kameraden und den Donner der Kanonen. Zwischen der Front und der Bühne Marlene Dietrichs liegen nur wenige Kilometer, zwischen ihren Liedern und dem Stöhnen der Sterbenden wenige Stunden. Nicht nur den Soldaten steckt die Angst in den Knochen. Marlene Dietrich auch.

Sie ist mit ihrer kleinen Crew von Musikern, Artisten und Komikern vor ein paar Monaten von New York nach Algier geflogen – 55 Kilo Gepäck, ein paar Kleider, Uniform, mit dem Dienstgrad Captain für den Fall ihrer Gefangennahme – und hat dort im Opernhaus ihr erstes Konzert vor GI gegeben. Sie ist von Algier nach Italien geflogen, nach Bari, nach Neapel – immer der Front hinterher, mit der U.S. Army auf dem Vormarsch zur Befreiung Europas. Am 9. Juli 1943 waren die Alliierten auf Sizilien gelandet, zehn Tage später hatten alliierte Bomber ganze Stadtviertel Roms in Trümmer gelegt (Operation Crosspoint), am 25. Juli wurde Mussolini durch den »Großen Faschistischen Rat« abgesetzt und durfte seitdem dank Hitlers Gnaden am Gardasee die faschistische »Republik von Salò« regieren. Marlene Dietrich war den US-Truppen auf ihrem Vormarsch nicht von der Seite gewichen. Seit Januar 1944 hatten sie um den Zugang nach Rom gekämpft. Nach monatelangem Gemetzel am Monte Cassino – mit 55 000 alliierten und 20 000 deutschen getöteten Soldaten – und der Schlacht bei Anzio – 12 000 Tote auf alliierter, 10 000 Tote auf deutscher Seite – hatten sie endlich Erfolg. Marlene Dietrich hatte als Erste in Anzio Konzerte gegeben[2] und am 6. Juni die Ehre, auf der Bühne die Landung der Alliierten in der Normandie zu verkünden. Wenige Tage später war sie mit den US-Truppen in Rom eingezogen. Die erste Hauptstadt der Achsenmächte war gefallen. Lange Autoparade, fröhliche GI, die Schokolade und Zigaretten um sich warfen und stolz in die Menge riefen: »We told you we'll do it.« Später erzählte Marlene Dietrich in einem Interview, die Römer hätten ihren Augen nicht getraut, als sie sie in einem Jeep sitzen sahen: »They must have thought Americans are wonderful. We bring them freedom, bread – even movie stars.«

Die Begegnung Martin Hausers mit der römischen Bevölkerung fällt gedämpfter aus. Nach der Fahrt durch antike Triumphbögen, vorbei an großen schönen Wohnhäusern, an pompösen, im faschistischen Stil erbauten Verwaltungsgebäuden, durch herrliche Parks, am Tiber entlang, Engelsburg, Colosseum ist der erste Eindruck Hausers: großer Mangel an Nahrungsmitteln. Nicht nur Kinder, auch ältere und oft gut gekleidete Frauen und Männer sprechen ihn an und bitten um Essen oder Zigaretten. Und wie geht es der jüdischen Gemeinde? Seit Oktober 1943 wurden mehr als 5000 Juden deportiert. Einige Hundert Juden wurden ermordet, übrig blieben etwa 5000 jüdische Männer, Frauen und Kinder, ohne jegliche Hilfsmittel und völlig verarmt, »nachdem die Gemeinde 50 kg Gold und 2 500 000 Lire zahlen musste«.[3]

In diesen Tagen aber erreichen Martin Hauser nur gute Nachrichten. Er vermerkt am 19. Juni in seinem Tagebuch, in der Normandie stünden die Alliierten bereits sieben Meilen vor Cherbourg, das schon von der Artillerie beschossen werde. Mit seiner britischen Einheit hat Hauser schon zwei Fünftel des Wegs nach Florenz zurückgelegt. Und die Russen haben die finnische Stadt Viborg genommen: »Das Herz Finnlands liegt

4. KAPITEL

frei, und sie rücken auf Helsinki vor.«[4] Das wäre eine gute Gelegenheit für Finnland, das Bündnis mit Deutschland aufzukündigen und mit der Sowjetunion einen Waffenstillstand zu vereinbaren. Aber auf Druck der Deutschen, die Finnland weitere Waffenhilfe anbieten, entschließt sich die Regierung, bis zum Sieg an der Seite Hitlers weiterzukämpfen. Das kann Hauser natürlich nicht wissen, ebenso wenig wie die Deutschen ahnen, dass sie in den nächsten Wochen fast alle Bündnisgenossen verlieren, auch Finnland.

Seit September 1943 ist ihnen klar, dass aus der Achsenmacht Italien ein Kriegsgegner geworden ist. Nach dem Sturz Mussolinis am 25. Juni hatte dessen Nachfolger Marschall Pietro Badoglio zwar mehrfach beteuert, den Krieg gegen die Alliierten weiterzuführen, aber bereits am 3. September einen Waffenstillstand mit ihnen bekannt gegeben und dem Deutschen Reich am 13. Oktober den Krieg erklärt. Sofort nach Mussolinis Sturz hatte Hitler begonnen, mehr als 20 deutsche Divisionen nach Italien zu verlegen. Zwar war das Ende der Achse Berlin-Rom schon länger abzusehen gewesen und für Hitler keine Überraschung. Aber in der Wehrmacht herrscht Empörung über den »Verrat«. Albert Kesselring, Generalfeldmarschall und Oberbefehlshaber Südwest, soll gerufen haben, er könne die Italiener »nur noch hassen«.[5] Nach dem Waffenstillstand war der Wehrmacht befohlen worden, die italienischen Soldaten zu entwaffnen und das Land zu besetzen. Kesselring hatte in einem Tagesbefehl an die Truppe die Losung ausgegeben: »Italienische Regierung hat gemeinsten Verrat begangen, indem sie hinter unserem Rücken Waffenstillstand mit dem Feind abschloss. (…) Die italienischen Truppen sind unter Appell an ihre Ehre zur Fortsetzung des Kampfes an unserer Seite aufzufordern, sonst rücksichtslos zu entwaffnen. Im übrigen gibt es gegen Verräter keine Schonung.«[6] Die italienischen Soldaten wurden vor die Wahl gestellt, entweder ihre Waffen abzugeben oder mit den bisherigen deutschen Waffenbrüdern weiterzukämpfen. Auf der Insel Kefalonia hatten sich die italienischen Truppen den Deutschen ergeben – dennoch wurden mehr als 5000 Soldaten und Offiziere von Einheiten der Wehrmacht am 21. September 1943 erschossen. Wenige Tage später töteten die Deutschen auf der Nachbarinsel Korfu 280 italienische Offiziere, nachdem sich deren Einheiten ergeben hatten. Die Leichen warfen sie ins Meer. Die Entwaffnungsaktionen haben 6094 italienische Soldaten das Leben gekostet. Etwa 620 000 italienische Soldaten, sogenannte Militärinternierte, wurden entgegen den Regeln der Genfer Konvention nicht als Kriegsgefangene behandelt, viele wurden zur Zwangsarbeit eingesetzt. 45 000 werden nicht in ihre Heimat zurückkehren.[7]

Mit ihrem brutalen Vorgehen ist der Wehrmacht zugleich gelungen, in Italien einen neuen Krieg zu beginnen – gegen die italienische Zivilbevölkerung. Die deutschen Soldaten spüren die drohende Niederlage, von den immer massiveren Aktionen der Resistenza fühlen sie sich Tag und Nacht bedroht, seit dem fluchtartigen Rückzug der 14. Armee aus Rom, bei dem wichtige Ausrüstung und Waffen zurückgelassen werden mussten, ist Unsicherheit ihr bestimmendes Lebensgefühl. Die Wehrmacht erklärt der Zivilbevölkerung den Krieg, indem sie – im Namen der »Bandenbekämpfung« – die gesamte Zivilbevölkerung zur Resistenza erklärt. Immer wieder verweist sie auf die Verluste durch blutige Aktionen des Widerstands. Die sind bei Weitem geringer als behauptet: Vom 21. Juli bis 25. September 1944 verzeichnet die Heeresgruppe C 624 Tote, 993 Verwundete und 872 Verschleppte und Vermisste. Aber im selben Zeitraum registrieren die Deutschen 9250 getötete Partisanen.[8]

4. KAPITEL

Nicht erst seit dem Rückzug aus Rom ist die »Bandenbekämpfung« der Deutschen immer gewalttätiger geworden. Am 23. März ist in Rom, wie jeden Tag, gegen 15 Uhr eine Kompanie des Regiments »Bozen« durch die Via Rasella gelaufen, in der Innenstadt nahe der Via Veneto. Zwei Sprengkörper sind explodiert, die eine Widerstandsgruppe in einem Müllbehälter in der Straße versteckt hatte. Bei dem Attentat wurden 33 Männer der Polizeikompanie getötet und mehr als 40 schwer verletzt. Als die Deutschen die Nachricht vom Attentat erreichte, beabsichtigte Stadtkommandant General Kurt Mälzer, das ganze Viertel um die Via Rasella in die Luft zu jagen. Aber der Chef der Sicherheitspolizei der SS, Herbert Kappler, hatte durchgesetzt: Wie bereits bei ähnlichen, wenn auch kleineren Anschlägen in der Vergangenheit sollten in einer sogenannten Sühneaktion für jeden gefallenen Polizisten zehn italienische Zivilisten erschossen werden. Doch hatte sich das Problem ergeben, dass in den von ihm kontrollierten Gefängnissen nicht genügend Geiseln zu finden waren. Er ließ sich deshalb von der italienischen Verwaltung weitere Häftlinge zuliefern und griff auch auf jüdische Bürger zurück, die vor der Deportation standen. Insgesamt waren es fünf Männer mehr als die 330 für 33 tote Polizisten. Am folgenden Tag wurden die Geiseln in Lastwagen zu den Fosse Ardeatine gebracht, den Tuffsteinhöhlen an der Via Ardeatina hinter der südlichen Stadtmauer. Zu je fünf Mann wurden sie in die Höhlen geführt. Je ein SS-Mann führte einen Gefangenen in die mit Fackeln schwach beleuchtete Höhle. Den fünf Opfern wurde befohlen, sich niederzuknien und den Kopf nach vorne zu beugen. Auf ein Kommando schossen die SS-Männer ihrem jeweiligen Opfer ins Genick. Nachdem sie ihr Werk verrichtet hatten, verließen die fünf SS-Männer die Höhle, um ihren Nachfolgern mit je fünf weiteren Opfern Platz zu machen. Die zurückgebliebenen Gefangenen, die unter Bewachung auf dem Vorplatz warteten, konnten die Schüsse genau hören.

Offenbar war das Geschehen so fürchterlich, dass sich Hauptsturmführer Reinhold Wetjen weigerte, an der Erschießung mitzuwirken. Daraufhin wurde SS-Obersturmbannführer Herbert Kappler angerufen, der, nachdem er sich an einer der ersten Erschießungen beteiligt hatte, wieder in sein Büro zurückgekehrt war. Als Kappler an den Ort der Erschießung zurückkam, nahm er Wetjen beiseite und machte ihn darauf aufmerksam, welchen Einfluss seine Verweigerung als Offizier auf die Disziplin seiner Untergebenen haben musste. Die Ermahnung hatte Erfolg: Nach einem längeren Gespräch konnte Kappler Wetjen dazu bewegen, gemeinsam mit ihm einen der sogenannten Todeskandidaten zu erschießen. Das jüngste Opfer war 15, das älteste 74 Jahre alt. 75 Opfer waren Juden. Nach dem Massaker hatten die Deutschen die Höhlen gesprengt.[9]

In seine radikalste Phase ist der Partisanenkrieg aber erst jetzt, nach der Befreiung Roms, eingetreten. Der britische Feldmarschall Harold Alexander hat die Italiener aufgerufen, die Deutschen »zu töten, wo ihr sie trefft« und zwar »von hinten, damit ihr wieder töten könnt«.[10] Am 17. Juni erlässt Feldmarschall Kesselring einen »Bandenbefehl«, in dem er »jedem« absolute Deckung zusichert, »der über das bei uns übliche zurückhaltende Maß hinausgeht«. Strafverfolgung durch die Wehrmachtsgerichtsbarkeit haben die deutschen Soldaten also nicht zu befürchten. Das gilt auch für Maßnahmen gegen »Frauen und Kinder«, eine Formulierung, die Kesselring von einem OKW-Befehl vom Dezember 1942 für die Partisanenbekämpfung in Russland übernimmt. Adolf Hitler hat darin scharfes Vorgehen gegen Partisanen und »Partisanenhelfer« zur »Pflicht« des Soldaten erklärt – »Rücksichten« seien »ein Verbrechen gegen das deutsche Volk und die Soldaten an der

Front«. Nicht das Verbrechen ist also ruchlos, sondern die Beachtung der internationalen Regeln, die das Verbrechen verbieten.[11]

Das ist das Konzept zur Partisanenbekämpfung, dem kaum ein Kommandeur widerspricht. Wird ein Wehrmachtsangehöriger in der Umgebung eines Dorfes getötet, werden die Einwohner erschossen und die teilweise noch bewohnten Häuser in die Luft gesprengt oder angezündet. Am 26. Juni 1944 wird eine Streife des Gebirgs-Pionier-Bataillons 818 in der Umgebung des Dorfes Falzano di Cortona (bei Arezzo) von Partisanen überfallen, ein Unteroffizier und ein Gefreiter werden getötet. Der Kommandeur des Bataillons, das in Mittelitalien den deutschen Rückzug sichern soll, befiehlt einen Vergeltungsschlag. Am folgenden Tag – die Partisanen haben längst die Flucht ergriffen – werden eine 74-jährige Frau und drei Männer erschossen, die den Soldaten zufällig auf einer Straße über den Weg laufen. Anschließend werden elf Männer festgenommen und in Falzano di Cortona im Erdgeschoss eines Bauernhauses zusammengepfercht. Das Haus wird mit Dynamit in die Luft gesprengt. Zehn Männer im Alter zwischen 16 und 66 Jahren sterben in den Trümmern. Nur Gino Massetti, ein 15-jähriger Junge, überlebt das Gemetzel.[12]

Bis zum Ende der Besatzungszeit sterben durch die Wehrmacht mindestens 9200 italienische Frauen, Kinder und Greise. Kein einziger an der »Bandenbekämpfung« beteiligter deutscher Soldat muss sich wegen an italienischen Zivilisten begangenen Verbrechen vor einem Wehrstrafgericht verantworten.

Am 9. Juni 1944 hat das britische U-Boot HMS Vivid das deutsche Gefangenentransportschiff Tanais auf der Fahrt von Heraklion, der Hauptstadt Kretas, nach Piräus mit zwei Torpedos versenkt. An Bord befanden sich neben der zwölfköpfigen Besatzung und 14 Flakkanonieren 265 Juden, die in den Tagen zuvor in Chania verhaftet und zum Transport nach Auschwitz bestimmt worden waren, etliche italienische Kriegsgefangene und kretische Zivilisten, die verdächtigt wurden, mit dem Widerstand und dem britischen Geheimdienst zusammenzuarbeiten. Hinzu kamen 40 Mann Bewachungspersonal und 14 zivile Passagiere. Die Tanais soll sehr schnell gesunken sein, nur 51 Überlebende wurden gerettet, darunter 37 Deutsche. Als Verlust werden die Deutschen, abgesehen vom Schiff und ihren eigenen Leuten, allenfalls den Tod der italienischen Gefangenen begriffen haben, die nun nicht mehr als Zwangsarbeiter in Deutschland eingesetzt werden konnten. Der Tod der Juden ersparte die Fahrt nach Auschwitz, und auch der Untergang der Widerstandskämpfer kam ihnen gelegen.

Die Andarten – die kretischen Widerstandskämpfer – haben der Wehrmacht in den vergangenen Wochen eine Demütigung zugefügt, die nach Vergeltung verlangt. Im Mai 1941 hatten deutsche Fallschirmjäger im größten Luftlandeunternehmen des Zweiten Weltkriegs unter hohen Verlusten Kreta erobert, die Kreter hatten sofort mit dem Widerstand begonnen. Da Kreta von West nach Ost von hohen Gebirgen und nach Süden hin zumeist von tiefen Schluchten durchzogen ist, bietet es für den Guerillakampf und die Partisanenverbände nahezu ideale Bedingungen. Das hatte im Frühjahr auch der britische Geheimdienst erkannt. Am 26. April 1944 hat der 29 Jahre alte Major Patrick Leigh Fermor mit einem Spezialkommando und unterstützt von kretischen Partisanen den deutschen Oberbefehlshaber Kretas, Generalmajor Heinrich Kreipe entführt. In der Nähe von Heraklion hatten Leigh Fermor und die Partisanen dessen Limousine gestoppt, den General und seinen

Fahrer überwältigt und sich – mit deutschen Uniformen verkleidet – selbst als Kreipe und Fahrer ausgegeben. So passierten sie zahlreiche deutsche Kontrollen mit dem geknebelten Befehlshaber auf dem Rücksitz und entkamen in die Berge. Auf der 18 Tage dauernden Flucht hatten sie in Höhlen übernachtet und bei befreundeten Partisanen. Die Deutschen hatten jeden Mann mobilisiert, Dörfer durchkämmt und Strände besetzt. Doch schließlich war die Flucht übers Meer gelungen.

Das war nur auf den ersten Blick ein Erfolg. Ursprünglich war nicht Kreipe das Ziel des Entführungskommandos, sondern sein Vorgänger, General Friedrich-Wilhelm Müller, nach zahlreichen blutigen »Vergeltungsmaßnahmen« bei den Kretern als »Schlächter von Kreta« verschrien. Doch war Müller unversehens von Kreipe abgelöst worden, der kein überzeugter Nazi war. Aus Sorge, die Deutschen würden an den Kretern für die Entführung Vergeltung üben, hatte Fermor vorsorglich im Wagen einen Brief hinterlassen, der allein die Briten für verantwortlich erklärte: »Werte Herren! Ihr Divisionskommandeur, General Kreipe, ist kürzlich von einer BRITISCHEN Einheit unter unserem Kommando gefangengenommen worden. Wenn Sie dies lesen, befinden er und wir uns bereits auf dem Weg nach Kairo. Wir möchten ausdrücklich betonen, dass diese Operation ohne die Hilfe der KRETISCHEN Bevölkerung oder KRETISCHER Partisanen durchgeführt wurde und dass unsere Führer Soldaten der NAHOSTTRUPPE SEINER HELLENISCHEN MAJESTÄT waren, die mit uns landeten. Ihr General ist anerkannter Kriegsgefangener und wird mit aller Rücksicht behandelt, die wir seinem Rang schuldig sind. Jede Vergeltungsmaßnahme gegen die einheimische Bevölkerung ist folglich ungerechtfertigt und ungerecht. Auf baldiges Wiedersehen! (…) PS Wir bedauern sehr, dass wir diesen wunderschönen Wagen zurücklassen müssen.«[13]

Fermors Versuch, die Kreter vor der Rache der Wehrmacht zu schützen, scheitert. General Müller ist als Oberbefehlshaber zurückgekehrt und verteidigt seinen Ruf als »Schlächter von Kreta«. Es ist nicht nur die Entführung des Generals, die im August zu den Gemetzeln im Amaritol führen, auch verschiedene Sabotageaktionen der kretischen Partisanen verunsichern die Wehrmacht, die bereits ihren Abzug von Kreta und den Rückzug des Rests von 12 000 Soldaten in den Nordwesten der Insel plant (»Kernfestung Kreta«). Am 7. August befiehlt eine deutsche Einheit die Einwohner des Dorfes Anogia zur Zwangsarbeit. Als niemand dem Befehl folgt, lässt ein Unteroffizier die Dorfbewohner, vor allem Frauen mit kleinen Kindern und alte Menschen, gewaltsam aus dem Ort treiben. Doch werden die deutschen Soldaten außerhalb Anogias von Partisanen angegriffen, überwältigt und – nachdem die Geiseln befreit sind – exekutiert. Sechs Tage später erlässt General Müller den Befehl zur Zerstörung Anogias und zur Tötung aller männlichen Einwohner des Ortes: »Da die Stadt Anogia ein Zentrum der englischen Spionagetätigkeit auf Kreta ist, da die Einwohner Anogias den Sabotageakt von Damasta ausgeführt haben, da die Partisanen verschiedener Widerstandsgruppen in Anogia Schutz und Unterschlupf finden und da die Entführer Generals Kreipe ihren Weg über Anogia genommen haben, wobei sie Anogia als Stützpunkt bei der Verbringung nutzten, befehlen wir, den Ort dem Erdboden gleichzumachen und jeden männlichen Einwohner Anogias hinzurichten, der innerhalb des Dorfes oder in seinem Umkreis in einer Entfernung bis zu einem Kilometer angetroffen wird.« So geschieht es. Die Brandschatzungen dauern bis zum 5. September. Nachts ziehen sich die Deutschen in ein Nachbardorf zurück und kehren am nächsten Morgen wieder. Alle Häuser Anogias werden zerstört.

4. KAPITEL

Anogia ist nur das erste der im August 1944 von deutschen Truppen vollkommen zerstörten Dörfer Kretas, in denen »Bandentätigkeit« vermutet wird, die den Abzug der Deutschen stören könnte: Wenige Tage später trifft es weitere 13 Dörfer, unter anderem Gerakari, Vryses, Ano Meros und Kria Vrysi. Dabei werden mehr als 450 Zivilisten getötet. Aus einem Bericht von Lieutenant Colonel T. J. Dunbabin: »In jedem Dorf wurde eine bestimmte Anzahl Geiseln genommen. Sie wurden ausgesucht, weil sie entweder in einer Beziehung zu jemandem auf der Fahndungsliste standen oder weil sie kräftige Burschen schienen, die gute Partisanen abgegeben hätten. Sie wurden zwei um zwei erschossen, und die Leichen warf man in ein Haus, das dann in die Luft gesprengt wurde. (…) Dann machte sich der Feind daran, die Dörfer zu plündern und alles fortzuschaffen – Schafe und Rinder, Lebensmittel (die Jahresernte war gerade eingebracht), Möbel und Kleider. Jedes Haus, das ausgeräumt war, wurde gesprengt oder in Brand gesetzt. Diese Arbeit ist immer noch im Gange, und während ich schreibe, sehe ich die Feuer und höre die Explosionen.«[14]

Erich Kuby hat es nicht eilig, an die Front zu kommen. Er ist schon einmal mit der Wehrmacht in Frankreich gewesen, dann in Russland, jetzt wieder in Frankreich, ist vom einfachen Soldaten aufgestiegen zum Obergefreiten, nach einer Beleidigung seines Vorgesetzten wieder abgestiegen zum einfachen Soldaten, in diesen Tagen wird er 34 Jahre alt. Kuby hasst die Nationalsozialisten, er hasst den Krieg, und er liebt das Leben: Die Wehrmacht ist nach seiner Einschätzung die einzige Organisation des »Dritten Reichs«, in der ein »Mann meiner Denkungsart« eine Chance hat zu überleben, die er als Zivilist bestimmt nicht bekommen hätte.[15] Seinen Hass auf die Nationalsozialisten hat er unter Kontrolle, er protokolliert ihn Tag für Tag in seinem Tagebuch. Einen Tag nach Beginn der Invasion hat Kuby erfahren, dass er zum »Festungskommandanten« nach Brest abgestellt ist, hat sich »in Erwartung des Sommers« in der Bretagne in Stuttgart noch eine Sonnenbrille gekauft und sich mit der Frage beschäftigt: »Ob wir noch bis Brest kommen?« An Pariser Mauern hat Kuby ein Plakat gesehen, auf dem die Franzosen zur Kollaboration aufgerufen wurden. Aus zerstörten Häusern und Kirchen war auf einem Plakat, die ganze übrige Fläche füllend, eine klagende Gestalt gewachsen: »Die Mörder kehren immer an die Stätten ihrer Verbrechen zurück.« Das bezog sich auf die alliierten Bombardements und den drohenden Vormarsch nach Paris. Kuby kommentiert das Plakat: »Wenn diese ›Mörder‹ nach Paris kommen, wird man ihnen küssend um den Hals fallen – auch dann, wenn sie sich vorher genötigt sahen, aus Paris ein zweites Hamburg zu machen.«

Kubys Reise von Straßburg nach Paris hatte sich ein wenig verzögert. Der Zug war drei Tage lang im Kreis um Paris herumgefahren. Irgendwann war er bei Clichy stehen geblieben. Auf den Nachbargleisen waren in Abständen von drei bis vier Minuten die grünen Stadtbahnzüge vorbeigerauscht. Alle 100 Meter standen grau- oder weißhaarige Männer mit Flinten und Armbinden, die gegen Sabotageakte der Maquisards schützen sollten. Den vorbeifahrenden Zügen schenkten sie keinen Blick. Was sie tun würden, wenn Untergrundkämpfer ein Gleis abschraubten, war Kuby klar: »Nichts.«[16]

Am 14. Juni 1940 war die Wehrmacht in Paris einmarschiert, am 16. Juni 1944 bemerkt Kuby: »In Paris beginnt sich der Hunger auszubreiten. Wir wurden einige Male angebettelt.«[17] Einige Tage später bleibt der Zug, der Kuby mit seiner Einheit nach Brest bringen soll, hinter Tours stehen – irgendwo. Sie sind schon fast am Bahnhof, da werden sie wieder zurückgefahren, dann 500 Meter in die vorige Richtung und noch einmal zurück. Kuby fragt den Zugführer: Warum? Der erwidert: Oh, so zum Vergnügen. Kuby hat nicht den geringsten Zweifel, dass das Gesicht des Zugführers »von blankem Hohn« geradezu strahlt.[18] Nach langen Umwegen und Wartezeiten erreicht Kubys Einheit, zuletzt mit Bussen von Quimper, am 29. Juni den französischen Kriegshafen Brest. »Ah, les vacances, les vacances – voir brest et puis – non, pas mourir, marcher seulement!« (»Ah, die Ferien, die Ferien – Brest sehen und dann – nein, nicht sterben, nur spazieren!«) Mit diesem Willkommensgruß empfängt Kuby ein Büchlein über Brest, das er sich unterwegs gekauft hat. Es beginnt mit dem aufmunternden Satz: »Wenn man den bösen Zungen glauben wollte, wäre Brest die hässlichste Stadt der Welt.« Vorerst, solange die Beschießung Brests auf sich warten lässt, wird Kuby in einem freundlichen Häuschen wohnen, davor ein Rosengebüsch, dahinter ein Garten, unmittelbar neben dem gewaltigen, von Bomben bereits angeschlagenen Gebäudekomplex der ehemaligen französischen Marineschule, die von U-Boot-Besatzungen okkupiert worden war. Seinen Dienst in der Telefonzentrale muss er unter der Erde leisten. In den Besatzungsjahren haben die Deutschen eine bergwerkartige unterirdische Anlage errichtet, die die U-Boot-Bunker mit ihren vier und fünf Meter dicken Betondecken, unmittelbar vor dem Felsensturz der Steilküste ins Meer hinausgebaut, ergänzt.

In Ostpreußen ist es in der Frühe ganz besonders schön, wenn Landschaft, Tiere und Menschen aus dem Schlaf erwachen und ein frischer Tag beginnt. Aber schön ist es auch in der Stille des Abends, wenn die Menschen bei lieben Besuchen mit Verwandten, Freunden und Nachbarn zusammenkommen (die Leute hier sind sehr gesellig), schön sind die geliebten »Kartenpartiechen« und die nächtlichen Gespräche mit Freundin Paula. Schön sind die dunklen Wälder, die die Seen umsäumen, schön sind die Radtouren durch die Natur, schön auch die Anemonen, die Leberblümchen, die Zillerchen, die Goldsterne, die Nelken. Seit die junge Kölner Volksschullehrerin Marianne Günther im Spätherbst 1941 nach Gertlauken versetzt worden ist, ein Dorf mit einigen Hundert Einwohnern, zehn Kilometer bis zur nächsten Bahnstation, gut 60 Kilometer bis Königsberg, fühlt sie sich geborgen. Sie liebt ihre Eltern, denen sie mindestens einmal in der Woche nach Köln einen langen Brief schreibt, sie liebt ihren Bruder Wolfgang, Rottenführer bei der Leibstandarte SS Adolf Hitler, und sie liebt Oberleutnant Fritz Peyinghaus, im Zivilstand Lehrer an einer Godesberger Schule, den sie im Januar auf einer Bahnfahrt kennengelernt und mit dem sie sich vor ein paar Wochen im Mai verlobt hat. Sie genießt die Fahrradtouren nach Tapiau, Labiau und Laukischken, die sonntäglichen Ausflüge zur Kurischen Nehrung oder nach Königsberg mit Café- und Kinobesuch. Was Marianne Günther mehr als alles andere genießt: »Hier herrscht eine wunderbare Ruhe.« Das hat sie Mitte Mai ihren Eltern geschrieben, und sie bedauert, dass sie »ständig in den Bunker« müssen.[19]

Natürlich ist die 23 Jahre alte Lehrerin über den Krieg auf dem Laufenden, sie liest von ihm in der Zeitung, besichtigt seine Verwüstungen bei ihren Besuchen in Köln und hört von getöteten Männern in ihrer Umgebung. Sie hat ihn im vergangenen Jahr sogar schon zu sehen bekommen und ihren Eltern in einem Brief davon erzählt: »Übrigens hat sich heute mit großem Geklapper das erste Storchenpaar im Dorf niedergelassen. (…) Euch interessiert sicherlich auch noch der Luftangriff auf Königsberg. Stundenlang hörten wir die Flugzeuge über uns hinwegfliegen, in zahlreichen Wellen. In allen Himmelsrichtungen rund ums Dorf sahen wir mindestens dreißig Leuchtschirme. Dazu hörten wir die Flak in Königsberg und in anderen Städten schießen. Wir saßen übrigens gerade beim unvermeidlichen Kartenspiel, wie gegen 22.15 Uhr das ganze Haus erzitterte. (…) Eine Bombe hatte sich nach Krakau verirrt.«[20] Aber das war im April 1943, seitdem ist im Dorf nur gelegentlich aus der Ferne das Donnern der Artillerie zu hören. Nachdem sie wieder einmal traurige Nachrichten aus ihrer von den Bombardierungen zunehmend verwüsteten Heimat bekommen hat, schreibt Marianne Günther ihren Eltern: »Das Leben in Köln ist die Hölle. Man kann es sich hier gar nicht vorstellen.«[21]

Der Krieg ist in der Welt, aber nicht in der Welt von Gertlauken. Selbst der Tod klopft hier respektvoll an, ehe er das gemütliche Haus einer Familie betritt. Die kleine, sechs Monate alte Elke ist gestorben. Seit Tagen hatte sie an Keuchhusten gelitten. Es schien ihr schon wieder besser zu gehen, sie hatte gegessen, am Nachmittag in der Sonne gelegen und gelacht, wenn man sie ansah. Dann aber hatte sie schwer nach Atem gerungen, das Fieber war auf über 40 Grad gestiegen, eine Lungenentzündung war hinzugekommen. Der Arzt hatte ihr Spritzen gegeben, Frau Berkan, Elkes Mutter, war nachts nicht mehr von ihrer Seite gewichen. Marianne Günther hatte selbstverständlich eine Wache übernommen. Gegen fünf Uhr früh hatte sie einen Choral gehört: »Da war die kleine Elke gestorben.«[22] Am Tag der Beerdigung notiert die Lehrerin: »Es ist hier Sitte, dass die Nachbarn am letzten Abend vor der Beerdigung bis Mitternacht beim Toten sitzen und wachen und singen. Die kleine Leiche sah wie eine Puppe aus, so hübsch in dem langen weißen Kleid und mit den vielen Blumen ringsherum. Unter den Wachenden war auch eine alte Diakonissin, die ein paar sehr warme, mitfühlende Worte sagte, und dann haben wir geistliche Lieder gesungen. Um 18.00 Uhr findet die Beerdigung statt, anschließend ist das übliche Essen bei Frau Berkan.«[23]

Es ist an der Zeit, den Deutschen selbst in den entlegensten Provinzen des Reichs von der rauer gewordenen Lebenswirklichkeit in den Städten zu berichten, offen und ehrlich, aber doch subtil und möglichst diskret. Das scheint dem Film *Die Degenhardts*, einer neuen Produktion der Tobis-Filmkunst, die Ende Juni im Lübecker Delta-Palast Premiere feiert, mühelos zu gelingen. NS-Propagandaminister Joseph Goebbels hat den Film im März abgenommen und in seinem Tagebuch gelobt: »Zum ersten Mal wird hier auch das Thema des Luftkriegs einbezogen, und zwar in einer sehr taktvollen und psychologisch klugen Weise.« Wie die Aufnahmen in Konstanz haben auch die Dreharbeiten in Lübeck vor allem in Kulissen stattgefunden, einerseits notgedrungen, andererseits gewollt. Der britische Luftangriff auf Lübeck 1942, in der Nacht vom 28. auf 29. März, war nicht nur das erste Flächenbombardement eines deutschen Großstadtkerns, er hatte auch große Teile der historischen Altstadt zerstört. Entsprechend zeigt die Stadtsilhouette, die den Film eröffnet, nicht Lübeck, sondern Stralsund, und das vermeintliche Lübecker Rathaus ist in Wirklichkeit das Rathaus Lüneburgs. Die Marienkirche ist eine Montage von Aufnahmen der Stralsunder St.-Nikolai-Kirche, angereichert mit einer im Atelier gefertigten Rekonstruktion des Kirchenschiffs, rekonstruiert sind auch die berühmte Totentanzorgel und der »Totentanz« von Bernt Notke.

Selbstverständlich hätten die Aufnahmen auch in einer anderen Stadt stattfinden können.[24] Aber einige Städte – wie Hamburg – sind zu sehr beschädigt, andere sind kulturell und architektonisch mit der alten Hansestadt nicht zu vergleichen.

4. KAPITEL

Der Film versteht sich als Appell an die Volksgemeinschaft, beim Wiederaufbau zusammenzustehen. Nicht gezeigt werden die Konsequenzen, wenn sich einer dem Aufruf widersetzt. Unmittelbar nach dem Luftangriff hatte der lutherische Pastor Karl Friedrich Stellbrink in seiner Predigt gesagt: »Jetzt spricht Gott mit mächtiger Stimme und ihr werdet wieder beten lernen.« Die Gestapo hatte diese Äußerung in ihrem Bericht so dargestellt, dass Stellbrink den Angriff als Gottesgericht gedeutet habe, wodurch die Bevölkerung auf das Äußerste erregt worden sei. Stellbrink und drei katholische Geistliche waren verhaftet, 1943 vom Volksgerichtshof in einer auswärtigen Sitzung in Lübeck zum Tode verurteilt und am 10. November 1943 in der Untersuchungshaftanstalt Hamburg am Holstenglacis enthauptet worden.

Der Film ruft nicht nach Vergeltung, aber jeder Zuschauer soll sich fragen, wie die Alliierten es wagen konnten, diesen kulturvernichtenden Terror über Deutschland zu bringen. Warum ausgerechnet Lübeck, die »Königin der Hanse« mit ihren mittelalterlichen Kirchen, kostbaren Kunstschätzen und ihren ehrwürdigen Bürgerhäusern? Die Antwort hatte – allerdings nicht im Sinne des Films – unmittelbar nach Palmsonntag 1942 der berühmteste Lübecker gegeben, der Literaturnobelpreisträger Thomas Mann, der in diesen Junitagen in seinem US-Exil in Pacific Palisades die amerikanische Staatsbürgerschaft erwirbt. In seiner Radioansprache *Deutsche Hörer!* via BBC hatte er im April 1942 den Blick von der Zerstörung Lübecks auf die Brandwunden Coventrys gelenkt und mit der rhetorischen Frage begonnen, ob Deutschland etwa geglaubt habe, es werde für seine Untaten niemals bezahlen müssen: »Es hat kaum zu zahlen begonnen. Und was die Royal Air Force in Köln, Düsseldorf, Essen, Hamburg und anderen Städten bis heute zuwege gebracht, ist nur ein Anfang. (…) Beim jüngsten britischen Raid über Hitlerland hat das alte Lübeck zu leiden gehabt. Das geht mich an. Es ist meine Vaterstadt. Die Angriffe galten dem Hafen von Travemünde, den kriegsindustriellen Anlagen dort, aber es hat Brände gegeben in der Stadt, und lieb ist es mir nicht zu denken, dass die Marienkirche, das herrliche Renaissance-Rathaus oder das Haus der Schiffergesellschaft sollten Schaden gelitten haben. Aber ich denke an Coventry und habe nichts einzuwenden gegen die Lehre, dass alles bezahlt werden muss. Es wird mehr Lübecker geben, mehr Hamburger, Kölner und Düsseldorfer, die dagegen auch nichts einzuwenden haben, und wenn sie das Dröhnen der Royal Air Force über ihren Köpfen hören, ihr guten Erfolg wünschen.«[25]

Für die Produktion hat die Tobis-Filmkunst wieder in die Vollen greifen dürfen, sowohl finanziell – der Film kostet 1,2 Millionen Reichsmark – als auch in der Besetzung. Heinrich George gibt für die Gage von 100 000 Reichsmark in der Hauptrolle den alten Patriarchen Karl Degenhardt, den erst der Dienst an der Volksgemeinschaft vom Altenteil zurück ins sinnerfüllte Leben holt. Die Presse beklatscht den Propagandastreifen wunschgemäß als »filmisches Zeitgemälde« und bescheinigt ihm den »Mut, mitten in die Gegenwart hineinzuwachsen«.[26] Doch an der Kasse ist der Film ein Flop. Das kann daran liegen, dass nur wenige Verleihkopien zur Verfügung stehen. Aber vielleicht ist dem Publikum auch nur seit Längerem klar, dass es früher und intensiver als der Film längst in der Gegenwart angekommen ist. Wer das noch nicht empfindet – Menschen in Ostpreußen wie Marianne Peyinghaus –, der wird es in der nächsten Zeit zu spüren bekommen. Der erste Vers im Lübecker Totentanz lautet: »Heran/ ihr Sterblichen; das Glas ist aus/ heran! Vom Höchsten in der Welt/ bis auf den Bauers-Mann: Das Wegern ist umsonst/ umsonst ist alles Klagen; Ihr müsset einen Tanz/ nach meiner Pfeife/

wagen.« So spielt der Tod mit seiner Flöte auf. Demnächst lädt er vor Ostpreußen zum Totentanz. Am 22. Juni 1944 eröffnet, genau vier Jahre nach Beginn des deutschen Vernichtungsfeldzugs Unternehmen Barbarossa, die sowjetische Armee ihre große, die entscheidende Sommeroffensive: »Bagration«.

5. KAPITEL

»Wir sitzen im Kochtopf des Teufels.«

BUDAPEST – SALZBURG – OSTFRONT –
DEBRECEN – OBERSALZBERG – PARIS

Am 19. März 1944 haben deutsche Truppen Ungarn besetzt. Der deutsche Verbündete unter Reichsverweser Miklós Horthy soll daran gehindert werden, die Seiten zu wechseln und einen Separatfrieden mit den Alliierten zu schließen. Die Besetzung ist der Auftakt des letzten Exzesses des Holocaust. Schon einige Tage vor der Wehrmacht sind acht Einsatzkommandos der Sicherheitspolizei und des SD (Sicherheitsdienst des Reichsführers SS) nach Budapest gekommen. Sieben Einsatzgruppen waren zuständig für die Verfolgung Tausender politischer Gegner – Gewerkschafter, Liberale, Linke, aber auch Konservative, wenn sie im Verdacht standen, den Separatfrieden zu unterstützen. Das achte Einsatzkommando unterstand SS-Obersturmbannführer Adolf Eichmann, dessen Dienststelle des Reichssicherheitshauptamtes (RSHA) die Verfolgung, Vertreibung und Deportation von Juden organisiert. Bereits Anfang April ordnete die ungarische Regierung, die mit den Deutschen kooperiert, die Ghettoisierung der ungarischen Juden an. Nur Wochen später begannen die Deportationen durch die ungarische Gendarmerie, unterstützt von der Mehrheit der Bevölkerung, das zurückgelassene Eigentum wurde vom Staat eingezogen oder von der Bevölkerung geplündert.[1] Bis Ende

5. KAPITEL

des vergangenen Jahres hatten in Ungarn 700 000 Juden gelebt, ab Mitte Mai werden innerhalb von acht Wochen 430 000 Juden nach Auschwitz-Birkenau deportiert, die meisten sofort in Gaskammern ermordet. Ein Viertel der Deportierten wird zur Zwangsarbeit ausgesondert. Sie werden unter anderem auf Großbaustellen für Rüstungsprojekte benötigt, in Flugzeug- und Munitionsfabriken.[2] Die deutsche Kriegswirtschaft leidet unter Arbeitskräfteknappheit. Im April hat Hitler angekündigt, für den Bau unterirdischer Flugzeugfabriken würden 100 000 ungarische Juden benötigt, wenige Tage später hatte er sogar mit 500 000 ungarischen Juden gerechnet.

Jeden Tag werden mehr als 10 000 Menschen deportiert. Die Züge halten in Auschwitz-Birkenau 50 Meter entfernt von der Baracke unmittelbar neben dem Stacheldrahtzaun, in der das Mädchenorchester untergebracht ist. Es spielt morgens auf, wenn die weiblichen Häftlinge zur Arbeit ausziehen, und abends bei ihrer Rückkehr. Auf Befehl des Lagerkommandanten spielen die jungen Frauen aus Polen, Frankreich, Griechenland, Deutschland und anderen europäischen Staaten, das dient der Aufmunterung der Häftlinge und verlängert die Lebenserwartung der Musikerinnen. Auf Wunsch geben sie auch Privatkonzerte. Josef Mengele, SS-Arzt in Auschwitz, liebt das Cellospiel der 19-jährigen Deutschen Anita Lasker, also gibt sie für ihn regelmäßig die *Träumerei* von Robert Schumann. Maria Mandl, die gefürchtete Oberaufseherin des Frauenlagers, genießt die Stimme der 24 Jahre alten Pariser Chansonnière Fania Fénelon, am liebsten Arien aus *Madame Butterfly*, gerne auch nachts: »Ehrenvoll sterbe, wer nicht länger mehr leben kann in Ehren.« Manchmal beobachtet Fania Fénelon, wie eine Frau sich aus einer Gruppe löst und in den elektrischen Zaun wirft: »Der Strom schüttelt sie durch und durch, ihr Körper verkrampft sich. Sie bleibt mit sich windenden Gliedern hängen und sieht im Gegenlicht aus wie eine riesengroße Spinne, die auf den Fäden ihres Netzes tanzt.«[3] Der Juli ist zum Ersticken, »die reinste Backofenhitze«.[4] Aus Ungarn kommen die zahllosen Transporte, Gaskammern und Krematorien sind überfüllt. »Die Sonne ist verdeckt von dicken Rauchwolken, die uns mit ihrem abscheulich ekligen Geruch nach verbranntem Fleisch würgen.« Die Frauen des Orchesters können weder atmen noch das Essen schlucken. Abends sitzen sie vor der Tür, um etwas Luft zu schöpfen. Eine Musikerin schwärmt: »Ein herrlicher Sonnenuntergang.« Fania Fénelon korrigiert sie: »Das Rot kommt nicht von der Sonne, das muss etwas anderes sein, aber was?« Obwohl es bereits Nacht geworden ist, spüren die Frauen keine Erfrischung, am Horizont bleibt der Himmel rot, der Rauch drückt, »deckelgleich«. Eine Musikerin stöhnt: »Wir sitzen im Kochtopf des Teufels.« Die Rotfärbung des Himmels wird immer intensiver – aber es ist zu früh für den Sonnenaufgang. Brennt das Lager? Erst später erfahren die Mitglieder des Mädchenorchesters in Auschwitz-Birkenau die Antwort: »Ein großer Graben voller Leichen von vergasten Juden wurde reichlich mit Benzin übergossen und angezündet.« Morgens glüht noch immer der Himmel.[5]

Selbstverständlich dringen die Nachrichten von den Deportationen schnell nach Budapest. In der ungarischen Hauptstadt leben mehr als 1 000 000 Einwohner, davon 250 000 Juden. Sie sind in sogenannten Judenhäusern zusammengepfercht, jede Wohnung – mit einem gelben Stern gekennzeichnet – hat mindestens 30 Menschen aufnehmen müssen. In St.-Stephans-Park Nr. 4 gab es bisher 14 Parteien auf sechs Etagen, in einer Zweieinhalbzimmerwohnung lebt der kleine Joel Simon, sechs Jahre alt, mit seiner Mutter, aber ohne Vater, der nach Bergen-Belsen deportiert worden ist. In jeder Ecke der Wohnung kampiert eine Familie, nachts liegen die Menschen auf dem Boden, im Badezimmer und in der Küche. Gelegentlich besucht Joel zum Spielen seinen drei oder vier Jahre alten Freund Franz, den alle Ferko nennen, in der Nachbarwohnung. Spielsachen gibt es nicht, aber Ferko kennt ein Spiel, das keine Spielsachen benötigt: die Zugreise. Er sammelt wahllos Gegenstände als Gepäckstücke. Alle Anwesenden sind Passagiere in Ferkos Zug. Ab und zu hält der Zug an einer imaginären Station. Dann packt Ferko die Gepäckstücke, und die Fahrgäste vertreten sich die Füße auf der Veranda der Wohnung, bis ein Pfiff die Weiterreise ankündigt. Das Gepäck wird wieder eingeladen, und die Reise geht weiter. Ferko spielt nur dieses Spiel, niemals ein anderes.

Ungarn liefert nicht nur Zwangsarbeiter, es verfügt auch über große Erdölfelder – nach denen in Rumänien die ergiebigsten im Machtbereich der Achsenmächte –, auf deren Ausbeutung Deutschland angewiesen ist. Hitler hatte sich zur Kriegsvorbereitung den handelspolitischen Zugriff auf bestimmte Agrarerzeugnisse und Rohstoffe gesichert und im Gegenzug Ungarn Unterstützung für die Revision der 1920 im Trianon-Vertrag gezogenen Grenzen gewährt. So sind einerseits die bis 1918 ungarischsprachigen Teile der Karpato-Ukraine und Siebenbürgens wieder zu Ungarn gekommen, andererseits hat sich das Land in die Abhängigkeit Deutschlands begeben. Das Kapital der ungarisch-deutschen Erdölindustriegesellschaft befindet sich ausschließlich in deutschen Händen, und ein Landwirtschaftsabkommen verpflichtet Ungarn zu umfangreichen Abgaben bestimmter Ernten. Deutschland benötigt vor allem Weizen, Hülsenfrüchte und Pflanzenöl, entsprechend sind Anbau und Liefermengen seit Jahren erheblich gestiegen. Mais und Futterrübe werden von den Deutschen weniger verlangt, also wurde in Ungarn deren Anbau reduziert, infolgedessen auch die Fleischproduktion des Landes.[6]

Der in Deutschland beliebteste ungarische Exportartikel aber ist ein weiblicher Filmstar. *Die große Liebe* von 1942 mit der unvergesslichen Zarah Leander ist und bleibt der erfolgreichste deutsche Film seit Kriegsbeginn, noch immer klingt den Deutschen die Kontra-Alt-Stimme der Schwedin in den Ohren: »Ich weiß, es wird einmal ein Wunder gescheh'n«. Auf das Wunder warten die Deutschen auch 1944 noch, doch hat sich die Diva unmittelbar nach dem letzten Drehtag vorsorglich auf ihr Gutshaus nach Lönö zurückgezogen. Ihre Nachfolgerin ist längst gefunden. Marika Rökk, Tänzerin und Schauspielerin ungarischer Herkunft, ist seit Jahren ein Star des deutschen Revuefilms. Damit hat sie, von der UFA-Filmgesellschaft nachdrücklich gefördert, eine Lücke gefüllt. Nicht erst seit Beginn des Kriegs, sondern seit der Machtübernahme der Nazis leidet die Branche an personeller Auszehrung. Viele Stars des deutschen Films haben das Land verlassen müssen, weil sie Juden waren oder die falsche politische Gesinnung hatten – Grete Mosheim, Alexander Granach, Gitta Alpár und Marlene Dietrich. Andere – wie Kurt Gerron – werden im Konzentrationslager vernichtet. Marika Rökk mit ihrem charmanten ungarischen Akzent, ihrer Vitalität und ihrer geballten Energie kann singen und hinreißend tanzen, perfekt also für den von den Deutschen geliebten Revuefilm, denn sie hat, wie ihr die Kritik bescheinigt, »Paprika im Blut« (also rassekundlich unbedenklich).[7] Das Beste ist: Sie bewundert Hitler: »Wenn ich Sie, mein Führer, für ein paar Augenblicke erheitern und von Ihrer verantwortungsvollen Arbeit ein wenig ablenken konnte, so bin ich darüber unendlich stolz und glücklich.«

Sie lebt in der Villenkolonie Neubabelsberg in der Domstraße 28. In ihrem Haus – Gärtnerhaus, Werkstatt, Garage und ein 3500 Quadratmeter großes Grundstück inklusive – hat vor ein paar Jahren noch Alfred Zeisler gewohnt, Schauspieler,

Regisseur, Drehbuchautor und einer der berühmtesten Produzenten von Kriminalfilmen. Er war stellvertretender Produktionschef der UFA, als er die Rökk entdeckte und zu fördern begann. In seinem geräumigen Haus wohnte damals bereits der UFA-Regisseur Georg Jacoby zur Untermiete. Auf Einladung Zeislers war Marika Rökk hinzugekommen. Wenig später hatte Zeisler nicht nur das Haus, sondern Deutschland verlassen müssen, weil er Jude war. Sein Schützling Marika Rökk hatte das Haus übernommen und Jacoby geheiratet. Im April hat sie ihre Tochter Gabriele Jacoby geboren, in diesem Sommer feiert ihr neuester Film Premiere, der derzeit »teuerste, üppigste europäische Farbrevuefilm«,[8] Regie: Georg Jacoby. In dem Film *Die Frau meiner Träume* geht es um einen gefeierten Revuestar namens Julia Köster, gespielt vom gefeierten Revuestar Marika Rökk. Er endet mit der Premiere einer Revue mit dem Titel »Die Frau meiner Träume« und wird vom Publikum euphorisch gefeiert. So verläuft auch die Premiere des Films: Das Publikum ist begeistert. Innerhalb von drei Monaten spielt der Film acht Millionen Reichsmark ein.

In diesem Jahr feiert auch Alfred Zeislers Hollywood-Film *Enemy of Women* Premiere. Er ist ein Porträt Joseph Goebbels', im Vorspann heißt es: »Die nachfolgende Geschichte entfaltet das Privatleben des größten Schurken unserer Zeit.« Und er endet mit den Worten: »Events have proven you are a good liar but a bad prophet, Dr. Goebbels.« (»Die Ereignisse haben gezeigt, dass Sie ein guter Lügner sind, aber ein schlechter Prophet, Dr. Goebbels.«) Es ist der letzte Film mit der Musik des aus Deutschland und Österreich in die USA geflohenen Wiener Filmkomponisten Artur Guttmann. Er war bis zu seiner Vertreibung einer der gefragtesten Komponisten des deutschen Films.

Der gerade in Salzburg weilende Goebbels bedauert, nicht in Berlin zu sein. Er ist auf dem Weg zum Berghof in Salzburg gelandet, als ihn die Nachricht erreicht, Berlin werde bombardiert. Ihm wird gemeldet, »dass von morgens 9 Uhr ab ein schwerer Angriff von 1000 amerikanischen Bombern auf Berlin niederrolle«. Die alte Reichskanzlei ist schwer getroffen, das Zeitungsviertel, die Gegend Unter den Linden: »Der Dom brennt lichterloh, ebenso das Schloss.«[9] Auch der Verkehr ist stark angeschlagen, ein »reiner Terrorüberfall«, denn »militärischen Wert besitzt er nicht«.[10] Sein Ministerium und seine Wohnung werden »Gott sei Dank« nicht beschädigt. Es ist der Angriff, den Ruth Andreas-Friedrich und ihre Tochter im Keller überleben. In Berlin merke man, dass man im Krieg sei, notiert Goebbels: »Ich bin froh, dass ich mitten im Trubel einer schwer vom Luftkrieg heimgesuchten Stadt wie Berlin meine Arbeit versehen muss.«[11] Zumal er dem Trubel im Bedarfsfall durch Benutzung seines Privatbunkers jederzeit entkommen kann. Im Vergleich zu Berlin bietet Salzburg im »tiefsten Frieden« für den Propagandaminister einen »gespensterhaften Anblick«. Denn »hier gehen die Frauen und zum großen Teil sogar wehr- und arbeitsfähige Männer in aller Gemütlichkeit durch die Straßen spazieren, und wenn man selbst nicht wüsste, dass Krieg wäre, diese Stadt würde einen nicht darauf bringen«.[12]

Tatsächlich ist noch keine Bombe auf Salzburg gefallen, aber der Krieg ist schon da, auch im NS-Schülerheim in der Schrannengasse. Dort verbringt der 13 Jahre alte Thomas Bernhard seine Nächte mit 34 gleichaltrigen Zöglingen in einem »nach alten und feuchten Mauern und nach altem und schäbigem Bettzeug« stinkenden Schlafsaal. Seine Tage sind geprägt von Selbstmordgedanken, die ihn unablässig begleiten. Eine ihrer Ursachen ist die Angst vor dem »immer unvermittelt und mit der ganzen militärischen Infamie und Schläue auftauchenden und strafenden« Internatsleiter Grünkreuz, den Thomas Bernhard nie anders als in Hauptmanns- oder SA-Uniform erlebt, ein »durch und durch nationalsozialistischer Mensch«, eine andere die immer häufigeren »sogenannten Flieger- oder Luftalarme« – zwei Ängste, »zwischen und in welchen sich diese Internatszeit mehr und mehr zu einer lebensbedrohlichen« entwickelt.[13] Er hat monatelang den Bau der Luftschutzstollen beobachtet, die vornehmlich von russischen, französischen, polnischen und tschechischen Zwangsarbeitern »unter unmenschlichen Bedingungen« in die beiden Stadtberge getrieben worden sind. Die Bauarbeiten haben viele Arbeiter das Leben gekostet, aber auch die Luftschutzstollen werden etliche Salzburger nicht überleben. Wenn im Oktober die Luftangriffe auf Salzburg beginnen und die verängstigten Menschen zu Tausenden in die Luftschutzstollen strömen, werden viele ersticken, denn die Luftzufuhr ist unzureichend. Könnte der Propagandaminister dann durch die Trümmer gehen – der Kuppel des Salzburger Doms, der Bürgerspitalkirche oder des Wohnhauses Mozarts – und würde er wie der junge Thomas Bernhard bemerken, dass die Puppenhand, auf die er getreten ist, in Wahrheit eine abgerissene Kinderhand ist, dann würde sich bestimmt der »gespensterhafte Anblick« Salzburgs für Goebbels verflüchtigen.

Wo wird der Krieg entschieden – im Westen oder im Osten? Hitler hat sich – »schweren Herzens« – entschieden, zwei gepanzerte Divisionen in den Westen zu verlegen. Zwar würden die Divisionen in der bevorstehenden Sommeroffensive der sowjetischen Armee nun fehlen, klagt der von Salzburg auf den Obersalzberg gereiste Goebbels, aber »im Westen fällt meiner Ansicht nach die Entscheidung dieses Krieges«. Das sieht er wie Hitler. »Engländer und Amerikaner karren unentwegt weiter Material und Soldaten« in die Normandie.[14] Bis Ende Juni gelangen 850 000 alliierte Soldaten, 150 000 Fahrzeuge und 570 000 Tonnen Material dorthin. Die Invasion kommt zwar langsamer voran als geplant. Aber die amerikanischen Verbände rücken unaufhaltsam auf die Hafenstadt Cherbourg auf der Halbinsel Cotentin vor. Hitler hatte Cherbourg – wie andere besetzte Küstenstädte – zur »Festung« ausbauen lassen und befohlen, sie bis zum letzten Mann und bis zur letzten Patrone zu verteidigen. Am 20. Juni erreichen die US-Truppen den äußeren Verteidigungsring der Stadt, in die sich die Deutschen zurückgezogen haben. US-General J. Lawton Collins fordert den deutschen Kommandanten von Cherbourg, General Karl-Wilhelm von Schlieben auf, am 21. Juni – dem Tag des schweren Bombardements Berlins und des Gesprächs zwischen Hitler und Goebbels über den wahrscheinlichen weiteren Kriegsverlauf – zu kapitulieren. Der General lehnt ab. Am 22. Juni greifen mehrere Hundert US-Bomber die Hafenstadt an. Am 26. Juni nehmen die Amerikaner Schlieben gefangen. Wenige Tage später, am 1. Juli, ergeben sich schließlich die letzten deutschen Truppen auf der Halbinsel, 30 000 Soldaten geraten in Gefangenschaft.

So ist die Lage im Westen. Im Osten ist sie nicht besser. Goebbels glaubt, dass die Sommeroffensive der Roten Armee nicht unmittelbar bevorsteht, Hitler aber ist überzeugt davon. Er erwartet sie am 22. Juni, dem dritten Jahrestag des deutschen Überfalls auf die Sowjetunion. Goebbels bezweifelt, dass Stalin »sich an solche Daten anklammert«.[15] Und wo wird die Offensive beginnen, wie stark sind die feindlichen Verbände? Weder das Oberkommando der Wehrmacht noch Hitler haben sichere Informationen. Das Oberkommando erwartet die Offensive nicht in Weißrussland, eher im südlichen Teil der Front, zwischen den Prypjatsümpfen – dem größten Sumpfgebiet Europas – und dem Schwarzen Meer.

In der Nacht zum 20. Juni greifen 19 Partisaneneinheiten das Netz der deutschen Nachschublinien an.[16] 150 000 Partisanen legen in der größten Sabotageaktion des Krieges mit 10 000 Sprengungen das Eisenbahnnetz lahm. Sie zerstören mehr als tausend Verkehrsknotenpunkte und machen damit den Rückzug der Wehrmacht ebenso wie seitliche Truppenbewegungen unmöglich. Die Offensive ist perfekt vorbereitet. Die Wehrmacht tappt seit Monaten im Dunkeln. Die sowjetischen Frontbefehlshaber waren angewiesen, zum Schein zur Verteidigung überzugehen und den Eindruck zu erwecken, nach den seit fast neun Monaten andauernden, brutalen Kämpfen grabe sich die Rote Armee ein, um sich zu konsolidieren.[17] Für die gesamte Front war absolute Funkstille verhängt worden. Und wie die westlichen Alliierten vor der Landung in der Normandie, hatte auch das sowjetische Oberkommando – die Stawka – eine Phantomarmee in Stellung gebracht, die vortäuschte, der Angriff sei auf die südliche Flanke geplant. Vorsorglich war eine weitere Phantomarmee an der Ostseefront im Norden aufgestellt worden. Die Maskirowka – deutsch: Täuschungsaktion – wurde durch spezielle Maßnahmen perfektioniert: Die Laufzettel der Güterwagen sind mit Zielen fernab der eigentlichen Ziele beschriftet, der tatsächliche Bestimmungsort durch scheinbar zufällige Verschmutzungen mit Pünktchen codiert. Wie bereits vor Beginn der Operation Overlord fallen auch diesmal die Deutschen auf die Finten herein. Sie versammeln in der Heeresgruppe Nordukraine die besten Reserven in der 1. und 4. Panzerarmee. Die Heeresgruppe Mitte muss unterstützen und 90 Prozent ihrer Panzer und ein Drittel der Artillerie abtreten.

So hat im Juni die Heeresgruppe Mitte von Generalfeldmarschall Ernst Busch noch 38 Divisionen, davon nur eine

Panzerdivision mit 850 000 Mann (davon 500 000 Frontsoldaten), 570 Panzern und Sturmgeschützen und 600 Flugzeugen – darunter nur 50 flugfähige Jäger. Am Jahrestag des »Unternehmens Barbarossa«, am 22. Juni 1944, stoßen – wie von Hitler erwartet – Aufklärungsabteilungen in die deutschen Linien vor und spüren die Feuerstellungen der Artillerie auf. Einen Tag später folgt der Großangriff. Vier sowjetische Fronten (Heeresgruppen) schlagen zu, für die Deutschen unerwartet und mit unbezwinglichen Kräften: Die Angaben schwanken zwischen 1,6 bis 2,5 Millionen Mann, mehr als 5000 Panzern und Selbstfahrlafetten, rund 31 000 Geschützen und Raketenwerfern und mindestens 6000 Flugzeugen.[18]

Die Überlegenheit der Roten Armee ist nicht nur Folge einer klugen Strategie, sie ist auch das Ergebnis der umfassenden sowjetischen Kriegswirtschaft – mit bedeutender Unterstützung durch die USA, Großbritannien und Kanada. Im Februar 1941 hatte der US-Kongress das Leih- und Pachtgesetz (Lend-Lease Act) verabschiedet, das es der US-Regierung ermöglicht, kriegswichtiges Material wie Waffen, Munition, Fahrzeuge, Treibstoffe, Nahrungsmittel oder Flugzeuge an die gegen die Achsenmächte kämpfenden Staaten zu liefern. Die USA haben – neben zwei Millionen Tonnen Lebensmitteln – zwischen dem 22. Juni 1941 und dem 30. April 1944 der Sowjetunion zur Verfügung gestellt:

6430 Flugzeuge
3734 Panzer
10 Minenräumboote
12 Kanonenboote
82 kleine Schiffseinheiten
210 000 Kraftwagen
3000 Luftabwehrkanonen
1111 leichte Flugabwehrkanonen

23 000 000 Meter Tuch
2 000 000 Reifen
476 000 t Treibstoff
99 000 t Aluminium und Duraluminium
184 000 t Kupfer und Kupferprodukte
42 000 t Zink
6500 t Nickel
1 200 000 t Stahl und Stahlprodukte
20 000 Werkzeugmaschinen
17 000 Krafträder
991 000 000 Patronen
22 000 000 Granaten
218 000 t Schießpulver und TNT-Sprengstoff
1–2 000 000 km Telefondraht
254 000 Feldtelefone
5 500 000 Paar Armeestiefel

Dazu kam industrielle Ausrüstung im Wert von 257 Millionen Dollar, insbesondere Ausrüstung für Ölraffinerien, Erzeugnisse der Elektroindustrie, Lokomotiven usw.

In derselben Zeit schickte Großbritannien 1 150 000 Tonnen Material auf die Reise, von denen 1 041 000 Tonnen das Ziel erreichten:

5800 Flugzeuge
4292 Panzer
12 Minenräumboote
103 000 t Gummi
35 000 t Aluminium
33 000 t Kupfer
29 000 t Zinn
48 000 t Blei
93 000 t Jute

Dazu kamen Sprengstoff, Granaten und sonstiges Kriegsmaterial, mehr als 6000 Werkzeugmaschinen sowie weitere industrielle Ausrüstung im Wert von 14 Millionen Pfund.

Die kanadischen Lieferungen in diesem Zeitraum hatten einen Gesamtwert von rund 355 Millionen Dollar. Sie umfassten 1188 Panzer, 842 gepanzerte Fahrzeuge, fast eine Million Granaten, 36 000 Tonnen Aluminium, 208 000 Tonnen Weizen und Mehl und andere Erzeugnisse.[19]

Die Wucht der Angriffe der vier sowjetischen »Fronten« – mit deutschen Heeresgruppen vergleichbar – ist gewaltig, für die Heeresgruppe Mitte unter Generalfeldmarschall Ernst Busch entwickeln sich die Kämpfe fast unmittelbar zur Katastrophe. Die deutsche Aufklärungsabteilung Fremde Heere Ost unter Reinhard Gehlen hat vor Beginn der Operation Bagration die komplette sowjetische 6. Garde-Armee übersehen, weshalb sie die Heeresgruppe Mitte im Bereich der 1. baltischen Front zu Unrecht als ungefährdet betrachtet hatte. Bis zum 28. Juni durchbrechen die sowjetischen Truppen die deutschen Linien an sechs Stellen. Bei Witebsk und Bobruisk kesseln sie starke deutsche Verbände ein. Es handelt sich um sogenannte »feste Plätze«, die beim Rückzug auf Weisung Hitlers wegen ihrer operativen Bedeutung als Verkehrsknotenpunkte von der Wehrmacht besonders hartnäckig zu verteidigen sind und auch im Falle feindlicher Übermacht nicht aufgegeben werden sollen, selbst wenn das eine Einkesselung zur Folge haben könnte. Führer-Befehl Nr. 11 vom 8. März 1944: »Die ›Festen Plätze‹ sollen die gleichen Aufgaben wie die früheren Festungen erfüllen. Sie haben zu verhindern, dass der Feind diese operativ entscheidenden Plätze in Besitz nimmt. Sie haben sich einschließen zu lassen und dadurch möglichst starke Feindkräfte zu binden. Sie haben dadurch mit die Voraussetzung für erfolgreiche Gegenoperationen zu schaffen.«[20] Als weiteres Motiv nennt Generalfeldmarschall Busch später, es sei aus politisch-propagandistischen Gründen notwendig, größere, in der Welt bekannte Städte zu halten, auch wenn das militärischer Logik widerspreche. Aber Propaganda ist keine militärische Strategie, Prestigebedürfnis kein taktischer Gesichtspunkt. Das Scheitern des Konzepts der »festen Plätze« kostet mehr Soldaten das Leben als jeder geordnete Rückzug. Das Ergebnis der Schlacht um Witebsk: Von 170 000 Einwohnern, die dort im Juni 1941 gelebt haben, bleiben im Juli 1944 nur 118 in der fast vollständig zerstörten Stadt zurück. Im Kessel von Witebsk sterben etwa 18 000 deutsche Soldaten, 10 000 werden gefangen genommen.

70 000 Soldaten werden im Kessel von Bobruisk eingeschlossen. Unter den deutschen Soldaten kommt es bei Ausbruchsversuchen zu Panik, und sie versuchen, den Angreifern schwimmend über den Fluss Beresina zu entkommen – wie schon 1812 die Reste der vernichtend geschlagenen Grande Armée Napoleons. Der Wehrmachtssoldat Heinz Fiedler, der der 134. Infanterie-Division angehört, berichtet: »Also wir waren eingeschlossen und die, die vorne waren, die schrien ›Pak und Flak nach vorne! (…)‹ und die von hinten: ›Wir haben keinen Sprit. Wir haben keine Munition mehr. (…)‹ Und so ging das immerwährend. Es war alles Scheiße.«[21] Die Stadt wird bei den Kämpfen ebenfalls fast vollständig zerstört, im Kessel von Bobruisk sterben 16 000 deutsche Soldaten, 18 000 geraten in Gefangenschaft. Am 3. Juli dringen Einheiten der Roten Armee in die weißrussische Hauptstadt Minsk ein. Im Verlauf der Operation werden 100 000 deutsche Soldaten eingekesselt, ein großer Teil ergibt sich, 40 000 werden getötet oder verwundet.[22] Innerhalb weniger Tage hat die Rote Armee ein 400 Kilometer breites Loch in die deutsche Front gerissen. Der Weg nach Polen und Litauen ist frei.

Er wäre für sein Leben gern im Westen. Seit seiner schweren Verwundung im rumänischen Jassy hat es Heinrich Böll aber nur in ein Lazarett in Debrecen geschafft, die erste ungarische Großstadt, die er aus der Nähe sieht, bezauberndes Leben, in der Umgebung des Bahnhofs allerdings verheerende Bombenschäden. Immerhin ist er froh, der »balkanischen Fäulnis« Rumäniens entkommen zu sein, schreibt er seiner Annemarie. Doch holt ihn hier die Erinnerung an Jassy ein. Die Stadt hatte einen grausamen Geruch, den er nicht kannte, nicht zu kennen glaubte. Aber dann habe er diesen Geruch nach seiner Verletzung an seinem Hemd wiedererkannt, das mehrere Tage in der Hitze gelegen habe: Es war der Geruch von »altem, faulendem Blut, der auch in den Straßen, in den Läden und Kneipen von Jassy schwebte«. Im Juni vor drei Jahren haben rumänische Soldaten mit Unterstützung von Wehrmachtsoffizieren und Angehörigen der SS in Jassy 15 000 Juden ermordet. Der profaschistische Diktator Ion Antonescu hatte persönlich den Befehl erteilt, die Stadt »von Juden zu säubern«. Vom 27. Juni bis zum 3. Juli 1941 wurden in Jassy und Umgebung Juden von rumänischen Soldaten und Gendarmen ausgeraubt und erschlagen oder erschossen, zumeist Männer zwischen 18 und 60 Jahren. Es war der Auftakt des Holocaust in Rumänien. Haben deutsche Soldaten Böll davon erzählt? Jedenfalls wird er in der Erinnerung an die Straßen von Jassy derart von Grauen gepackt, dass er nur weg will aus dem Osten zur Westfront: »Wirklich, ich würde mich auf der Stelle trotz Wunde und leichtem Fieber dorthin melden, wenn ich nur wieder aus der Klammer des dunklen Ostens befreit würde.«[23]

Abgang ist überall. Der »Held von Narvik«, Generaloberst Eduard Dietl, stirbt auf dem Rückflug von einem Gespräch mit Hitler auf dem Berghof. Sein Flugzeug zerschellt auf der steirischen Seite des Hochwechsels. In der Gebirgsjäger-Truppe war er sehr populär, unter Nationalsozialisten wegen seines exquisiten Rassismus hochgeachtet. Ehen deutscher Soldaten mit Norwegerinnen lehnte er kategorisch ab, weil »es sich (...) nur um recht geringwertige Vertreterinnen der Nachbarvölker« und um »rassisches Treibholz« handele.[24] Beim Absturz sind auch die Generäle Karl Eglseer, Franz Rossi und Thomas-Emil von Wickede gestorben. Aber nur Dietl werden postum die Schwerter zum Ritterkreuz nachgereicht, in seiner vom Rundfunk übertragenen Trauerrede bekundet Hitler, er habe mit Dietl einen »teuren und treuen Freund« verloren, der immer ein »Nationalsozialist (...) nicht der Phrase, sondern dem Willen, der Überlegung und doch auch dem Herzen nach« geblieben sei.

Auch Friedrich Dollmann ist tot. Ob der Generaloberst einem Herzinfarkt erlegen ist oder sich selbst getötet hat, ist unklar. Zwei Tage nach dem Fall von Cherbourg wird der Oberbefehlshaber der in der Normandie stehenden 7. Armee in seinem Badezimmer tot aufgefunden. Hitler hatte ihn für die Niederlage auf der Halbinsel Cotentin verantwortlich gemacht. »Das mache ich nicht mehr mit«, soll Dollmann kurz vor dem Tod seinem Stabschef zugerufen haben: »Es geht zu Ende.«[25] Zu seinem Nachfolger hat Hitler den ihm ergebenen, unter anderem durch Verbrechen an italienischen Zivilisten bewährten SS-Obergruppenführer Paul Hausser bestimmt.

Für den 28. Juni, Dollmanns Todestag – in der Normandie tobt die Schlacht um Caen –, sind die Generalfeldmarschälle von Rundstedt und Rommel von Hitler auf den Berghof beordert worden. Sie haben die 1000 Kilometer zwischen Saint-Germain-en-Laye, dem Hauptquartier des Oberbefehlshabers (OB) West am Rand von Paris, und Berchtesgaden mit dem Auto in 24 Stunden zurückgelegt, Hitler lässt sie noch einmal sechs Stunden warten, bis er sie empfängt. Die Generalfeldmarschälle sind zur schonungslosen Darstellung der militärischen Lage in der Normandie entschlossen, aber Hitler vertraut seiner Strategie der tauben Ohren. Rommel warnt, die 7. Armee drohe in der Normandie aufgerieben zu werden, und sollte die – noch immer erwartete – alliierte Invasion am Pas de Calais stattfinden, sei auch die dort stationierte 15. Armee verloren. Rommel verlangt den Rückzug. Hitler fordert, die Alliierten im Brückenkopf festzuhalten und zu »zermürben«. Das ist unmöglich, aber Hitler befiehlt es und wendet sich dann wieder seinem Lieblingsobjekt, den kriegsentscheidenden »Wunderwaffen« zu. Da Hitler zu einem Gespräch mit Rommel unter vier Augen nicht bereit ist (»Bitte, verlassen Sie den Raum.«), erläutert Rommel OKW-Chef Wilhelm Keitel die desaströsen Verhältnisse und die unvermeidlichen Konsequenzen: »Bei der reißenden Verschlechterung der Lage ist ein totaler Sieg, von dem Hitler heute noch sprach, absurd, die totale Niederlage ist zu erwarten. Es ist daher mit allen Mitteln und unter Verzicht auf bisher Erreichtes und unter Aufgabe aller Wunschträume anzustreben, den Krieg zunächst im Westen unverzüglich zu beenden, um die Front im Osten zu halten, Deutschland aber vor dem Chaos, vor allem vor der völligen Zertrümmerung durch den feindlichen Luftkrieg zu bewahren.« Darauf Keitel: »Auch ich weiß, dass nichts mehr zu machen ist.«[26]

Rundstedt springt Rommel bei und erklärt, keine Lust mehr auf die ewige Bevormundung von oben zu haben. Man dürfe sich nicht wundern, wenn auch er, ein alter, kranker Mann, eines Tages tot umfalle wie Generaloberst Dollmann. Sofort nach seiner Rückkehr ins Hauptquartier Saint-Germain-en-Laye ruft Rundstedt in Anwesenheit seines Stabschefs General Günther Blumentritt Keitel an und erklärt, die Lage der Deut-

5. KAPITEL

schen sei in der Normandie unmöglich. Sie könnten den Angriffen der Alliierten nicht standhalten, an ihr Zurückwerfen ins Meer, wie es Hitler verlange, sei nicht zu denken. Keitel fragt: »Was sollen wir tun?« Rundstedt erwidert: »Macht endlich Schluss mit dem Krieg, ihr Idioten.«[27]

Am nächsten Tag meldet sich Keitel telefonisch bei Rundstedt und erzählt, er habe Hitler von seinem Gespräch mit ihm berichtet. Nach Keitel ruft Generaloberst Alfred Jodl an, der Chef des Wehrmachtsführungsstabs, und warnt Rundstedt, Hitler denke über einen Wechsel des Oberbefehlshabers (OB) West nach. Am 3. Juli verkündet Hitler, Rundstedt trete aus gesundheitlichen Gründen zurück, und schickt einen Offizier nach Paris, der dem Marschall einen höflichen Brief und das Ritterkreuz mit Eichenlaub überbringt. Rundstedts Karriere ist damit aber nicht zu Ende. Hitler lässt ihn nicht fallen. Rundstedt ist ein wertvoller Offizier, nicht nur, weil Hitler ihn vor einigen Jahren – wie auch andere Generäle – großzügig beschenkt hat (»Dotation«), 250 000 Reichsmark waren es für Rundstedt. Schon in wenigen Tagen wird er für Rundstedt eine neue Verwendung finden und ihn mit einer der würdelosesten Aufgaben betrauen, die im letzten Jahr der Diktatur noch zu vergeben ist.

Die Gestapo verhaftet Stéphane Hessel am Abend des 10. Juli im sogenannten Café des Quatre-Sergents am Friedhof Montparnasse. Der junge Mann, Sohn des deutsch-jüdischen Schriftstellers Franz Hessel und der deutschen Modejournalistin Helen Grund, ist 1925 mit seiner Familie von Berlin nach Paris gezogen, denn seine Eltern liebten und lebten das Leben der Pariser Bohème. Der berühmte Man Ray war sein bester Spielkamerad. Ihn hat er als Kind geliebt, aber gekannt hat er sie alle: Marcel Duchamp, Picasso, Le Corbusier, Max Ernst und André Breton. Sie alle waren häufig Gäste in der elterlichen Wohnung. Von und mit ihnen hat Stéphane Hessel den Tanz der Worte, des Klangs und der Farben gelernt. Seitdem ist er für Deutschland verloren. Seit 1937 ist Hessel französischer Staatsbürger, seit Mai 1941 Mitglied der Résistance. Am Montag, dem 10. Juli, ist Hessel in der Mission »Greco« unterwegs, wie immer mit dem Fahrrad, seit den Nachrichten von der Landung in der Normandie und den Erfolgen der Roten Armee beschwingt und zuversichtlich angesichts des bevorstehenden Sieges der Alliierten. Sein Auftrag: Kontakt mit den Verantwortlichen der verschiedenen Résistance-Gruppen aufzunehmen – Confrérie Notre-Dame, Brutus, Andromède, Nestlé, Gallia, Phratrie und Cohors. Hessel hat an diesem Tag zwölf Rendezvous geplant, neun bereits absolviert. Bei Rendezvous Nr. 10 sitzt der Kontaktmann, ein Funker mit dem Pseudonym Bambou, auf der Terrasse des Cafés. Was Hessel nicht weiß: Bambou ist vor einigen Tagen von der Gestapo verhaftet und gefoltert worden, bis er sich zum Verrat bereit erklärte. Als er Hessel sieht, steht er auf, ein anderer, den Hessel nicht kennt, erhebt sich ebenfalls. Sie betreten ein Hinterzimmer. Hessel folgt ihnen. Der Kontaktmann sagt: »Greco, helfen Sie mir, ich bin ihnen in die Hände gefallen, es ist schrecklich, ich ertrage es kein zweites Mal, die Badewanne ... entsetzlich. Es ist mir gelungen, sie an der Gare de Lyon abzuhängen. Ich habe keine Papiere, keinen Pfennig, kein Hemd mehr. Dies hier ist ein alter Freund von mir, ein Kamerad von vor dem Krieg, der mich aufgenommen, ausstaffiert hat ...« Hessel betrachtet den zweiten Mann, klein, kugelrund, Augen, die lächeln. Warum lächeln sie? Hessel mag ihn nicht, auch den nicht, der spricht. Ein Moment der Unterbrechung, dann fühlt Hessel den Lauf einer Pistole in seinen Rippen. Eine Stimme brüllt: »Hände hoch, wird's bald, los, los!«[28] Ein Auto bringt Hessel in ein Gebäude in der Avenue Foch, in dem die Gestapo die »Terroristen« gefangen hält, bevor sie sie im Gefängnis von Fresnes, südlich von Paris, einsperrt, exekutiert oder deportiert. Hessel weigert sich zu sprechen. »Muss man Sie mit Gewalt zum Sprechen bringen?« – »Sie können es ja versuchen.« – »Ersparen Sie sich die Badewanne.« – »Sie halten mich für einen Feigling, der ich nicht bin.« Hessel wird in den Keller geschleppt und jener Folter unterworfen, »deren Wirksamkeit wir viele Male haben rühmen hören«.[29] Sie wirkt auch bei Hessel. Beim vierten Untertauchen erklärt er sich bereit zu sprechen. Er gibt eine Adresse preis, aber nicht die Hausnummer des Gesuchten, sondern um zehn Nummern verschoben. Vergeblich. Die Gestapo hat die richtige Adresse des Résistance-Kämpfers bereits herausgefunden, er ist schon verhaftet. Hessel wird geschlagen. Er gesteht. Er sagt die Wahrheit und garniert sie mit seiner Fantasie. Wenn er die Protokolle später einsehen könnte, wäre er bestürzt über die Enthüllungen, die seine Freunde hätten in Gefahr bringen können? Oder wäre er erleichtert angesichts der Harmlosigkeit seiner Aussagen und der Spitzfindigkeit seiner Tricks? Hessel findet keine Antwort. Anfang August wird er in seine Jackentasche ein Blatt Papier schieben, auf das er den ersten Vers eines Shakespeare-Sonetts geschrieben hat: »No longer mourn for me when I am dead.« (»Nicht länger klag um mich, wenn ich dahin.«)[30]

6. KAPITEL

»Niemand tanzt, die Freude ist ausgestorben, der Hass schwelt.«

KRUMMHÜBEL – BUDAPEST –
HIRSCHEGG (KLEINWALSERTAL) – MOSKAU

»Vor allem aber halten wir reinen Mund, dass die Fremden keinen Schreck kriegen und nicht etwa denken, unser altes Krummhübel sei über Nacht eine Mördergrube geworden.« Bei Krummhübel ist ein Mord geschehen. Der gräfliche Förster Opitz, ein hochfahrender, engstirniger Vertreter der Autorität, ist nachts im Gebirge erschossen worden. Der Täter ist der junge Stellmacher Lehnert Menz, so reizbar und fast ebenso engstirnig wie der Förster, aber verliebt in die Idee von einer freiheitlichen Republik, die er im »glücklichen Amerika« verwirklicht sieht, und ein eingeschworener Feind von Opitz. Von dem Verbrechen erzählt Theodor Fontane im Roman *Quitt*, der 1890 in der Besser'schen Buchhandlung in Berlin erschienen ist. Die Sorge, Krummhübel könne für Fremde über Nacht zu einer Mördergrube geworden sein, spricht Gerichtsmann Klose in einer abendlichen Skatrunde aus, aber wer das gemütliche Dorf zu Füßen der Schneekoppe nur ein wenig kennt, wird mit ihm gewiss nicht Mord und Totschlag verbinden. Fontane hat zwischen 1872 und 1890 sieben Sommer in Krummhübel verbracht und als prominentester Gast einiges zur Popularität der »Perle des Ostriesengebirges« beigetragen. Aber Krummhübel lag ohnehin im Trend. Denn unter betuchten Berlinern galt es als schick, den Komfort der Großstadt im Sommer gegen Natur und Kargheit einzutauschen. Fontane hat bei einer seiner Sommerfrischen im Gebirge zwar von einem ungeklärten Mordfall an einem Förster bei Krummhübel erfahren und sich davon zu seinem Roman inspirieren lassen. Aber als »Mördergrube« hat er es nicht dargestellt. Dazu hat es erst 54 Jahre später, am 3. und 4. April 1944, das Auswärtige Amt gemacht.

Ende März hatte Missie Wassiltschikow in ihrer Abteilung »fieberhafte Tätigkeit« bemerkt. Offensichtlich wurde ein wichtiges Ereignis erwartet. Alfred Six, der Leiter der Kulturpolitischen Abteilung, hatte seinen Besuch angekündigt, in Begleitung von hohen Beamten. Sämtliche Chalets und Gasthäuser waren inspiziert, sogar Kohle war plötzlich »herbeigezaubert« worden: »Unsere Baracken sind praktisch zum ersten Mal in diesem Winter beheizt.«[1] Das Hotel Tannenhof hatte einen neuen Anstrich erhalten, Teppiche waren ausgerollt worden. Und es war der Tagesbefehl erlassen worden, am Tag des Ereignisses hätten alle »von neun bis zwölf Uhr an unseren Schreibtischen zu sitzen«.[2] Man hätte glauben können, schrieb Missie Wassiltschikow, »der Papst käme«. Aber gekommen waren Diplomaten aus den Auslandsmissionen in Dänemark, Frankreich, Italien, Kroatien, Schweden, der Türkei, der Schweiz, Rumänien, der Slowakei, Spanien und Portugal – insgesamt rund 30 Teilnehmer. Aus Himmlers Reichssicherheitshauptamt waren zwei Vertreter angereist und der Polizeiattaché aus Sofia, ein hauptamtlicher SS-Führer. Zwar gab es formal noch keine Judenreferenten, aber alle Angereisten waren zuständig für den Aufgabenbereich »Judenpolitik«. Das Treffen wurde amtsintern als »Arbeitstagung der Judenreferenten« apostrophiert, aber es war mehr als eine gewöhnliche Arbeitstagung. Die Attachés des

Auswärtigen Amtes wurden eingestimmt auf die noch ausstehenden »antijüdischen Exekutivmaßnahmen in Europa«. Die Diplomaten hätten jegliche Propaganda zu unterdrücken, die die deutschen Maßnahmen gegen Juden behindere. Die Kollegen sollten in ihren Einsatzländern vielmehr um Verständnis für Judenpolitik werben und nach Berlin berichten, wie »verschärfte Maßnahmen gegen das Judentum« durchgeführt werden könnten.

Davon wusste Missie Wassiltschikow natürlich nichts. Sie kannte auch nicht die »Notiz für den Herrn Staatssekretär« (Gustav Steengracht von Moyland) vom 27. Mai, in der Paul Schmidt, Chef der Nachrichten- und Presseabteilung des Auswärtigen Amtes, empfahl, die Juden selbst für die nun anstehende Auslöschung der Budapester Juden für verantwortlich zu erklären: »Aus einer recht guten Übersicht über die laufenden und geplanten Judenaktionen in Ungarn entnehme ich, dass im Juni eine Großaktion auf die Budapester Juden geplant ist. Die geplante Aktion wird in ihrem Ausmaß im Ausland große Beachtung finden und sicher Anlass zu einer heftigen Reaktion bilden. Die Gegner werden schreien und von Menschenjagd usw. sprechen und unter Verwendung von Gräuelberichten die eigene Stimmung und auch die Stimmung bei den Neutralen aufzuputschen versuchen. Ich möchte deshalb anregen, ob man diesen Dingen nicht vorbeugen sollte dadurch, dass man äußere Anlässe und Begründungen für die Aktion schafft, z. B. Sprengstofffunde in jüdischen Vereinshäusern und Synagogen, Sabotageorganisationen, Umsturzpläne, Überfälle auf Polizisten, Devisenschiebungen großen Stils mit dem Ziele der Untergrabung des ungarischen Währungsgefüges. Der Schlussstein unter eine solche Aktion müsste ein besonders krasser Fall sein, an dem man die Großrazzia aufhängt.«[3]

6. KAPITEL

Schmidts Anregung ist ebenso infam wie erfolglos. Die Weltöffentlichkeit ist über die Auslöschung der ungarischen Juden längst unterrichtet, sie findet vor ihren Augen statt. Wenige Tage vor dem deutschen Einmarsch in Ungarn hatte die US-Regierung Horthy vor schärferen Maßnahmen gegen die Juden gewarnt, Roosevelt noch einmal Tage nach dem Einmarsch am 24. März. Am 12. Juni hat Roosevelt die fortgesetzte Vernichtung der europäischen Juden in einer Botschaft an den Kongress beklagt und am 22. Juni zusammen mit dem Auswärtigen Ausschuss im US-Repräsentantenhaus gedroht, man werde es nicht bei Appellen belassen, sondern stütze sich auch auf die Kraft der Waffen. Tatsächlich wird Budapest am 2. Juli schwer bombardiert, die Flugzeuge hinterlassen wiederum Warnungen an die ungarische Regierung. Der britische Außenminister Robert Anthony Eden berichtet vor dem Unterhaus von den »barbarischen« Judendeportationen in Konzentrationslager durch deutsche und ungarische Militärs und Sicherheitskräfte. Die Proteste werden immer lauter, sie kommen aus dem Vatikan und aus dem schwedischen Königshaus, von der türkischen und der Schweizer Regierung. Die Presse in den USA, Großbritannien und der Schweiz klagt Ungarn wegen der Deportationen an, das aus der Sowjetunion sendende Radio Kossuth meldet am 28. Juni, in Ungarn seien bereits 200 000 Juden ermordet worden, vor allem Frauen und Kinder.[4] Der Druck zeigt Wirkung. Der stellvertretende ungarische Ministerpräsident Mihály Jungerth-Arnóthy klagt, die Deportationen verdürben den Ruf Ungarns im neutralen und im westlichen Ausland. Auch Reichsverweser Horthy ist um seine internationale Reputation besorgt. Am 6. Juli teilt der ungarische Ministerpräsident Döme Sztójay mit, Horthy habe im Einvernehmen mit der ungarischen Regierung die »Fortsetzung der Juden-Aktion« gestoppt. Das ist nicht die ganze

Wahrheit, erst am 9. Juli fährt der vorläufig letzte Deportationszug aus Ungarn ab. Die Deportationen sind vorläufig zu Ende. Der ungarische Holocaust aber ist noch nicht vorbei.

André François-Poncet hört im Radio, die Rote Armee habe nun auch Wilna eingenommen und ihre Panzer seien bis an die Memel vorgerückt. Die Nachricht erreicht den langjährigen französischen Botschafter im Deutschen Reich im mondänen Ifen Hotel in Hirschegg im Kleinwalsertal. 1936 eröffnet, ist der spektakuläre Hotelrundbau – der erste seiner Art in Mitteleuropa – eines der modernsten und luxuriösesten Sporthotels mit hellen, komfortablen Zimmern mit Bad, fließend Warmwasser, Zentralheizung und Badewanne. Der Zimmerservice tadellos, die Verpflegung exzellent, die Atmosphäre behaglich und die Umgebung ein Naturereignis. Das Kleinwalsertal ist fast vollständig umschlossen vom Großen Widderstein (2533 m), dem Elferkopf (2387 m), dem Hohen Ifen (2230 m), der Kanzelwand (2058 m), dem Fellhorn (2038 m) und dem Walmendinger Horn (1990 m). Perfekt also für sportliche Touristen im Sommer wie im Winter, aber auch für die Bedürfnisse Ernst Kaltenbrunners, des Chefs des Reichssicherheitshauptamtes. Bei seinem ersten Besuch des Ifen Hotels war ihm sofort klar, dass es dank seiner Lage der ideale Standort für eine Internierungsstätte war, aus der es kein Entkommen gab. Mitte 1943 hat er es persönlich in Beschlag genommen, seitdem ist das Hotel für reguläre Gäste gesperrt. Das Personal hatte vor Kaltenbrunner antreten und den Eid leisten müssen, absolutes Stillschweigen über die Gäste zu wahren. Fotografieren ist ebenso verboten wie näherer Kontakt mit den Gästen, »besondere Vorkommnisse« sind sofort zu melden.[5]

Wer sind die Gäste? Die SS hat »Sonder- und Ehrengefangene« in speziellen Unterkünften interniert. Einige sind in

Konzentrationslager verschleppt worden. Sie erhalten eventuell eine bessere Verpflegung, zuweilen müssen sie die Kosten für Internierung und Verpflegung selbst bezahlen. Auch das Rheinhotel Dreesen in Bad Godesberg beherbergt einige prominente »Ehrenhäftlinge«, doch wird es als Außenkommando des Konzentrationslagers Buchenwald geführt, bei Schloss Itter unweit von Kitzbühel in Tirol, in das François-Poncet zunächst im September vergangenen Jahres gemeinsam mit Albert Lebrun, bis 1940 französischer Präsident, verschleppt worden ist, handelt es sich um ein Außenlager des KZ Dachau. Das Ifen Hotel ist kein KZ-Außenlager, es untersteht ausschließlich Ernst Kaltenbrunner. Seine »Ehrengäste« sind fast alle prominent, in jedem Fall exquisit, in diesem Sommer auch einige Vertreter des Hauses Savoyen mit Verwandtschaft im gesamten europäischen Hochadel. Die Internierten wissen nicht, wem oder was sie ihre Zeit im Kleinwalsertal zu verdanken haben, aber einige von ihnen, wie der gebildete François-Poncet, der die europäische, zumal die deutsche Kultur besser versteht und die Barbarei der Nationalsozialisten schneller durchschaut hat als die meisten Deutschen (»Dieses aus den Rudern geratene Volk«[6]) ahnen es natürlich: Die »Ehrengäste« sind Geiseln, als Faustpfand einzusetzen, um in Gefangenschaft geratene hochrangige Nazis auszulösen.

Die Nachricht über den Vormarsch der Roten Armee wird dem 57 Jahre alten Diplomaten gefallen, weniger hingegen die folgende Information über den Tod Georges Mandels, die der Vichy-Sender verkündet. Er habe zwar für Mandel keine besondere Sympathie empfunden, notiert François-Poncet in seinem Tagebuch, aber sein Tod sei doch eine schlimme und widerwärtige Tat. Mandel – in jungen Jahren Protegé Georges Clemenceaus, später Minister in verschiedenen Kabinetten der Dritten Republik – hatte schon früh vor den Nationalsozialisten gewarnt und die Appeasement-Politik der Westmächte abgelehnt. Als Marschall Philippe Pétain und Pierre Laval nach der Niederlage Frankreichs im Juni 1940 die Dritte Republik liquidierten und das reaktionäre Vichy-Regime errichteten, hatte Mandel dazu aufgerufen, den Krieg gegen Deutschland von Nordafrika aus fortzusetzen. Er war auf Befehl Lavals in Französisch-Marokko verhaftet, im November 1942 der Gestapo ausgeliefert und ins Konzentrationslager Buchenwald verschleppt worden. Vor einigen Tagen hat ihn die Gestapo der Milice française – einer Hilfstruppe der Waffen-SS – übergeben. Die hat Mandel, wie François-Poncet zu Recht vermutet, wenig später als Vergeltung für die Ermordung Philippe Henriots im Wald von Fontainebleau getötet. Henriots Tod hatte das Vichy-Regime schwer getroffen. Mit ihm als Propagandaminister war im Januar 1944 nicht nur – zusammen mit Joseph Darnand als Chef des gesamten französischen Sicherheitsapparats und Marcel Déat als Arbeitsminister – ein Faschist in die Vichy-Regierung gelangt. Als hemmungsloser Demagoge hatte er sich mit seinen täglichen Sendungen auf Radio Vichy und Radio Paris den Ruf erworben, ein »französischer Goebbels« zu sein. Ein 15-köpfiges Kommando der Résistance, dessen Mitglieder sich als Angehörige der Milice verkleidet hatten, hatte Henriot in seinem Ministerium ermordet. Mit Philippe Henriot hatte die *collaboration* einen ihrer radikalsten Verfechter verloren. Der Erzbischof von Paris setzte für ihn einen Trauergottesdienst in der Kathedrale Notre Dame an.

Für André François-Poncet enthält die Nachricht von der Ermordung des von den Deutschen verschleppten Georges Mandel eine beunruhigende Warnung. Dieses Drama, schreibt die besorgte Geisel im Ifen Hotel im Kleinwalsertal, zeige, »wozu Geiseln (…) dienen oder noch dienen werden«.[7]

6. KAPITEL

Was macht Assisi für Martin Hauser einzigartig? Vielleicht ist es die Festungsruine Rocca Maggiore oder die imposante, gut erhaltene Stadtmauer, die schon aus der Ferne von den umliegenden grünen Hügeln der umbrischen Landschaft zu erkennen ist? Lockt ihn der zu einer Kirche umgebaute bescheidene Tempel Santa Maria sopra Minerva, der Goethe auf seiner Italien-Reise begeisterte: »so vollkommen, so schön gedacht, dass er überall glänzen würde«. Oder die Basilika San Francesco, die Grabstätte des heiligen Franziskus, Gründer des Ordens der Minderen Brüder (»Franziskanerorden«), den Goethe »mit Abneigung« links liegen ließ?

Diese historischen und touristischen Attraktionen interessieren den jungen jüdischen Soldaten der Royal Air Force offenbar nur wenig, in seinem Tagebuch erwähnt er sie nicht. Wer ihn aber fasziniert, ist Giuseppe Placido Nicolini, Bischof von Assisi, der mit einigen Mönchen in den vergangenen Jahren verfolgten Männern, Frauen und Kindern – »darunter die Hälfte Juden« – Zuflucht geboten hat. Zusammen mit dem Franziskaner Rufino Niccacci hatte er mehrere Hundert Juden – Hauser weiß nur von »ca. 80« – in Kirchen, Klöstern und anderen kirchlichen Gebäuden vor dem Holocaust versteckt. Obwohl diese kirchlichen Räume normalerweise Außenstehenden verschlossen sind, hatte Nicolini die verfolgten Juden dort untergebracht und ihnen auch religiöse Freiheiten gewährt. Im vergangenen Jahr haben sie zusammen mit Ordensschwestern ihres Zufluchtkonvents Jom Kippur gefeiert. Nicolini, dessen Sekretär Aldo Brunacci, Vorsitzender des Komitees zur Unterstützung von Flüchtlingen, und der Priester Rufino Niccacci hatten den verfolgten Juden falsche Dokumente verschafft und ihnen zur Tarnung Ordenskleider überlassen. Am Gelingen der Operation war zumindest indirekt auch der deutsche Stadtkommandant von Assisi beteiligt,

Valentin Müller, Arzt und gläubiger Katholik. Er hatte zum Schutz der Kirchen und Kulturstätten für Assisi den Status der Lazarettstadt beantragt. General Kesselring hatte zugestimmt. Das bedeutete, dass es innerhalb der Stadttore keine einsatzbereiten Soldaten geben durfte. War diese Bedingung erfüllt, wurde die Stadt von Kriegshandlungen verschont, sie war vor Bombardierungen geschützt. Beim Rückzug der deutschen Truppen – 2000 Verwundete verließen Assisi am Morgen des 15. Juni 1944 – übergab Müller große Mengen wertvoller Medikamente und medizinische Einrichtungen an Bischof Nicolini. Er selbst verließ Assisi einen Tag später, nachdem er eine SS-Einheit daran gehindert hatte, sich in der Stadt zu verschanzen.

Zurückgeblieben ist Bischof Nicolini mit einigen Mönchen und mehreren Dutzend Flüchtlingen. Hauser bemerkt eine Familie mit zwölf Köpfen, Großeltern, Eltern, Schwiegersöhne und -töchter. Der Großvater, ein Weinhändler auf Fiume, geboren in Galizien, »sehr orthodox«,[8] erzählt Hauser unter Tränen von der Lebensrettung durch die Mönche unter Anleitung des Bischofs. Die Flüchtlinge richten anlässlich ihrer Befreiung zu Ehren der Mönche ein Festessen aus, zu dem auch der Town-Officer von Assisi und der Commanding Officer einer in der Nähe stationierten jüdischen Kompanie eingeladen sind. Und selbstverständlich Hauser. Für ihn ist das Fest »ein kleines Entgelt für mein Leben in diesem Kriege als Jude und Soldat«.[9]

Würde Eugenio Calò in Assisi in Umbrien leben und nicht in Arezzo in der Toskana, dann wäre er auf der sicheren Seite. Zwischen beiden Städten liegen 76 Kilometer, aus Assisi sind die Deutschen vertrieben, Arrezo beherrschen sie noch immer. Für den 14. Juli plant General Mark Clark, Befehlshaber der 5. US-Armee, die Befreiung Arezzos und sucht zwei Freiwillige, die den Partisanen Nachrichten überbringen sollen,

6. KAPITEL

um die Aktivitäten zur Befreiung der Stadt zu koordinieren. Der jüdische Widerstandskämpfer Eugenio Calò aus San Polo, einem Ortsteil Arezzos, und Angelo Ricapito melden sich. Der 38 Jahre alte Calò ist zweiter Anführer der Partisanendivision Pio Borri, die die Deutschen in den Casentino-Bergen bekämpft, und er ist ungebunden – vor zwei Monaten wurde seine Familie in ein Konzentrationslager in Fossoli deportiert und am 16. Mai mit einem Transport nach Auschwitz gebracht. Seine Frau Carolina Lombroso hatte im Zug ihren vierten Sohn zur Welt gebracht. Die gesamte Familie wurde unmittelbar nach der Ankunft in Auschwitz-Birkenau ermordet. Eugenio steht seitdem allein, doch er weiß, dass ihn keine Rache von seinem Schmerz befreien kann. Anfang Juli hat Calòs Partisanengruppe etwa 30 deutsche Soldaten gefangen genommen. Die Gruppe hatte die sofortige Exekution der Deutschen verlangt, aber Calò hatte widersprochen und darauf bestanden, die Soldaten als Kriegsgefangene zu behandeln. Er hatte sich freiwillig gemeldet, um die Gefangenen über die deutschen Linien zu bringen und an die Alliierten auszuliefern. Den Partisanen war klar, dass sie, wenn sie mit deutschen Gefangenen gefangen genommen würden, zusammen mit einigen unschuldigen Dorfbewohnern gefoltert und getötet werden würden. Am 2. Juli 1944 wurden die Gefangenen von Calò, Ricapito und anderen Partisanen in das alliierte Hauptquartier in Cortona auf der anderen Seite der Frontlinie gebracht.

Es gelingt Calò und Ricapito am 14. Juli, den Auftrag von General Clark auszuführen und die Instruktionen den Widerstandskämpfern in Arezzo zu übermitteln. Doch auf dem Rückweg werden sie mit anderen Partisanen und einigen Zivilisten von Angehörigen des 274. Grenadier-Regiments der Wehrmacht gefangen genommen. Einem Soldaten war die Flucht gelungen, er hat seine Einheit und italienische Kollaborateure über den Aufenthalt der Resistenza-Kämpfer informiert. Alle Verhafteten werden zur Villa Mancini gebracht, dem Quartier der deutschen Offiziere, mit Gummischläuchen verprügelt und gefoltert. Von Calò und Ricapito verlangen die Folterer Informationen über die militärischen Pläne der Alliierten. Beide schweigen. Am Abend werden die schwer verletzten Partisanen zusammen mit den gefangenen Männern von San Polo – insgesamt 48 – auf ein nahe gelegenes Feld im Hinterhof der Villa Gigliosi gebracht, das die deutschen Soldaten beschlagnahmt haben. Die Zivilisten müssen drei Gräber ausheben. Anschließend werden sie lebendig hineingeworfen. Die Partisanen werden mit dem Kopf über dem Boden in die Gruben gelegt und mit Sprengladungen am Körper versehen. Dann werden sie in die Luft gesprengt. Die Deutschen erlauben niemandem, die Toten zu begraben.[10]

Der Angriff der Amerikaner auf Brest lässt auf sich warten. Wie andere Hafenstädte zwischen der Bretagne und der Mündung der Gironde ist Brest auf Befehl Hitlers als Teil des Atlantikwalls zur »Festung« ausgebaut worden, die »bis zur letzten Patrone« verteidigt werden soll. Seit der Invasion der Alliierten in der Normandie ist jeden Tag mit Angriffen der amerikanischen Bomber zu rechnen. Bis zum Beginn des Bombardements zerfällt das Leben des Funkers Erich Kuby in mehrere Teile. Ein Teil spielt sich »im Bunker« ab, der andere »im Camp«. Seine Arbeit in der Telefonzentrale verrichtet Kuby am Vermittlungsschrank in drei aufeinanderfolgenden Schichten von je acht Stunden mit acht Stunden Pause dazwischen. Inspirierend ist die Arbeit nicht, sie könnte, klagt Kuby, »jedes Telefonmädchen machen«.[11] Es ist der 14. Juli, der französische Nationalfeiertag, an dem die Franzosen den Anfang vom Ende des Absolutismus 1789 feiern und zugleich die nationale Versöhnung. Doch eine Versöhnung zwischen den Kollaborateuren und der Résistance ist ausgeschlossen und das Ende der absoluten Besatzungsherrschaft der Deutschen noch keineswegs sicher. Jedenfalls ist für die Besatzer Vorsicht geboten, die Soldaten in Brest sind zu »ganz besonderer Wachsamkeit« aufgefordert worden.[12] Als Kuby den Bunker verlässt, bemerkt er eine eigentümliche Stimmung in der Stadt: »Niemand tanzt, die Freude ist ausgestorben, der Hass schwelt.« Wie am Abend eines Herbsttages langsam der Nebel aus den Wiesen steige, so breite sich unter den Deutschen das Gefühl aus, »dass eine riesige Hand sich nach ihnen ausstreckt, um sie zu packen«.

So empfindsam ist nicht jeder Wehrmachtssoldat. Als Kuby den Bunker verlässt, begegnet er dem »dicken N.« auf Posten. Er ist aus Pforzheim und »spricht auch so«. N. deutet auf die Reede hinaus, die im Sonnenglanz unter ihnen liegt, und sagt: »Das sollte ein Kanal sein bis an den Rhein, und ein Motorboot drauf mit Wein und Cognac, die Flasche zu 20 frs., und obendrauf eine Musikkapelle. Rollschinken sollten von der Decke hängen.« Ein germanischer Wunschrausch. Kuby notiert: »Das hat sich dieser verhinderte Welteroberer in den Stunden seiner Wache ausgedacht.«[13]

Festungen werden nicht nur von Hitler geschätzt, auch der deutsche Film hat ihren Wert erkannt. Am 14. Juli feiert *Die Affäre Roedern* in Breslau Premiere. »Um das Programm der deutschen Filmtheater dem Ernst und der Größe unserer Zeit anzupassen«, bieten die Vertriebsfirmen den Kinos bestimmte Filme als Reprisenfilme an, das heißt zu gesenkten Preisen.[14] Wie geplant, findet der NS-Propagandastreifen sein Publikum (bis Februar 1945 spielt der Film 2 608 000 Reichsmark ein). Er spielt in Preußen zur Zeit Friedrichs des Großen, Held ist der geniale Festungsbaumeister Generalmajor

»NIEMAND TANZT, DIE FREUDE IST AUSGESTORBEN.«

Dietrich Edler von Roedern, der seine Arbeit mit fanatischem Eifer und heiligem Ernst betreibt. Der Film ist eine Liebesschmonzette über Treue und Verrat, französische Verschlagenheit und mannhaft-deutschen Mut, vor allem aber ist er eine Huldigung des Festungsbaus und seiner Architekten und eine Apotheose Friedrichs des Großen, der dem für ihn in den Heldentod gegangenen Baumeister auf dem Sterbebett den zu Unrecht aberkannten Orden vom Schwarzen Adler zurückgewährt.

Am Tag der Breslauer Premiere verlässt Hitler seine geliebte Festung auf dem Obersalzberg. Mit ihrer Errichtung hat er erst im Sommer vergangenen Jahres begonnen. 1933 hatte er das Landhaus »Wachenfeld« erworben und in »Berghof« umbenannt, nach einem Umbau 1936 war es sein zweiter Regierungssitz geworden. In der »Großen Halle« mit versenkbarem Monumentalfenster und Blick auf den Untersberg empfing er Politiker und Diplomaten, am gigantischen Tisch in der Mitte des Saals wollte aber, wie sich Speer später erinnerte, wegen seiner Länge »kein Gespräch aufkommen«.[15] Im »Führersperrgebiet« gruppierten sich um den Berghof die Häuser Martin Bormanns, Hermann Görings und Albert Speers, ein Gästehaus, eine SS-Kaserne und ein Gutshof mit Gewächshaus. Die von Hitler begehrten Grundstücke hatten die Eigentümer verkauft – freiwillig oder nach dem Hinweis, andernfalls ins Konzentrationslager zu kommen. (Der Fotograf Hans Brandner, der das nicht glauben wollte und einen höheren Preis verlangte, hatte dafür mit zwei Jahren Konzentrationslagerhaft in Dachau bezahlt.) Ein Jahr nach der Einweihung des Berghofs waren fast alle noch übrigen Obersalzberger Gebäude dem Erdboden gleichgemacht und dieser neu mit Gras bepflanzt worden. Immerhin war 1937 einige hundert Meter unterhalb des Berghofs das »Teehaus« am Mooslander Kopf fertig gewor-

6. KAPITEL

den – ein runder Pavillon in exponierter Lage mit gutem Ausblick auf Salzburg. Damit war im Prinzip Hitlers Wunschlandschaft perfekt.[16]

Dass etwas fehlte, hat Hitler erst später gedämmert. Er hatte nicht damit gerechnet, dass der Krieg, den das Dritte Reich in die Welt getragen hatte, nach Deutschland zurückkehren würde, und dass nicht nur deutsche Bomben britische oder sowjetische Städte zerstören können, sondern auch britische oder sowjetische Bomben die deutschen. Kein einziges Gebäude im Führersperrbezirk hatte einen Luftschutzraum, nicht einmal eine Flugabwehrkanone wurde installiert. Erst im Sommer 1943, als deutsche Städte schon in Schutt und Asche lagen, hatte SS-Reichsführer Heinrich Himmler, erfüllt von der Sorge um die Zukunft des Berghofs, am 18. Juli »an alle Männer der SS und der Polizei auf dem Obersalzberg« einen unmissverständlichen Befehl erteilt: »Ich erwarte, dass jeder von euch mit seiner ganzen Kraft unter Hintansetzung jedes persönlichen Vergnügens und Darangabe seiner Freizeit in Gemeinschaftsarbeit die Luftschutzstollen auf dem Obersalzberg zusammen mit den Fachleuten und unserer Stollenbaukompanie errichtet. Es ist für uns SS-Männer eine freudige Ehrenpflicht, dass wir auf dem Obersalzberg die Luftschutzräume erstellen dürfen.«[17] Die Erfüllung der freudigen Ehrenpflicht hat die SS dann aber im Wesentlichen Fremdarbeitern überlassen. Deutsche Männer werden an die Front geschickt, auch am Obersalzberg werden sie von Fremdarbeitern ersetzt. Deutsche sind hier vor allem Ingenieure, Architekten, Meister und andere Hochqualifizierte, 30 Prozent der im Führersperrbezirk Beschäftigten, die Arbeiter kommen vor allem aus Frankreich, Italien und Polen.

Der Plan, den ersten Bauabschnitt des Bunkersystems unter Hitlers Berghof bis Weihnachten 1943 fertigzustellen, war eingehalten worden, wenn auch nur unter extremem Zeitdruck: »Nach beispiellosem Hetzen wurde der Termin eingehalten. Je Meter stand ein Maurer, der die Bögen einwölbte. Zwischen den Beinen der Maurer krochen die Hilfsarbeiter auf allen vieren und schafften Mörtel und Steine herbei. In drangvoller Enge arbeiteten dazwischen Schreiner, Isolierer, Elektroarbeiter, Telefonverleger und Installateure. So wurden in acht Wochen ca. 130 Meter Stollengänge mit anliegenden Kavernen fertiggestellt, angefangen von der ersten Betonmischung bis zum polierten Parkettfußboden, einschließlich Vertäfelung und Möblierung.«[18]

Warum die Eile? Alliierte Flieger sind weit und breit nicht zu erkennen, mit Bombardements des Obersalzbergs ist nicht zu rechnen – zumindest nicht in der nächsten Zeit. Und natürlich bedürfte es keiner Bombardements, um den Herrn des Berghofs zum Schweigen zu bringen. Die präzise platzierte Kugel einer Pistole oder eine unauffällig hinterlegte Bombe würden genügen. Es müsste nur einer versuchen. Es versucht aber keiner.

Im Oktober 1938 hat sich der 22 Jahre alte Theologiestudent Maurice Bavaud in die Prozession der Wallfahrer eingereiht, die täglich zur Huldigung Hitlers am Berghof vorbeizogen. Was Bavaud, einen strenggläubigen Katholiken aus Neuchâtel in der Schweiz, zur Tat trieb, wurde später in der Anklageschrift vor dem Volksgerichtshof festgehalten: »Nach den Beweggründen seiner Tat gefragt, hat der Angeklagte in der Hauptverhandlung angegeben, nach dem, was er in fast der gesamten schweizerischen Presse gelesen und was er weiter von aus Deutschland emigrierten Angehörigen von katholischen Orden erzählt bekommen habe, halte er die Persönlichkeit des deutschen Führers und Reichskanzlers für eine Gefahr für die

Menschheit, vor allem auch für die Schweiz, deren Unabhängigkeit er bedrohe. Vor allem aber seien kirchliche Gründe für seine Tat bestimmend gewesen, denn in Deutschland würden die katholischen Organisationen unterdrückt, und er habe daher geglaubt, mit seiner geplanten Tat der Menschheit und der gesamten Christenheit einen Dienst zu erweisen.«[19]

Bavaud war mehrfach zwischen München und Berchtesgaden hin- und hergependelt und hatte nach einer Gelegenheit gesucht, Hitler zu töten. Er hatte sogar im Wald Schießübungen gemacht, um im entscheidenden Augenblick nicht zu versagen. Schließlich hatte er aufgegeben und mit dem Zug nach Frankreich fliehen wollen. Bavaud hatte kein Geld für den Fahrschein, war in Augsburg in eine Kontrolle geraten und – man hatte eine Pistole und belastende Dokumente bei ihm gefunden – der Gestapo übergeben worden. Der Seminarist hatte – wie der große Teil der Menschheit – den Wunsch, Hitler tot zu sehen, aber den Vorsatz, ihn zu ermorden, hatte er nicht. Denn Juristen verlangen den Vorsatz im Augenblick der Ausführung der Tat. Zur Ausführung war es jedoch nicht gekommen. Der Volksgerichtshof verurteilte Bavaud dennoch am 18. Dezember 1939 zum Tode: »Der Angeklagte hat es unternommen, dem deutschen Volk seinen Retter zu nehmen, jenen Mann, dem 80 Millionen deutscher Herzen in unendlicher Liebe, Verehrung und Dankbarkeit entgegenschlagen und dessen Stärke und feste Führung ihm heute mehr denn je nötig ist, und dies alles ohne die entfernteste auch nur moralische Berechtigung, lediglich in seinem religiös-politischen Fanatismus. Einem solchen Gangstertum des politischen Katholizismus nur mit der höchsten Strafe, der Todesstrafe zu begegnen, erschien dem Senat als eine Selbstverständlichkeit.«[20] Der Schweizer Maurive Bavaud wurde am 14. Mai 1941 in Berlin-Plötzensee hingerichtet. Die Gesandtschaft hatte keinen Protest eingelegt.

»NIEMAND TANZT, DIE FREUDE IST AUSGESTORBEN.«

Der Seminarist Bavaud war ein entschlossener Dilettant, der sich im Wald beigebracht hatte, eine Waffe zu halten, Georg Elser, ein mutiger, 36 Jahre alter Schreiner aus Königsbronn, der Hitler ein Jahr später im Münchner Bürgerbräukeller mit einer Zeitbombe zu töten versucht hatte (sie war pünktlich explodiert, doch hatte Hitler Minuten vorher das Lokal verlassen). Was sie unterschied: Dem einen hatte es an der Gelegenheit zur Tat gefehlt, dem anderen an Glück. Was sie verband: die Gewissheit, dass der Tod Hitlers notwendig sei. Das war vor der Ermordung von Millionen Juden und vor dem Tod von Millionen Zivilisten vor allem im Osten Europas. Zurück im Sommer 1944: Vor einigen Tagen hat Generalmajor Hellmuth Stieff die Gelegenheit gehabt, Hitler zu beseitigen, und auf sein Glück musste er nicht vertrauen. Claus Schenk Graf von Stauffenberg hatte dem Generalmajor die Bombe gegeben, mit der er Hitler am 7. Juli während der Vorführung einer neuen Winteruniform in Schloss Kleßheim bei Salzburg töten sollte. Stieff hatten jedoch die Nerven versagt, vielleicht aber hatte er sich, wie er seiner Frau gegenüber beteuerte, nur gescheut, sich mit dem eigenhändig ausgeführten Attentat zu »beflecken«. Nur vier Tage später wurde Stauffenberg zu einem Vortrag auf den Berghof befohlen. In seiner Aktentasche befand sich eine Bombe. Sie sollte allerdings nur gezündet werden, wenn mit Hitler auch Himmler getötet werden könnte. Doch hatte Himmler an dem Tag nicht am Vortrag teilnehmen können, und die Mitverschwörer in Berlin hatten das Attentat abgesagt.

Am 14. Juli 1944 heißt es für Hitler Abschied nehmen vom Berghof in der idyllischen Bergwelt von Watzmann, Hochkalter und Reiteralpe. Hier hat er vor Jahren die höchsten Höhen seiner Diktatur erklommen. Hier hat er im Februar 1938

6. KAPITEL

den österreichischen Bundeskanzler Kurt Schuschnigg gedemütigt und den Untergang Österreichs eingeleitet. (»Und das sage ich Ihnen, Herr Schuschnigg: Ich bin fest dazu entschlossen, mit dem allem ein Ende zu machen. Das Deutsche Reich ist eine Großmacht, und es kann und wird ihm niemand dreinreden wollen, wenn es an seinen Grenzen Ordnung macht.«)[21] Hier hat er im September 1938 den britischen Appeasement-Politiker und Premierminister Arthur Neville Chamberlain getroffen, ehe er die Wehrmacht im März 1939 in Prag einmarschieren ließ und damit der Existenz der Tschechoslowakei ein Ende setzte. Hier hat er am 20. August 1939 Stalin in einem Telegramm zur Vorbereitung des Kriegs gegen Polen den Nichtangriffspakt angeboten und zwei Tage später die Oberbefehlshaber der Wehrmachtstruppenteile auf die Vernichtung Polens eingeschworen: »Vernichtung Polens im Vordergrund. Zur Beseitigung der lebendigen Kräfte, nicht die Erreichung einer bestimmten Linie. Auch wenn im Westen Krieg ausbricht, bleibt Vernichtung Polens im Vordergrund. (…) Herz verschließen gegen Mitleid. 80 Millionen Menschen müssen ihr Recht bekommen. Ihre Existenz muss gesichert werden. Der Stärkere hat das Recht. Größte Härte. (…) Restlose Zertrümmerung Polens ist das militärische Ziel. Schnelligkeit ist die Hauptsache. Verfolgung bis zur völligen Vernichtung.«[22] Nur das Mittagessen hatte Hitlers Ankündigung des Vernichtungskriegs unterbrochen. Kein General hatte eine Frage gestellt. Hier hatte Hitler im Oktober 1938 auch den damaligen französischen Botschafter André François-Poncet empfangen, inzwischen seine »Ehrengeisel« im Ifen Hotel in Hirschegg im Kleinwalsertal.

Insgesamt vier Jahre hat Hitler auf dem Berghof verbracht. Nun geht es runter, vom Obersalzberg – etwa 1000 Meter – hinab ins ostpreußische Rastenburg zum Führerhauptquartier Wolfsschanze, immerhin 105 Meter über dem Meeresspiegel.

»NIEMAND TANZT, DIE FREUDE IST AUSGESTORBEN.«

Der Führerbunker in Berlin, sein letzter Wohnsitz, liegt acht Meter unter der Erde.

An der Ostfront erlebt die Wehrmacht in diesen Tagen die fürchterlichste Niederlage der deutschen Militärgeschichte. An der Westfront, in der Normandie, sieht sie dem Zusammenbruch entgegen. Mit Beginn der Invasion am 6. Juni war klar, dass sie den alliierten Truppen weder zu Lande noch in der Luft würde standhalten können. Zwar kommen die Alliierten langsamer voran als von ihnen geplant, aber sie kommen voran. Nicht nur der Widerstand der Deutschen verzögert ihren Vormarsch, behindert wird er auch durch das nur schwer zu durchdringende Gelände der Bocage, in der seit alters her zahllose Hecken und Wallhecken die Äcker begrenzen. Im Mittelalter sollten sie dem Acker- und Weideland Schutz vor Wind bieten und haben sich im Lauf der Zeit zu mächtigen Erdwällen entwickelt. Auf diesem Gelände – für die amerikanischen Einheiten sind es »bloody hedgerows« (blutige Hecken) – sind Frontalangriffe unmöglich, die Verluste extrem. Die Überwindung der Bocage gelingt schließlich unter anderem mit einer eigenwilligen Innovation: Auf viele Sherman-Panzer werden gigantische Heckenschneide- und Sprenggeräte montiert, mit denen die Durchgänge durch die Erdwälle geschaffen werden.[23] Zwar ist den Alliierten noch nicht der Ausbruch aus ihrem Brückenkopf gelungen, aber die Hafenstadt Cherbourg ist bereits genommen, eine britische Großoffensive (Operation Charnwood) hat Anfang Juli den Nordteil von Caen befreit, und eine weitere britische Großoffensive im Raum Caen steht unmittelbar bevor.

Die Ursache der desolaten Lage hat Hitler wie stets sofort erkannt: die Unfähigkeit der Generäle. Zum Nachfolger des unter unklaren Umständen verstorbenen Chefs der 7. Armee, Friedrich Dollmann, hat er bereits SS-Obergruppenführer

6. KAPITEL

Paul Hausser bestimmt. Der Chef der Panzergruppe West, Leo Dietrich Franz Reichsfreiherr Geyr von Schweppenburg, wird am 2. Juli von Panzergeneral Heinrich Eberbach abgelöst, am selben Tag Generalfeldmarschall Gerd von Rundstedt, Oberbefehlshaber West, von Generalfeldmarschall Günther von Kluge. Generalfeldmarschall Erwin Rommel aber, der Chef aller deutschen Truppen nördlich der Loire unter dem Oberbefehlshaber West, darf bleiben, trotz seiner Kritik am »Führer«. Der bei den Deutschen populärste General der Wehrmacht ist für Hitler einstweilen unentbehrlich.

Zwar hat der neue Oberbefehlshaber West, Günther von Kluge, schon bei seiner Ankunft im Hauptquartier Rommel klargemacht, dass er dessen »Schwarzseherei« nicht akzeptiere, und ihm vorgehalten, er führe Hitlers Befehle nicht immer konsequent genug aus, weshalb der »Führer« ihm nicht mehr uneingeschränkt vertraue: »Sie müssen von nun an auch bedingungslos gehorchen. Ich rate Ihnen gut.« Die nächsten Tage in der Normandie haben Rommel jedoch recht gegeben, Caen steht vor dem Fall. Die Zuversicht der von Hitler neu eingesetzten Generäle, das Blatt in der Normandie noch wenden zu können, verdampft im Bombenhagel und im Artilleriebeschuss der Alliierten. Rommel zieht am 15. Juli mit einem drei Schreibmaschinenseiten langen »Blitzfernschreiben« an Hitler ein für alle Mal Bilanz: »Die Lage an der Front der Normandie wird von Tag zu Tag schwieriger, sie nähert sich einer schweren Krise. Die eigenen Verluste sind bei der Härte der Kämpfe, dem außergewöhnlich starken Materialeinsatz des Gegners, vor allem an Artillerie und Panzern, und bei der Wirkung der den Kampfraum unumschränkt beherrschenden feindlichen Luftwaffe derartig hoch, dass die Kampfkraft der Divisionen rasch absinkt. Ersatz aus der Heimat kommt nur sehr spärlich und erreicht bei der schwierigen Transportlage die Front erst nach Wochen. Rund 97 000 Mann an Verlusten (darunter 2360 Offiziere – unter ihnen 28 Generäle und 354 Kommandeure) – also durchschnittlich pro Tag 2500–3000 Mann – stehen bis jetzt insgesamt 6000 Mann Ersatz gegenüber. Auch die materiellen Verluste der eingesetzten Truppen sind außerordentlich hoch und konnten bisher in nur geringem Umfang ersetzt werden, z. B. von 225 Panzern bisher nur 17. (…) Unter diesen Umständen muss damit gerechnet werden, dass es dem Feind in absehbarer Zeit – 14 Tage bis 3 Wochen – gelingt, die eigene dünne Front, vor allem bei der 7. Armee, zu durchbrechen und in die Weite des französischen Raumes zu stoßen. Die Folgen werden unübersehbar sein. Die Truppe kämpft allerorts heldenmütig, jedoch der ungleiche Kampf neigt dem Ende entgegen. Ich muss Sie bitten, die Folgerungen aus dieser Lage unverzüglich zu ziehen. Ich fühle mich verpflichtet, als Oberbefehlshaber der Heeresgruppe dies klar auszusprechen. Rommel, Feldmarschall.«

Zwei Tage später, am 17. Juli, bespricht Rommel im Hauptquartier der Panzergruppe West mit General Eberbach unter vier Augen die Lage. Eberbach: »Wir erleben hier das erdrückende Verhängnis des Zweifrontenkriegs. Wir haben den Krieg verloren. Wir müssen aber kämpfen und den Westalliierten möglichst hohe Verluste beibringen, um sie zu einem Waffenstillstand geneigt zu machen und dann die Rote Armee vom Einbruch in unser Deutschland abzuhalten.« Rommel: »Einverstanden. Aber können Sie sich vorstellen, dass der Gegner sich mit uns in irgendwelche Verhandlungen einlässt, solange Hitler bei uns an der Spitze ist? So kann es nicht weitergehen. Hitler muss weg.«[24] So wird Eberbach jedenfalls das Gespräch mit Rommel später wiedergeben, Zeugen gibt es nicht. Eine Stunde später wird Rommel auf der Rückkehr von einem Frontbesuch beim Angriff von Spitfires in der Nähe von Sainte-

Foy-de-Montgommery schwer verwundet. Er kehrt nicht mehr an die Front zurück.

Ein Rückblick aus aktuellem Anlass: Als im Sommer 1941 die deutschen Panzer scheinbar unaufhaltsam die Rote Armee überrollten, Hunderttausende sowjetische Soldaten getötet wurden oder in Kriegsgefangenschaft gerieten, hatte Adolf Hitler vorsorglich eine Siegesparade angekündigt – demnächst in Moskau. Deutsche Flugzeuge hatten über Moskau Flugblätter abgeworfen, dass die deutsche Armee »in den nächsten Tagen« eine Siegesparade in der sowjetischen Hauptstadt abhalten werde, deren Paläste man bereits mit dem Fernglas sehe. Propagandaminister Goebbels hatte im *Völkischen Beobachter* mit der Analyse aufgetrumpft, auf der deutschen Seite stünden »alle Faktoren, die den Sieg garantieren: geniale Führung, beste Wehrmacht, gewaltiges Rüstungspotenzial«. Der Krieg gegen die Sowjetunion sei entschieden, wenngleich noch nicht beendet.[25]

Am 17. Juli 1944 marschieren 57 640 deutsche Soldaten durch Moskau. Es sind Kriegsgefangene der seit Beginn der Operation Bagration geschlagenen Schlachten. Den Marsch hat der Moskauer Polizeichef Viktor N. Romančenko in einer knappen Mitteilung um sieben und um acht Uhr morgens im Moskauer Stadtradio angekündigt, und die Stadtausgabe der *Prawda* hat einen kurzen Hinweis gedruckt, wenn auch nur auf der letzten Seite: »Am 17. Juli werden durch Moskau Formationen deutscher Kriegsgefangener, Mannschaften und Offiziere, insgesamt 57 000 Mann, defilieren, die in letzter Zeit von Rotarmisten der 1., 2. und 3. Weißrussischen Front gefangen genommen wurden und jetzt auf dem Weg in ihre Gefangenenlager sind.«[26] Die Soldaten sind in den vergangenen Tagen aus ihren Lagern herangeschafft und in den Räumen des Hippodroms, des

Dynamo-Stadions und des Chodynkafelds untergebracht worden. Der Zug setzt sich um elf Uhr in Bewegung – 1227 »Offiziere aller Rangstufen«, angeführt von 19 Generälen in voller Montur mit Orden und Ehrenzeichen, die Mannschaftsdienstgrade marschieren in »Felduniform« in Blöcken zu jeweils 600 Mann, 20 in jeder Reihe, 30 Reihen hintereinander, bewacht von 16 000 Soldaten der Ministerien für Verteidigung und für Inneres (NKWD). Moskau hat 4,2 Millionen Einwohner, nur 120 000 Moskauer säumen schweigend den Zugweg des Marsches. Vereinzelt sind Rufe aus der Menge zu hören, die von der Polizei notiert und später Stalin vorgelegt werden: »Tod Hitler!«, »Warum hat man euch nicht an der Front getötet?«, »Dreckspack, verrecken sollt ihr.« (»Svoloči, čtob vy podochli.«)

Die müden Schritte der Gefangenen, das Klappern des Essgeschirrs an den zerschlissenen, verdreckten Uniformen, das Schweigen der Menge – das passt nicht zu dem Codenamen des Marschs: »Bol'šoj val'c« (großer Walzer). Das ist die russische Übersetzung des amerikanischen Titels *The Great Waltz*, Musikfilm von 1938, eine fiktive Biografie des Komponisten Johann Strauss (Sohn) von den Regisseuren Josef von Sternberg, Victor Fleming und Julien Duvivier. Der Film war international, auch in der Sowjetunion, ein großer Erfolg, angeblich ist er sogar Stalins Lieblingsfilm. Er soll ihn zehnmal gesehen haben. Will der Codename die Wehrmacht und Hitler verspotten oder enthält er die Botschaft an die eigene Bevölkerung, die schlimmste Zeit sei überstanden und Tanzen wieder Teil des Lebens? Die Bürger Moskaus tanzen nicht an diesem Tag, und die deutschen Kriegsgefangenen werden nach dem Ende des Vorbeimarschs am frühen Abend in Gefangenenlager im Osten Moskaus verfrachtet. Wenige bleiben noch in der Hauptstadt. Sie werden für Pressefotos benötigt. Den großen Walzer der deutschen Kriegsgefangenen beschließen die Sprinklerfahrzeuge der kommunalen Straßenreinigung.[27]

An manchen Tagen gehen Simone de Beauvoir und Jean-Paul Sartre in den rittersporngesäumten Gässchen von Neuilly-sous-Clermont spazieren oder steigen zur Hochfläche auf, wo der Wind das reife Korn wellt. Sie sind mit der Bahn und ihren Rädern aus Paris hinausgefahren und haben sich für drei Wochen in einem Dorfgasthaus einquartiert. Sollten sich die Ereignisse überstürzen, wären sie schnell zurück. Sie arbeiten und essen in der Gaststube, wo die Einheimischen Karten oder Billard spielen. Simone de Beauvoir setzt sich im Freien gern unter einen Baum und schreibt. Sie sieht, wie englische Flugzeuge auf den Straßen deutsche Fahrzeugkolonnen angreifen, immer wieder hört sie in der Nähe den Lärm der Maschinengewehre. Abends pfeifen die deutschen V1-Raketen über das Haus. Sie fragt sich jedes Mal: Werden sie London erreichen? Wird es Tote geben? Gelegentlich kommen Freunde zu Besuch. Sie bringen Nachrichten mit, die nicht in den Zeitungen stehen. Von ihnen erfährt sie, dass die Deutschen François Cuzin getötet haben. François Cuzin, 29 Jahre alt, Professor, mit Sartre und Beauvoir befreundet, Hoffnung der französischen Philosophie, Mitglied der Résistance, wird am 19. Juli in Signes (Département Var in der Region Provence-Alpes-Côte d'Azur) hingerichtet. Drei Tage zuvor ist er auf dem Weg nach Oraison mit dem Gebietschef der Résistance und anderen Widerstandskämpfern in eine Falle geraten. Geplant war ein wichtiges Treffen mit Anführern des Maquis. Von ihnen war niemand erschienen. Als Cuzin und die anderen die Falle bemerkten, war es bereits zu spät. Die Vichy-Miliz hat ihn verhaftet und, wie ihre Freunde Simone de Beauvoir erzählen, den Deutschen ausgeliefert.[28] Cuzin ist nach Marseille gebracht und gefoltert worden. Er hat geschwiegen. Er wurde zum Tod verurteilt und erschossen.

München brennt. Die Royal Air Force bombardiert seit einer Woche fast Tag für Tag mit mehr als 1000 Bombern die Hauptstadt der Bewegung. Seit die alliierten Invasionstruppen im Herbst vergangenen Jahres die Flugplätze im apulischen Foggia erobert haben, richtet sich die Combined Bomber Offensive gegen Ziele in Norditalien, Südfrankreich, Österreich, auf dem Balkan und selbstverständlich Süddeutschland. Am 12., 13. und 16. Juli haben Hunderttausende Spreng-, Phosphor- und Stabbrandbomben in München das Hauptgebäude der Ludwig-Maximilians-Universität, den Tierpark, die Staatsoper, elf Kirchen, 23 Krankenhäuser und Tausende Gebäude zerstört, 4500 Menschen verletzt und 1500 getötet. Am 19. Juli wird der Ostbahnhof schwer getroffen und das BMW-Werk in Allach.

Der Schriftsteller Friedrich Reck-Malleczewen beobachtet die Angriffe von seinem Hof im Chiemgau aus: »Selbst hier, auf eine Entfernung von neunzig Kilometern, lässt der Luftdruck die Fenster aufspringen.« Er ist besorgt, dass ihm nächstens ein Bomber aufs Dach fallen könnte und dann sein »mühsam erkämpfter Besitz« verloren geht. Reck ist 59 Jahre alt, verarmter Sohn eines ostpreußischen Rittergutsbesitzers, Autor trivialer Unterhaltungsromane mit elitärem Bewusstsein, Monarchist – »Die Existenz des Königtums gehört zu meinem physischen Wohlbefinden«[29] – und Todfeind der Nationalsozialisten, deren nahendes Ende ihn mit Genugtuung erfüllt. Er berichtet, bei München, wo in den Regennächten Zehntausende von obdachlos Gewordenen in den Anlagen des Maximiliansplatzes kampierten, bewege sich »auf der nahen Reichsautobahn ein endloser Strom von Flüchtlingen«, er sehe Heimatlose »mit verbrannten Kleidern«, mit Augen, »in denen noch das Entsetzen des Feuerstrudels, der alles zerreißenden Explosionen, der Verschüttung, des schmählichen Erstickens in einem Keller liegt, wo man in Kot- und Jauchefluten der geborstenen Kanalisationen erstickt«. Der Horror regiert, die Menschen gehen vor die Hunde, aber »was schert's Herrn Hitler, der in seinem in die Erde gewühlten Dachsbau täglich einen Roman liest, der seine Nächte, diese ruhelos-peinvollen Nächte des Massenmörders und sentimentalischen Gangsters, mit dem Anschaun von Filmen verbringt«. Reck weiß, wie mit Hitler und seinen »Räuberhauptleuten« zu verfahren ist: Erhängen.

EXKURS **Friedrich Kellner oder
ein Weg in den zivilen Widerstand**

Deutschland wird untergehen. Friedrich Kellner, Justizinspektor im Amtsgericht Laubach (Hessen), hat es beschlossen. An dem Tag, als Hitler Europa den Krieg erklärte, die deutsche Wehrmacht den Raubzug gegen Polen begann und damit den Zweiten Weltkrieg eröffnete, am 1. September 1939 hatte Kellner entschieden, dass damit das Deutsche Reich sein Todesurteil unterschrieben habe und das Ende Adolf Hitlers unwiderruflich sei. Kellner, Sozialdemokrat und Kriegsveteran, wusste, dass diese Erwartung der Hoffnung der meisten Deutschen widersprach und er selbst nichts unternehmen konnte, um sie zu erfüllen. Doch hatte er in den vergangenen Jahren kaum etwas unversucht gelassen. Vor Jahren hatte ihn sein Vater auf Hitlers Schrift *Mein Kampf* aufmerksam gemacht. Kellner hatte sie gründlich gelesen und jedes Wort richtig verstanden. Danach hatte er keine Fragen mehr. Auf Kundgebungen hatte Kellner, ein begabter Redner, das Buch hochgehalten und gerufen: »Das hatte Gutenberg mit seiner Erfindung nicht im Sinn gehabt.« Doch hatten nicht nur die Bürger Laubachs, einer Stadt mit weniger als 2000 Einwohnern, bei der Reichstagswahl 1932 die Warnungen Kellners überhört – mehr als 60 Prozent hatten für die NSDAP gestimmt, nur 18 Prozent für die SPD.[30] Kellner hatte widersprochen, lange Zeit offen und unmissverständlich. Er hatte sich im Kreis der Arbeitskollegen über das sogenannte Ermächtigungsgesetz empört, das Hitler die Vollmacht eines Diktators gab, über das »Gesetz zur Wiederherstellung des Berufsbeamtentums«, das Juden verbot, Beamte zu sein, und über das »Gesetz zur Verhütung erbkranken Nachwuchses«, das die Sterilisierung von Menschen mit Erbkrankheiten erlaubte.

EXKURS

Als die Wehrmacht das entmilitarisierte Rheinland besetzte, deutsche Soldaten in Spanien Franco beim Aufbau der Diktatur behilflich waren, Deutschland 1938 Österreich annektierte und seinen Blick auf die Tschechoslowakei richtete, hatte Kellner verstanden, dass die Propaganda Joseph Goebbels' die Hirne der Deutschen »vernebelt« und »verdunkelt« hatte und Widerstand von ihnen nicht zu erwarten war. Aber dass auch das Ausland die Augen verschlossen hatte, war ihm unerklärlich. Er war zweimal nach Frankreich gereist und hatte dort Briefe an den US-Außenminister aufgegeben, in denen er die Unterdrückung in Deutschland beklagte und die US-Regierung beschwor, ihre Neutralität zu beenden. In seinen Briefen hatte Kellner auch die judenfeindlichen Gesetze beschrieben und vor den Folgen gewarnt. Der 9. November 1938 hatte ihn bestätigt, überall im Deutschen Reich hatten die Synagogen gebrannt, waren Jüdinnen und Juden durch die Straßen gehetzt, verhaftet, misshandelt und getötet worden. Friedrich Kellner hatte von seinem Chef, dem Amtsgerichtspräsidenten und Nationalsozialisten Dr. Ludwig Schmitt, vergeblich verlangt, jüdische Familien im Gerichtsgebäude in Sicherheit zu bringen. Am nächsten Tag hatte er die Zeugenaussage seiner Frau Pauline angeboten, die die Gewaltexzesse bestätigte – außer ihr war dazu niemand in Laubach bereit. Der Amtsgerichtspräsident hatte Pauline Kellner angekündigt, sie werde demnächst in ein Konzentrationslager eingewiesen.

Um diese Zeit war Friedrich Kellner längst klar, dass Deutschland einen Krieg beginnen und verlieren werde. Die führenden Nazis seien offenbar »von allen guten Geistern verlassen«.[31] Aber: »Wen Gott vernichten will, den schlägt er mit Blindheit! Wie kann man mit einem Volk, das wie Sklaven behandelt wurde, einen Krieg führen und ihn gewinnen wollen?« Als am 1. September 1939 deutsche Bomben auf die polnischen

Städte fielen und im Radio die Siegesfanfaren dröhnten, hatte der Justizinspektor aus dem Büro linierte Rechnungsbücher mitgenommen und in seiner Dienstwohnung im Amtsgericht Laubach ein Tagebuch begonnen. Sein Titel: »Mein Widerstand«.

Friedrich Kellner versteht sich als Übersetzer. Die Lügen der nationalsozialistischen Propaganda übersetzt er in seinem Tagebuch in die Sprache der »wahren Wirklichkeit«. Er beherrscht sie perfekt. Dafür benötigt er nur ein erprobtes Gedächtnis, einen wachen Instinkt und ein gutes Herz.

Am 8. November 1939 hatte Hitler im Münchener Bürgerbräukeller seine Rede gehalten und an die Toten der »Bewegung« beim dilettantischen Putschversuch von 1923 erinnert. Kellner aber erinnerte sich in seinem Tagebuch, dass die NSDAP von Anfang an jeden Fanatiker, jeden »Hasardeur, Hochstapler, Vorbestraften, Femémörder« in ihren Reihen willkommen hieß, jeden Schritt zur Macht habe sie mit Lug und Trug hinter sich gebracht. Als Ende des Jahres 1939 die Nazi-Propaganda der Bevölkerung den unvermeidlichen Sieg der Wehrmacht mit »Verdrehungen« an den Mann zu bringen versuchte, »wie sie besser kein Zirkuskünstler und kein Schlangenmensch jemals fertig bringen wird«, hatte Kellner schon geahnt: »Das deutsche Volk wird dafür bestraft werden, dass es fortgesetzt gegen den Verstand und gegen alle Vernunft verstoßen hat.«[32] Nicht nur dafür hatte es die Strafe verdient. Widerstandslos habe es seine Grundrechte preisgegeben, und niemand springe den Juden bei, die – »rechtlos gemacht« – nach »allen Regeln einer Räuberbande ausgeplündert« würden:[33] »Der Fluch dieser bösen Tat wird auf der ganzen (deutschen) Nation ruhen.« Die Nationalsozialisten würden eines Tages verschwinden, ihre Taten aber würden weiterleben: »Aus Menschen sind Tiere geworden. Die Masse ›Volk‹ ist ein schauderhafter Scheißhaufen.«[34] Auf einer dienstlichen Wanderung hatte sich Kellner eines Tages vergessen und einem Kollegen erklärt, »dass Deutschland diesen Krieg verlieren wird«.[35] Die Prognose schien verrückt – der Sieg der Wehrmacht im polnischen Blitzkrieg sprach eine andere Sprache –, und sie war lebensgefährlich. Kellner hätte dafür mit der Einweisung ins KZ bezahlen können.

Friedrich Kellner hatte damals, im ersten Kriegsjahr, einige dringende Fragen, die ihm niemand beantwortete. Warum ist nach dem deutschen Überfall auf Polen nicht der Völkerbund eingeschritten? Warum haben Frankreich und England der Vernichtung Polens tatenlos zugesehen, obwohl sie dessen Regierung Unterstützung zugesagt und dem Deutschen Reich den Krieg erklärt hatten? Wie war es möglich, dass die Deutschen und die Welt die Besetzung Ostpolens durch sowjetische Truppen im September 1939 gleichmütig als vollendete Tatsache akzeptiert hatten? (Kellner kannte nicht den Hitler-Stalin-Pakt vom 24. August 1939, in dem in einem geheimen Zusatzprotokoll die Teilung der polnischen Beute vereinbart worden war.) Warum hat »die übrige Menschheit« ungerührt zugesehen, als die Rote Armee ab November 1939 finnische Städte und Dörfer bombardierte? (»Ein Beispiel der unglaublichen Feigheit aller Völker.«) Nachdem die Beneluxstaaten im Frühjahr 1940 von den Deutschen zur Kapitulation gezwungen worden waren, hatte Kellner gefragt, warum niemand den deutschen Herrschaften auf die »Verbrecherfinger« klopfe. Nach dem Überfall auf Frankreich und dem rapiden Zusammenbruch der französischen Armee im Juni hatte Kellner zwei weitere Fragen gestellt, die niemand beantwortete: »Hat wirklich niemand etwas von der deutschen Aufrüstung gemerkt? Haben die Regierungen absichtlich geschlafen?«[36] Eine Frage hatte sich Kellner immerhin selbst beantwortet: »Sind (…) alle

Deutschen mit Ehre und Charakter ausgestorben? – Fast scheint es so.« Es habe im Ausland nur einen Mann gegeben, der die von Deutschland ausgehende Gefahr von Anfang an erkannt habe – »und das war Churchill«. Auf ihm ruhte seitdem die Hoffnung Friedrich Kellners im Kampf gegen Hitler: »Das gibt die schönsten Tage meines Lebens, wenn dieser Völkermörder seine gerechte Strafe erhält.«[37]

Am 1. August 1940 hatte Hitler den Befehl gegeben, die englische Luftwaffe mit allen Mitteln schnellstmöglich zu besiegen. Friedrich Kellner hatte seinem Tagebuch anvertraut: »Mein Verstand sagt mir, dass es überhaupt nicht möglich ist, England regelrecht zu besiegen. Hierzu gehört in erster Linie eine große Flotte. Und die haben wir nicht.«[38] Aber der Verstand war kein Ratgeber Hitlers. Im Kampf um Norwegen hatte die deutsche Kriegsmarine zehn von 14 Kreuzern verloren, insgesamt ein Drittel ihrer Flotte. Auch band die Sicherung der norwegischen Küste eine große Anzahl von Kräften – insgesamt 350 000 Soldaten –, die an anderen Kriegsschauplätzen fehlten. Und die Luftschlacht um England war schnell zu Hitlers erster Niederlage geworden. Allein am 15. September – der »Battle of Britain« – hatte die deutsche Luftwaffe mit 56 Maschinen mehr als doppelt so viele wie die Royal Air Force – 26 Maschinen – verloren. Schon damals war klar, dass die Deutschen die Lufthoheit nicht würden gewinnen können. Die britische Armee produzierte 1940 statt der prognostizierten 180 bis 200 Jagdflugzeuge im Schnitt rund 470 Jagdflugzeuge pro Monat.[39] Darüber hinaus war Churchill – nach Verhandlungen mit US-Präsident Roosevelt – Ende des Jahres der Abschluss eines Lend-Lease-(Leih- und Pacht-)Gesetzes mit den USA gelungen, das es den Briten erlaubte, Waffen auf Kredit zu kaufen.

Der Kampf um die Lufthoheit hatte sich allmählich zum Luftterror gegen die Zivilbevölkerung entwickelt. Beim Bombardement der Industriestadt Coventry hatten 450 deutsche Bomber 550 Menschen getötet, beim großen Luftangriff auf London am 10. Mai 1941 waren doppelt so viele Briten ums Leben gekommen. Doch Hitlers Hoffnung, England an den Verhandlungstisch zu bomben, hatte sich nicht erfüllt. Daraufhin hatte er die Strategie geändert. Mit dem Blitzkrieg gegen die Sowjetunion – und dem selbstverständlich unvermeidlichen Sieg der Wehrmacht – hoffte er, England verhandlungsbereit zu machen. Darüber hinaus sollte der rasseideologische Vernichtungskrieg im Osten Deutschland »Lebensraum« verschaffen und die dort lebenden »Untermenschen« vernichten. Über seinen Plan, die Sowjetunion zu »erledigen«, hatte er die Führungen von Wehrmacht, Luftwaffe und Marine am 31. Juli 1940 auf dem Obersalzberg informiert,[40] immer wieder hatte er den höchsten Truppenbefehlshabern eingeschärft, das »Unternehmen Barbarossa« werde eine »Auseinandersetzung zweier Weltanschauungen« sein, bei der die »jüdisch-bolschewistische Intelligenz« auf der Strecke bleiben müsse. Der bevorstehende »Vernichtungskampf« gebiete die Auslöschung des politischen Feindes – der Kommissare – und die Entrechtung der Zivilbevölkerung. Als die Wehrmacht am Morgen des 22. Juni 1941 in die Sowjetunion eingefallen war – den drei Millionen deutschen Soldaten mit 690 000 Soldaten verbündeter Staaten standen rund 2,9 Millionen Rotarmisten gegenüber –, hatte nicht nur Hitlers Hauptkrieg[41] begonnen, es war auch der Auftakt des Holocaust und der Beginn einer überwältigenden Serie militärischer Erfolge der Wehrmacht. Als Friedrich Kellner davon erfuhr, hatte er entsetzt geschrieben, hier könnten »keine Erwägungen, keine Resolutionen, keine Redensarten, keine ›Neutralität‹« mehr helfen. In seiner Dienstwohnung im Gebäude des Amtsgerichts Laubach hatte der Justizinspektor an die Völker der Welt appelliert: »Ran an den Feind des Menschentums!«[42]

FRIEDRICH KELLNER

Mitte September 1942 hatte Friedrich Kellner erfahren, dass jüdische Familien aus Laubach deportiert worden waren. »Von gut unterrichteter Seite« hatte er gehört, sämtliche Juden würden nach Polen gebracht und dort von SS-Formationen ermordet. Die Nachricht hatte ihn empört, aber kaum überrascht. Denn schon ein Jahr zuvor, im Oktober 1941, hatte er in seinem Tagebuch notiert, ein im Urlaub befindlicher Soldat habe als Augenzeuge von »fürchterlichen Grausamkeiten«[43] in den besetzten Gebieten in Polen berichtet. Er habe gesehen, »wie nackte Juden und Jüdinnen, die vor einem langen, tiefen Graben aufgestellt wurden, auf Befehl der SS von Ukrainern in den Hinterkopf geschossen wurden und in den Graben fielen. Der Graben wurde dann zugeschaufelt. Aus den Gräbern drangen oft noch Schreie.« Offenbar war Kellner keinem Wehrmachtssoldaten begegnet, der sich am Überfall auf die Sowjetunion am 22. Juni 1941 beteiligt hatte. Der hätte ihm vielleicht über das Massaker von Babyn Jar in der Nähe von Kiew berichten können, bei dem Einsatzgruppen der Sicherheitspolizei, des SD und Wehrmachtseinheiten am 29. und 30. September mehr als 33 000 jüdische Männer, Frauen und Kinder ermordet hatten. Aber die Nachricht von der Deportation der Laubacher Juden hatte dem Justizinspektor zu seinem Urteil über die deutsche »Mörderregierung« genügt: »Für einen anständigen Deutschen ist es unfassbar, dass niemand dem Treiben der Hitler-Banditen Einhalt gebietet.« Die Deutschen seien stolz auf ihr Tierschutzgesetz, aber die Juden würden von ihnen schlechter behandelt als Tiere. »Diese grausame, niederträchtige, sadistische, über Jahre dauernde Unterdrückung mit dem Endziel Ausrottung ist der größte Schandfleck auf der Ehre Deutschlands.« Das Ergebnis der Wannseekonferenz vom 20. Januar 1942, auf der hochrangige Vertreter der NS-Reichsregierung und von SS-Behörden den zeitlichen Ablauf und die

Koordination des Holocaust beschlossen hatten, kannte der Justizinspektor selbstverständlich nicht.

Aber Kellner hatte noch anderes beschäftigt. Als Ende 1941 die deutsche Offensive gegen Moskau gescheitert war, Hitler sich zum Oberbefehlshaber gemacht und Deutschland und Italien den USA den Krieg erklärt hatten, waren das zum ersten Mal nach längerer Zeit für Kellner gute Nachrichten gewesen: »Tatsächlich kann als Endergebnis nur die totale Niederlage der Vertragspartner Deutschland, Italien und Japan herauskommen.«[44] Im Oktober 1942 hatten die Briten in Ägypten mit fast 200 000 Soldaten, über 1000 Panzern und mehr als 900 Geschützen die allenfalls noch halb so starken deutsch-italienischen Verbände bei El Alamein geschlagen. Vor allem die Lufthoheit der Briten war erdrückend. Die Royal Air Force hatte mehr als dreimal so viele Flugzeuge wie die deutsche Luftwaffe, die gerade noch über 167 einsatzbereite Maschinen verfügte. Am 8. November waren US-amerikanische und britische Truppen in Französisch-Nordafrika gelandet. Am 19. November hatte bei Stalingrad die sowjetische Gegenoffensive begonnen, ab dem 22. November waren mehr als 300 000 deutsche Soldaten der 6. Armee und Teile der 4. Panzerarmee eingeschlossen, und am 2. Februar 1943 hatte Friedrich Kellner euphorisch notiert: »Das Drama ist aus! Die deutsche Armee hat unter dem ›genialsten Feldherrn aller Zeit‹ (wie Hitler nach dem Siege über Frankreich genannt wurde) die größte Niederlage aller Zeiten erlitten.«[45] Allein eine Million russischer Soldaten und eine unbekannte Zahl Zivilisten[46] waren in den Kämpfen ums Leben gekommen. Zwar hatte die Wehrmacht noch 25 000 Verwundete ausgeflogen, aber 60 000 waren getötet worden und 110 000 in Gefangenschaft geraten. Doch hatten nicht nur die eingeschlossenen Soldaten gekämpft, sondern auch Kräfte der Heeresgruppe B und Don. Die deutschen

Verbündeten hatten 545 000 Soldaten verloren, allein die italienische 8. Armee 95 000, die zwei rumänischen Armeen knapp 300 000. Dazu kamen noch die Verluste der Heeresgruppe B und Don von 300 000 Mann.[47] Höhnisch hatte Kellner an Hitlers Rede im Sportpalast am 30. September erinnert, in der der Diktator »großsprecherisch« der Welt verkündet hatte, dass »wir Stalingrad nehmen und dass uns kein Mensch mehr von dieser Stelle wegbringen wird«. Deshalb wurden, hatte Kellner geschrieben, »fanatisch und sinnlos Hunderttausende geopfert«. Jetzt werde mit »prahlerischen Tiraden« versucht, »den Schandfleck ›Stalingrad‹ zuzudecken und das blöde Volk erneut aufzurütteln und zum Einsatz der letzten Kräfte zu bewegen«.[48] Der sehnlichste Wunsch des Justizinspektors: »Mit Hitler in den Abgrund, das wünsche ich dem deutschen Volk.«[49]

Am 20. April 1942 war Adolf Hitler 53 Jahre alt geworden, und Friedrich Kellner hatte ihm zu diesem Anlass den Titel als »schrecklichster Mensch in der Geschichte Deutschlands« verliehen. Zwar sei der »Rattenfänger« der Alleinschuldige an den Massenmorden seit 1939, doch gebe es eine Anzahl Mitschuldiger: die Steigbügelhalter, Speichellecker und gesinnungs- und charakterlosen Mitläufer. Aber sein Gefühl sage ihm, dass sich die »Wendung in diesem Krieg« schon bald zeigen werde. »Auf der ganzen Linie. In ganz Europa. Vielleicht sind es nur noch Tage, und die Ouvertüre beginnt. Die Flugzeuge der Engländer und Amerikaner werden den Angriff einleiten. Die kommenden klaren Nächte werden dem deutschen Volke unwillkommene Besuche bringen.«[50]

Als Kellner das geschrieben hatte, hatte die Ouvertüre schon begonnen. Im Frühjahr 1942 war Luftmarschall Arthur Harris zum Chef des britischen Bomberkommandos (»Bomber-Harris«) ernannt worden. Mit ihm hatte sich die Taktik der

EXKURS

britischen Bombenangriffe auf Deutschland verändert, Moral und Kampfeswillen der deutschen Zivilbevölkerung sollten nunmehr mit Flächenbombardements erschüttert werden (*moral bombing*). Schon bald hatten sich Bombenteppiche aus Brand- und Sprengbomben (*target area bombing*) nachts über großen deutschen Städten ausgebreitet.[51] Am 29. März war die Altstadt Lübecks vernichtet worden, im April hatte es in vier Nächten Rostock getroffen, am 31. Mai waren 1350 Spreng- und 460 000 Brandbomben im ersten mit 1000 Bombern geflogenen Angriff des Zweiten Weltkriegs auf Köln niedergegangen. Im Juni waren Angriffe auf Essen und Bremen gefolgt. Zwar hatten die Deutschen versucht, mit Angriffen auf britische Städte von hohem kulturellem Wert – Exeter, Bath, Canterbury u. a. – Vergeltung zu üben. Aber die Verbände mit einigen Dutzend Flugzeugen waren schwach, das Ergebnis ihrer Angriffe war allenfalls der Hass der Zivilbevölkerung.[52]

Als die USA in den Weltkrieg eingetreten waren, hatte Friedrich Kellner verlangt, nun müsse der Krieg in die »Länder der Kriegsverbrecher« getragen werden. Es hatte nicht lange gedauert, bis die gewaltige Waffenproduktion in den USA angelaufen war, schon 1942 hatten sie 48 000 Flugzeuge produziert.[53] Dazu gehörten 2600 erstmals eingesetzte viermotorige »Flying Fortresses« (Fliegende Festungen), deren geheimes Bombenzielgerät Präzisionsangriffe mit bisher unbekannter Genauigkeit erlaubte. Auf der Casablanca-Konferenz (14. bis 24. Januar 1943) hatten US-Präsident Roosevelt und der britische Premierminister Churchill nicht nur öffentlich die »bedingungslose Kapitulation« (*unconditional surrender*) der Feindmächte als Kriegsziel verkündet, zugleich hatten sie gemeinsame Bombenangriffe beschlossen, die die Nachtangriffe der Royal Air Force mit den Tagesangriffen der US Air Force kombinieren würden (*Combined Bomber Offensive*).

Die Konsequenz der neuen Strategie hatte im Juli 1943 als erste deutsche Großstadt Hamburg getroffen. Am 10. Juli waren alliierte Truppen auf Sizilien gelandet. Am 25. Juli hatten oppositionelle Faschisten und Monarchisten Benito Mussolini gestürzt und verhaftet. Vom Sturz von Hitlers Bündnisgenossen war in der NS-Presse keine Rede gewesen, nur von einem »Regierungswechsel« in Rom. Darüber hatten die Zeitungen die deutschen Leser zwar falsch, aber ausführlich informiert, der Untergang Hamburgs jedoch in den schwersten Großangriffen in der Geschichte des Luftkriegs zwischen dem 4. Juli und dem 3. August 1943 war nicht der Erwähnung wert gewesen. Auch Friedrich Kellner hatte davon nichts aus der NS-Presse erfahren. Aber ein anderer, der Hamburger Schriftsteller Hans Erich Nossack, hat darüber berichtet.

Später ist er durch die tote Stadt gegangen. Er hatte gehört, die Leichen würden beerdigt. Aber er sah, dass es oft sogar unmöglich war, sie an Ort und Stelle mit Flammenwerfern zu vernichten. Die Zwangsarbeiter und KZ-Häftlinge schafften es nicht, in die Keller zu gelangen. Klumpen großer, grün schillernder Fliegen versperrten ihnen den Weg. Sie glitschten auf dem Boden aus vor fingerlangen Maden, »die Flammen mussten ihnen einen Weg bahnen zu denen, die durch Flammen umgekommen waren«.[54] Auf den Straßen tummelten sich frech und fett die Ratten. Und dann der Gestank von verkohltem Hausrat, von Fäulnis und Verwesung, der sichtbar war als trockener roter Mörtelstaub, der über alles hinwegwehte. Das hat Nossack zwar erst später notiert, als nach Hamburg weitere Städte in Schutt und Asche versunken waren, aber Hamburg, schreibt er, war die erste große Stadt, die vernichtet wurde: »Wir empfingen vielleicht die tödliche Wunde, und was noch folgt, ist nur ein Verenden.« Sogar Goebbels hatte damals erkannt, dass der Luftkrieg »das Problem der Probleme« sei, »sozusagen die blutende Wunde des Reichs«.[55]

Die Bomben britischer und amerikanischer Flugzeuge hatten die Stadt nicht einfach zerstört. Ganze Stadtteile waren in einem Feuersturm verschwunden, Zehntausende Menschen verglüht, erstickt, verbrannt. In der Nacht zum 28. Juli hatten englische Bomber mehr als 100 000 Spreng- und Brandbomben abgeworfen – die Sprengbomben hatten die Dächer, Mauern und Wände durchschlagen und den Brandbomben den Weg frei gemacht. Begünstigt durch wochenlange Hitze und Trockenheit war der Feuersturm entstanden. Zehntausende Brände hatten sich in wenigen Minuten zu riesigen Flächenbränden vereint. Die Luft war in den schmalen Straßen angesogen worden wie in einem gigantischen Kamin, die Flammenwalzen – die zeitweise Orkanstärke erreichten – hatten die Wohnblocks und Speicher entlang der Kanäle verschlungen. Kein Entrinnen. Wer ahnungslos die Türen seiner Wohnung aufriss, gab den Weg frei für die reißenden Flammen. Wer im Keller blieb, verglühte. Und wer den Weg ins Freie fand, wurde von herabstürzenden Dächern erschlagen oder von herumfliegenden Holzteilen. Die tote Stadt lag unter einer Decke von Rauch, Staub und Asche. Erst am Mittag des nächsten Tages war wieder Sonnenlicht durchgesickert. 900 000 Menschen waren von dem Friedhof geflohen. Zehntausende Zwangsarbeiter und KZ-Häftlinge mussten Zehntausende Leichen – oder das, was von ihnen übrig war – in Massengräber werfen.

Das war die Operation Gomorrha, benannt nach der Stadt, von der das Alte Testament erzählt, Gott habe sie unter einem Regen aus Feuer und Schwefel begraben, weil sie der Sünde anheimgefallen war. Mit dem Untergang Hamburgs war die Rückkehr des Kriegs unwiderruflich geworden: heim ins Reich, von dem aus er am 1. September 1939 in die Welt gezogen war.

Am 1. September 1943 hatte das fünfte Kriegsjahr begonnen, und Friedrich Kellner hatte notiert, in der Nacht zwischen null und zwei Uhr seien »in endloser Reihe« feindliche Flugzeuge über Laubach gezogen: »Berlin ist bombardiert worden.«[56] Die Zerstörungen der deutschen Städte nähmen ihren Fortgang: »Auch der Krieg an den anderen Fronten geht lustig weiter, obwohl für Deutschland keinerlei Aussicht besteht, ihn zu seinen Gunsten zu entscheiden.« Die Machthaber seien »zu feige« abzutreten: »Schicksal, nimm Deinen Lauf!«[57]

Um die Jahreswende 1943/44 hatte Friedrich Kellner bemerkt, dass »der Atlantikwall in Wort und Bild ein beliebtes Thema unserer Propaganda« geworden war. Die 2685 Kilometer lange Verteidigungslinie entlang der Küsten des Atlantik, des Ärmelkanals und der Nordsee sollte die schon lange von Hitler erwartete Invasion der Westalliierten aufhalten, das gewaltigste Bauwerk seit der Errichtung des Limes, gebaut von einer Viertelmillion Arbeitskräften, vor allem Zwangsarbeitern aus der Bevölkerung der besetzten Gebiete. Sie hatten zehn Millionen Kubikmeter Eisenbeton zu einem Wall mit Tausenden von Bunkern zum Schutz der »Festung Europa« verbaut. Der Oberbefehlshaber West, Generalfeldmarschall Gerd von Rundstedt, hatte den Wall als »riesigen Bluff« bezeichnet, nicht anders als der Justizinspektor in Laubach,[58] der in seinem Tagebuch auch eine unübersehbare Schwäche des Walls bemerkt hatte: Er könne problemlos überflogen werden. An der Sinnlosigkeit des Walls könne auch die Ernennung Feldmarschall Erwin Rommels zum Befehlshaber der Heeresgruppe B nichts ändern, deren Aufgabe es war, die Küste von Nordholland bis zur Loire-Mündung zu verteidigen. Als Rommels Berufung Ende vergangenen Jahres bekannt geworden war, hatte Kellner über den »Liebling der Propaganda«, den »großen Rückzugs-Generalfeldmarschall«, den die Briten aus Ägypten vertrieben hatten, gespottet, er werde von den Nazis »aus der Mottenkiste herausgeholt«.[59] Weder Rommel noch von Rundstedt noch der »sagenhafte« Atlantikwall könnten den bevorstehenden Angriff der Briten und der Amerikaner aufhalten. Die deutsche Armee sei den gleichzeitigen Angriffen von Osten, Westen und Süden nicht gewachsen: »Die wohlverdiente endgültige Niederlage rückt näher heran. Das Ende mit Schrecken.«[60]

Eintrag Friedrich Kellners in seinem Tagebuch am 6. Juni 1944: »Endlich!«

Und damit niemand vergesse, dass den Deutschen die Stunde geschlagen habe, hatte Kellner am Seitenrand ein rotes Ausrufezeichen hinzugefügt.[61]

Seit Beginn der Invasion hat sich die Stimmung des 54 Jahre alten Laubacher Justizinspektors von Woche zu Woche verbessert. Von der Niederlage Hitlers war er seit dem Überfall auf Polen überzeugt, jetzt darf er sich endlich bestätigt fühlen. Wut und Empörung, die seine Aufzeichnungen vom ersten Tag an bestimmten, weichen dem Zynismus, mit dem er die in der NS-Presse gedruckten Lügen bedenkt: »Wo ist die ›Wunderwaffe‹ gegen die Russen?« An der Ostfront werde es Deutschland wenig nützen, »wenn Sprengkörper über den Kanal nach England gejagt werden«.[62] Jede Niederlage der Wehrmacht kommentiert er mit ungezügeltem Triumphgefühl: »Die letzte Stunde des deutschen Ostheeres hat geschlagen!«[63] Vor einigen Tagen hat Goebbels in Breslau vor angeblich 200 000 Menschen eine Rede gehalten[64] und verkündet, die Deutschen hätten »alle Chancen des Sieges in unseren Händen«.[65] Die Forderung der Stunde sei der totale Kriegseinsatz eines jeden Einzelnen und der gesamten Nation. Keller kommentiert den Bericht des *Völkischen Beobachters* am 19. Juli mit der Versicherung, er wisse nicht, was Goebbels unter »Chancen« verstehe:

FRIEDRICH KELLNER

»Ich sehe alles andere, nur keine Chancen.« Ein Kartenspiel ohne Trümpfe werde kein vernünftiger Mensch als chancenreich bezeichnen: »Wie lange noch wird das deutsche Volk geduldig ausharren?«[66]

7. KAPITEL

»Eine ganz kleine Clique ehrgeiziger, gewissenloser Offiziere«

BERLIN – WOLFSSCHANZE – GERTLAUKEN – BERLIN

»Kein Halten mehr! Seele, denk es nicht aus! Wage nicht, zu ermessen, was es heißen würde, wenn in unserem extremen, durchaus einmalig-furchtbar gelagerten Fall die Dämme brächen – wie sie zu brechen im Begriffe sind – und es keinen Halt mehr gäbe gegen den unermesslichen Hass, den wir unter den Völkern ringsum gegen uns zu entfachen gewusst haben. Zwar ist durch die Zerstörung unserer Städte aus der Luft auch Deutschland längst zum Kriegsschauplatz geworden; doch bleibt der Gedanke, er könne im eigentlichen Sinne dazu werden, uns unfassbar (…). Es komme! Nichts anderes bleibt mehr zu hoffen, zu wollen, zu wünschen.«[1]

Im vergangenem Jahr hat Thomas Mann in seinem amerikanischen Exil in Pacific Palisades in Santa Monica mit der Niederschrift des *Doktor Faustus* begonnen. An demselben Tag, an dem er mit dem Werk begann, am 23. Mai 1943, hat er auch seinen Erzähler Dr. Serenus Zeitblom den Bericht über »das Leben des deutschen Tonsetzers Adrian Leverkühn« einsetzen lassen. Er erzählt – unter vielem anderen – die Geschichte eines Künstlers, der sich im Pakt mit dem Teufel verpflichtet, für sein Genie mit lebenslanger Einsamkeit und Kälte zu bezahlen. Es ist auch die Geschichte Deutschlands in der ersten Hälfte des Jahrhunderts, seines Taumels von dämonischer Innerlichkeit in die Barbarei. Der Teufel, mit dem Leverkühn in einem fiebertraumhaften Zwiegespräch zusammenkommt, sitzt keck mit übergeschlagenen Beinen in der Sofaecke, eine Sportmütze übers Ohr gezogen, hat rötliches Haar, rötliche Wimpern an geröteten Augen und ein käsiges Gesicht, trägt gelbe, ausgelatschte Schuhe, über einem quer gestreiften Trikothemd eine karierte Jacke und eine »widrig knapp sitzende Hose«. Der Teufel aber, mit dem sich die Deutschen 1932 eingelassen haben, ist Adolf Hitler. Der Pakt bedeutet für beide Aufstieg für eine bestimmte Zeit, Macht- und Triumphgefühl, Enthobenheit und Entfesselung. Leverkühn bezahlt dafür mit einem kalten Leben ohne menschliche Liebe und mit seinem Tod. Die Deutschen bezahlen mit der Höllenfahrt der Nazis und der Verwüstung ihrer Städte. Mit Millionen Toten zahlen sie selbstverständlich auch.

Wenn tatsächlich »nichts anderes bleibt mehr zu hoffen, zu wollen, zu wünschen« als der Untergang des Dritten Reichs und Adolf Hitlers, wie kommt es dann, dass Thomas Mann am 20. Juli in seinem Tagebuch scheinbar ungerührt nur kurz und ungenau notiert: »Hitler in Holland einem Bombenattentat verschworener Armee-Offiziere entgangen. Verwundete u. Tote unter seiner Umgebung. Selbstmorde u. Erschießungen. (…) Abends über Kierkegaard.«[2] Und wie ist es möglich, dass ausgerechnet Bertolt Brecht, der vor den Nationalsozialisten über Prag, Wien, die Schweiz, Dänemark und Finnland bis nach Pacific Palisades geflohen ist und im *Aufhaltsamen Aufstieg des Arturo Ui* die Visage des Diktators in der Fratze eines Gangsters bis zur Kenntlichkeit entstellt hat, versichert, er habe, nachdem die »blutigen Vorgänge zwischen Hitler und den Junkergenerälen« durchgesickert seien, Hitler »für einen Augenblick den Daumen gedrückt«?[3] Was ist mit dem Monarchisten Friedrich Reck geschehen, der Hitler doch so dringend hängen sehen möchte, aber jetzt, als er vom »Putsch der Generäle« hört, nur höhnisch bemerkt: »Ah, wirklich also?«[4] Sind jetzt alle verrückt, sogar der sozialdemokratische Justizinspektor in Laubach, der Hitler schon hasste, als der sich noch auf der Straße die Kehle heiser schrie? Friedrich Kellner schreibt: »Übrigens begrüße ich die Rettung des Führers.«[5]

Was ist geschehen? In den elf Jahren seit Beginn der Diktatur und fast fünf Jahren, seit Deutschland der Welt den Krieg erklärt hat, sind unter Offizieren der Wehrmacht immer wieder Staatsstreichpläne kursiert. Wochen nach der Invasion im Westen und der Katastrophe an der Ostfront sind sie nun entschlossen, sie endlich in die Tat umzusetzen. Für einige ist das nur eine Frage militärischen Kalküls. Moralische Skrupel hat zum Beispiel General Eduard Wagner, der Hauptquartiermeister des Heeres, nie zu erkennen gegeben. Hitlers Losung, im Osten werde ein Krieg »Rasse gegen Rasse« geführt, hatte er mustergültig befolgt: »Nicht arbeitende Kriegsgefangene in den Gefangenenlagern haben zu verhungern.«[6] Entsprechend waren von 3,35 Millionen sowjetischen Kriegsgefangenen allein zwischen dem 22. Juni 1941 und dem 1. Februar 1942 rund zwei Millionen verhungert.[7] Während der Blockade Leningrads (heute Sankt Petersburg) vom 8. September 1941 bis 27. Januar 1944 sind rund eine Million Menschen verhungert. Auch das hatte Wagners Intentionen, der sowohl für die Militärverwaltung in den besetzten Ostgebieten als auch für die Versorgung der Truppen zuständig war, entsprochen: »Zunächst muss man ja Petersburg schmoren lassen, was sollen wir mit einer 3 1/2 Mill. Stadt, die sich nur auf unser Verpflegungsportemonnaie legt. Sentimentalitäten gibt's dabei nicht.«[8] Auch der korrupte Berliner Polizeipräsident Wolf-Heinrich von Helldorff, ein berüchtigter Erpresser, der emigrationswilligen Juden Reisepässe erst nach Bezahlung der »Helldorff-Spende« hatte aushändigen lassen, ist für moralische Aspekte unempfänglich. Thomas Mann erwähnt ihn in seinem Tagebuch nur einmal als »Mörder Helldorff«.[9]

Die Laufbahn des Oberst i. G. Claus Schenk Graf von Stauffenberg hätte ebenfalls nicht vermuten lassen, dass er eines Tages zum Verschwörer gegen Hitler werden würde. Er hatte sich lange zum Nationalsozialismus bekannt, hatte Hitler gewählt und sich ohne Bedenken am Überfall der Wehrmacht auf Polen beteiligt. Aber er hat seit Frühjahr 1942 darauf gedrängt, Hitler auszuschalten und die Verbrechen des Regimes zu beenden. Ihn treibt vor allem der ungünstige Kriegsverlauf an. Generalmajor Henning von Tresckow hatte sich früher als Stauffenberg vom Nationalsozialismus abgewandt und bereits 1941 Kontakte zum zivilen Widerstand gesucht. Stauffenberg und Tresckow sind zwei zentrale Figuren des Putschversuchs vom 20. Juli. Tresckows Begründung der Notwendigkeit des Attentats würde Stauffenberg sicher zustimmen: »Das Attentat auf Hitler muss erfolgen, um jeden Preis. Sollte es nicht gelingen, so muss trotzdem der Staatsstreich versucht werden. Denn es kommt nicht mehr auf den praktischen Zweck an, sondern darauf, dass die deutsche Widerstandsbewegung vor der Welt und vor der Geschichte unter Einsatz des Lebens den entscheidenden Wurf gewagt hat. Alles andere ist daneben gleichgültig.«[10] Die Motive der Verschwörer sind verschieden – Kalkül, Gewissen, Mut der Verzweiflung –, eines bestimmt sie alle: sofortige Beendigung des Kriegs zu akzeptablen Bedingungen der westlichen Alliierten. Dafür muss Hitler verschwinden. Ein Anschlag verlangt Entschlossenheit und die Nähe zum »Führer« – Stauffenberg ist für die Bombe im Führerhauptquartier Wolfsschanze der richtige Mann.

»EINE GANZ KLEINE CLIQUE EHRGEIZIGER, GEWISSENLOSER OFFIZIERE«

Ist er dafür tatsächlich der richtige Mann? 1943 hat er in Afrika das linke Auge, die rechte Hand und zwei Finger der linken Hand verloren, ein Vollinvalide. Er startet am Morgen des 20. Juli mit einem Kurierflugzeug am Flugplatz Rangsdorf bei Berlin. Begleitet von seinem Adjutanten und Mitverschwörer Werner von Haeften wird Stauffenberg, Chef des Stabs im Allgemeinen Heeresamt, zur Lagebesprechung in die Wolfsschanze in der Nähe des ostpreußischen Rastenburg gebracht. Er muss Hitler und einigen Generälen über die Aufstellung sogenannter Sperrdivisionen berichten, die den drohenden Angriff der Roten Armee auf Ostpreußen abwehren sollen. Zur Besprechung haben nur wenige Zugang. Die beiden Bomben, mit denen die Attentäter Hitler umbringen wollen, stecken in der Aktentasche des Oberst. Nach der Landung um 10.15 Uhr geht die Fahrt über die Landstraße ins sechs Kilometer entfernte Führerhauptquartier. Die Wache wird passiert. So weit läuft alles nach Plan. Seit Oktober 1943 arbeitet Stauffenberg im Bendlerblock, Sitz des Allgemeinen Heeresamtes und des Befehlshabers des Ersatzheeres im Oberkommando des Heeres. General Friedrich Olbricht hat ihn geholt. Zusammen mit Generaloberst Ludwig Beck, Albrecht Ritter Mertz von Quirnheim, Generalmajor Henning von Tresckow und Carl Friedrich Goerdeler – Kopf des zivilen Widerstandes – hat Olbricht in monatelanger Konspiration die Operation Walküre erarbeitet und die sogenannten Walküre-Pläne umfunktioniert. Ursprünglich waren sie eine Idee von Hitler selbst. Im Falle eines Aufstands der Zivilbevölkerung, von Zwangsarbeitern oder Kriegsgefangenen sollte das Ersatzheer gegen sie eingesetzt werden. Eigentlich dient das Ersatzheer dazu, der kämpfenden Truppe Soldaten und neues Gerät zuzuführen. Olbricht und Tresckow erweitern Hitlers Pläne so, dass sich damit ein Staatsstreich organisieren lässt. Statt gegen

7. KAPITEL

aufständische Zwangsarbeiter soll das Ersatzheer gegen die SS und die Nazi-Führung eingesetzt werden. Hitlers Tod ist eingeplant.

Um 11.30 Uhr meldet sich Stauffenberg beim Chef des Oberkommandos der Wehrmacht, Generalfeldmarschall Wilhelm Keitel. Er erfährt, dass die Lagebesprechung bei Hitler von 13 Uhr auf 12.30 Uhr vorgezogen worden ist, weil Hitler für den Nachmittag den Besuch Mussolinis erwartet. Es ist ein schwülheißer Tag. Stauffenberg fragt nach einem Raum, in dem er das Hemd wechseln kann. Von Haeften begleitet ihn. In aller Eile machen sie eine Bombe scharf: In dem 975 Gramm schweren plastischen Sprengstoff stecken zwei englische Zeitzünder. Der Sprengsatz ist eingewickelt in Packpapier. Beim Präparieren der zweiten Bombe wird Stauffenberg gestört. Ein Oberfeldwebel steht unvermittelt in der Tür und meldet einen dringenden Anruf für Stauffenberg. Der Oberst schließt eilig seine Aktentasche und lässt von Haeften mit der zweiten Bombe zurück. Ein schwerer Fehler, denn dadurch wird die Explosionswirkung verringert. Gegen 12.35 Uhr betritt Stauffenberg das Lagezimmer, in dem General Adolf Heusinger über die Situation an der Ostfront referiert. Um möglichst nah heranzukommen, lässt er einen Adjutanten einen Stehplatz dicht neben Hitler freimachen und stellt seine Aktentasche unter den Tisch. Ein Offizier schiebt sie wohl mit dem Fuß ein Stück zur Seite – hinter die massive Stütze des schweren Lagetisches, über den sich der Diktator in diesem Augenblick beugt. Stauffenberg verlässt den Raum unter dem Vorwand, telefonieren zu müssen. Um 12.42 Uhr explodiert die Bombe mit einer gewaltigen Stichflamme und einem berstenden Knall. Die Explosion reißt einem Stenografen beide Beine ab, ein General wird von einem Holzsplitter durchbohrt, das Gesicht von Hitlers Chefadjutant verbrennt. Fast allen 24 Anwesenden, auch Hitler, zerfetzt es die Trommelfelle. Im Fußboden, wo die Aktentasche stand, klafft ein 55 Zentimeter großes Loch.

Vier der 24 Anwesenden werden getötet, einige schwer verletzt, zwei Männer bleiben weitgehend unversehrt. Einer von ihnen ist Adolf Hitler.

Stauffenberg sieht sich nach der Explosion noch einmal um, steigt mit von Haeften in den Wagen und fährt zum Flugplatz, wo ein von General Wagner beschafftes Flugzeug auf sie wartet. Der Chauffeur bemerkt auf der Fahrt, dass von Haeften ein Paket aus dem Fenster wirft – die zweite Bombe. Das Flugzeug hebt um 13.15 Uhr vom Flugfeld ab, in den nächsten zwei Stunden ist kein Kontakt mit den Verschwörern im Bendlerblock möglich.

Das hat Folgen: General Erich Fellgiebel, Mitglied der Verschwörung, hat Hitler kurz nach der Explosion aus der Baracke kommen sehen und nach Berlin die kryptische Nachricht abgesetzt: »Es ist etwas Furchtbares passiert. Der Führer lebt.« Das kann bedeuten, dass die Bombe nicht explodiert, dass das Attentat schon vor der Ausführung oder zumindest danach gescheitert ist, dass Stauffenberg tot ist oder lebendig, dass die Operation Walküre beginnen soll oder nicht. So vieldeutig die Information des Generals, so eindeutig die Reaktion der Berliner Verschwörer: General Olbricht geht – es ist Mittagszeit – erst einmal essen. Die Befehle zur Auslösung der Mobilisierung bleiben über Stunden liegen. Sie sollten den Soldaten des Ersatzheeres vormachen, dass Adolf Hitler tot sei und »eine gewissenlose Clique frontfremder Parteiführer« unter Ausnutzung dieser Lage versuche, der »schwerringenden Front in den Rücken zu fallen und die Macht zu eigennützigen Zwecken an sich zu reißen«. Als Stauffenberg am Nachmittag in Berlin landet, versichert er dem Befehlshaber des Ersatzheeres, Generaloberst Friedrich Fromm, Hitler sei tot: »Ich habe gesehen, wie man ihn hinausgetragen hat.« Aber Fromm hat andere Informationen. Er hat sich vom Führerhauptquartier bestätigen lassen, dass Hitler am Leben sei: »Graf Stauffenberg, das Attentat ist missglückt, Sie müssen sich sofort erschießen.« Stauffenberg ist anderer Ansicht. Er lässt Fromm in Schutzhaft nehmen.

Am späten Nachmittag befolgen die Wehrmachtseinheiten in und um Berlin die Walküre-Befehle: Einige Einheiten besetzen das Stadtschloss, Panzer fahren an der Siegessäule auf. Major Otto Ernst Remer, Kommandeur des Wachbataillons »Großdeutschland«, lässt das Regierungsviertel absperren. Er glaubt den Nachrichten, wonach der »Führer« verunglückt und mit Unruhen zu rechnen sei.

Nach dem Kurzbesuch Mussolinis in der zerstörten Baracke gelingt gegen 17.30 Uhr eine Telefonverbindung des Führerhauptquartiers mit Goebbels. Der Propagandaminister wird beauftragt, eine Rundfunkdurchsage vorzubereiten. Wären die Walküre-Befehle der Verschwörer befolgt worden, müsste der Sendebetrieb in der Masurenallee seit Stunden eingestellt sein. Aber um 18.28 Uhr meldet der Deutschlanddienst des Rundfunks, Hitler habe »unverzüglich seine Arbeit wieder aufgenommen«. Die Nachricht wird in den folgenden anderthalb Stunden fünfmal wiederholt. Zwar versuchen Stauffenberg und Olbricht, die Wehrkreiskommandos telefonisch von Hitlers Tod zu überzeugen. Aber einige Befehlshaber stellen sich sofort gegen die Operation Walküre, andere taktieren und versuchen ihrerseits, telefonisch herauszufinden, wie die tatsächliche Lage ist.

Der einzige Ort, an dem die Verschwörer zunächst durchschlagenden Erfolg haben, ist Paris. Am Abend des 20. Juli werden Führung und Personal der SS und des SD – insgesamt 1200 Männer – geräuschlos gefangen genommen und in das

»EINE GANZ KLEINE CLIQUE EHRGEIZIGER, GEWISSENLOSER OFFIZIERE«

Wehrmachtsgefängnis Fresne und zum Fort de l'Est in Saint-Denis gebracht.[11] Die kleine Gruppe der Pariser Verschwörer – zwei zentrale Figuren sind Carl-Heinrich von Stülpnagel, Militärbefehlshaber in Frankreich, und dessen Mitarbeiter Oberstleutnant der Reserve Caesar von Hofacker, ein Cousin Stauffenbergs – hat verabredet, die Aktion in jedem Fall weiterlaufen zu lassen, selbst im Falle des Scheiterns in Berlin: Eine Erhebung der militärischen Befehlshaber im Westen könnte, verbunden mit einer Beendigung der Kämpfe in Frankreich, zur Not durch Kapitulation, das Scheitern in Berlin ausgleichen, den Sturz des NS-Regimes herbeiführen und damit den Krieg beenden.

Ein gewagter Plan, der schon gescheitert war, als es ihn noch gar nicht gab. Denn bereits im Januar 1943 hatten Roosevelt und Churchill in Casablanca die Weichen für das weitere Vorgehen der Alliierten gestellt. Stalin hatte seine Teilnahme unter Hinweis auf die Schlacht um Stalingrad abgelehnt. Das wichtigste Ergebnis war, dass keine Kompromisse akzeptiert werden würden und die Achsenmächte zur bedingungslosen Kapitulation (*unconditional surrender*) gezwungen werden müssten. Das bedeutete, dass Verhandlungen mit Widerstandsgruppen über eine Regierung nach Hitler ausgeschlossen wurden. Die Verschwörer hätten also für die Kapitulation der Wehrmacht ohne Verhandlungen sorgen müssen. Aber das war nie mehr als ein Gedankenspiel. Denn noch am Abend des 20. Juli ist es auch in Paris mit der Operation Walküre vorbei.

Gegen 19 Uhr trifft der Kommandeur des Wachbataillons »Großdeutschland«, Major Remer, Joseph Goebbels in dessen feudaler Villa in Sichtweite von Reichstag und Brandenburger Tor. Als ihm Goebbels versichert, Hitler sei am Leben, reagiert er misstrauisch. Goebbels verlangt eine Telefonverbindung zur Wolfsschanze. Er erläutert Hitler kurz die Lage und übergibt an Remer. Hitler: »Major Remer, hören Sie mich, erkennen Sie meine Stimme?« »Jawohl.« »Wie Sie sich also überzeugen können, lebe ich. Das Attentat ist misslungen, die Vorsehung hat es nicht gewollt. Eine kleine Clique ehrgeiziger, treuloser und verräterischer Offiziere wollte mich umbringen. Wir werden mit dieser verräterischen Pest kurzen Prozess machen. Sie, Major Remer, erhalten von mir in diesem Augenblick alle Vollmachten für Berlin.«[12] Das ist der Anfang vom Ende der Operation Walküre.

Von etwa 19 Uhr an steht das Wachbataillon zur Niederschlagung des Staatsstreichs bereit. Remer richtet in der Villa einen Gefechtsstand ein und schickt Offiziere los, die Hitlers Botschaft weitergeben und die Befehle der Verschwörer für ungültig erklären sollen. Die Nachricht vom Überleben Hitlers spricht sich schnell herum. Remer erfährt, dass die Verschwörer im Bendlerblock sitzen. Goebbels befiehlt, den Komplex zu besetzen. Wenig später stürmt ein Trupp regimetreuer Offiziere in das Büro von Olbricht und befreit Generaloberst Fromm. »Die Fliege, die nicht geklappt sein will, setzt sich am sichersten auf die Klappe selbst.« (Georg Christoph Lichtenberg) Fromm will nicht geklappt werden. Er hatte schon früh von den Umsturzplänen erfahren und sie stillschweigend geduldet, denn er verabscheut das NS-Regime. Aber noch mehr verabscheut er die Möglichkeit seiner persönlichen Gefährdung. Also hat er eine aktive Teilnahme an der Verschwörung verweigert. Jetzt nimmt er auf der Klappe Platz und setzt sich an die Spitze der regimetreuen Soldaten. Er erlaubt Generaloberst Beck, eine der Zentralfiguren des Staatsstreichs und ehemaliger Vorgesetzter Fromms, sich selbst zu erschießen. Nach zwei gescheiterten Versuchen tötet ihn ein Feldwebel. Die anderen Verschwörer – Stauffenberg, Haeften, Olbricht und Quirnheim – lässt Fromm festsetzen und beruft ein Standgericht ein.

»EINE GANZ KLEINE CLIQUE EHRGEIZIGER, GEWISSENLOSER OFFIZIERE«

Stauffenberg ist es noch gelungen, die Nachricht vom Scheitern der Aktion nach Paris durchzugeben. Ob der Plan, die Operation dennoch fortzusetzen, Erfolg haben wird, hängt jetzt im Wesentlichen von Feldmarschall von Kluge ab, seit einigen Wochen als »Oberbefehlshaber West« der höchste militärische Oberkommandierende an der Westfront. Er ist in die Umsturzpläne eingeweiht, aber ob er sich zur Teilnahme bereit erklärt hat, ist offen. Das passt zu seinem Spitznamen »der kluge Hans«, womit ihm überdurchschnittliche Intelligenz und unberechenbare Schläue bescheinigt wird. Als ihm Stülpnagel von dem Desaster in Berlin berichtet, lässt er ihn sofort fallen, setzt ihn als Militärbefehlshaber ab und befiehlt die unverzügliche Freilassung der inhaftierten SS- und SD-Leute. Sein Vorgehen begründet er mit der Erwägung: »Ja, wenn das Schwein tot wäre«, so aber sei es »eben nur ein missglücktes Attentat«.[13] Mit anderen Worten: An dem Staatsstreich hätte er sich nur beteiligt, wenn er Erfolg gehabt hätte.

Die Gelenkigkeit beim Positionswechsel wird Kluge genauso wenig retten wie Generaloberst Friedrich Fromm. Gegen Mitternacht verkündet Fromm das Urteil: »Im Namen des Führers hat ein von mir bestelltes Standgericht das Urteil gesprochen: Es werden der Oberst im Generalstab von Mertz, General Olbricht, der Oberst, den ich mit Namen nicht nennen will, und der Oberleutnant von Haeften zum Tode verurteilt.« Stauffenberg erklärt, dass er die alleinige Verantwortung für den Putschversuch übernehme. Fromm tritt zur Seite, die vier verurteilten Verschwörer werden abgeführt und im Hof des Bendlerblocks exekutiert.

Die letzten Worte Stauffenbergs sind nach einer Darstellung: »Es lebe das heilige Deutschland!«, nach einer anderen – in Anspielung auf die Ideenwelt Stefan Georges, aus der Stauffenberg kommt: »Es lebe das Geheime Deutschland!« Für

Deutschland gelebt. Für Deutschland getötet. Für Deutschland gestorben. Das ist Deutschland im Jahr 1944.

Becks Leichnam wird in den Hof geschleppt und gemeinsam mit den anderen auf dem Alten St.-Matthäus-Kirchhof in Berlin-Schöneberg verscharrt. Heinrich Himmler wird sie später wieder ausgraben und in einem Krematorium verbrennen lassen. Ihre Asche lässt er auf den Rieselfeldern von Berlin verstreuen, in den Abwässern der Großstadt.

Warum hat Fromm die Verschwörer erschießen lassen, vorschriftswidrig und im Eilverfahren? Der Verdacht, er habe damit ihn belastende Aussagen verhindern, sich also schützen wollen, liegt nahe. Goebbels, der Remer in den Bendlerblock mit dem Auftrag geschickt hatte, die Verschwörer lebend herbeizuschaffen, fasst ihn sofort: Fromm habe »schleunigst auf eigene Faust ein Standgericht eröffnet, seine Komplizen zum Tode verurteilt und als lästige Komplizen füsilieren lassen«.[14] Der Versuch Fromms, sich aus der Sache »herauszuwinden« (Goebbels), ist gescheitert. Die Rache des Regimes wird ihn später als andere treffen, aber auch er wird ihr nicht entkommen.

In der Wolfsschanze hält Hitler noch in derselben Nacht eine Rede, die auf Schallplatte aufgezeichnet und gegen ein Uhr im Sender Königsberg aufgelegt wird: »Eine ganz kleine Clique ehrgeiziger, gewissenloser und zugleich verbrecherischer dummer Offiziere hat ein Komplott geschmiedet, um mich zu beseitigen und zugleich mit mir den Stab der deutschen Wehrmachtsführung auszurotten.« Er selbst sei unverletzt: »Ich fasse das als eine Bestätigung des Auftrages der Vorsehung auf, mein Lebensziel weiter zu verfolgen, so wie ich es bisher getan habe.« Bei den »Usurpatoren« handele es sich um »einen ganz kleinen Klüngel verbrecherischer Elemente, die jetzt unbarmherzig ausgerottet werden. (…) Diesmal wird nun so abgerechnet, wie wir das als Nationalsozialisten gewohnt sind.« Das Scheitern des Staatsstreichs betrachte er als »Fingerzeig der Vorsehung, dass ich mein Werk weiter fortführen muss und daher weiter fortführen werde«.[15]

Friedrich Kellner würde ihn nicht aufhalten. Er begrüßt die Rettung des »Führers«, denn es dürfe »für künftige Zeiten keine Ausrede möglich sein. Er muss da bleiben, bis es gar keinen Ausweg mehr gibt, bis selbst die ›Vorsehung‹ nicht mehr helfend zur Seite steht.«[16] Die Vorstellung, dass ausgerechnet diejenigen, die diesen »Erzzerstörer Deutschlands« erst gemacht haben, die sich »zu armseligen Mamelucken des mit hunderttausend Morden, mit dem Jammer und dem Fluch der ganzen Welt belasteten Verbrechers erniedrigt« haben und ihn jetzt verraten, so wie sie vorgestern die Monarchie verraten haben und gestern die Republik, dass ausgerechnet sie die »künftigen Repräsentanten« Deutschlands sein sollen, ist Friedrich Reck unerträglich.[17] Wenn Brecht Hitler »für einen Augenblick den Daumen gedrückt« hat, dann nur, weil er auf die Selbstvernichtung des Diktators und seines Regimes vertraut: »Denn wer, wenn nicht er, wird diese Verbrecherbande austilgen.« Und Thomas Mann ist immerhin einen Tag nach dem gescheiterten Putsch bereit anzuerkennen: »Es ist der Anfang vom Ende.«

Vielleicht würden die Herren auf andere Gedanken kommen, wenn sie Folgendes wüssten: In den neun Monaten zwischen dem Attentat und der Kapitulation Deutschlands am 8. Mai 1945 sterben etwa vier Millionen Deutsche, rund 1,5 Millionen Rotarmisten und über Hunderttausend US-Amerikaner und Briten. Hunderttausende KZ-Häftlinge werden ermordet. Im Bombenhagel der alliierten Luftflotten versinken Städte wie Dresden, Breslau und Kiel in Schutt und Asche. Noch am 20. Juli 1944 trifft es Erfurt. 134 B-24 der US Air Force zerstören mit 341 Tonnen Spreng- und Brandbomben unter anderem die Innenstadt. 284 Menschen kommen ums Leben. Eine Stunde vor der Explosion in der Wolfsschanze hatte der Angriff auf Erfurt begonnen. In einigen Tagen wird die Stuttgarter Innenstadt bei vier Angriffen vom 25. bis zum 29. Juli zerstört. 884 Menschen sterben, 100 000 Menschen werden obdachlos. In den Zeitungen erscheinen Nachrufe auf das »alte Stuttgart«.[18]

Mit ihrer Freundin Paula ist Marianne Günther schon einmal in Elchwerder gewesen. Das Fischerdorf liegt hinter dem Großen Moosbruch am Nemonienstrom, im Gebiet des Memeldeltas. Ruß und Gilge sind die beiden Hauptarme, in die sich die Memel teilt: »Unendlich weit reicht hier der Blick. Nichts als Wiesen und Heu.« Den würzigen Waldduft nach dem Regen in der Nacht, in der sie mit Paula da war, wird sie nicht vergessen. Damals sind sie weiter nach Mauschern, ein wie verlassen in der Sonne liegendes Dorf: »Stille, Stille, Stille.« Jetzt ist Marianne Günther wieder in Elchwerder, diesmal einbestellt zu einer Lehrertagung im Jugendheim. Davon muss sie ihren Eltern in Köln heute, am 20. Juli, natürlich sofort berichten. Die 30 Kilometer von Gertlauken ist sie mit dem Rad gefahren. Bei ihrer Ankunft: Grabesstille. »Ich lief hin und her und rappelte an den Türen – keine Menschenseele.« Das war kein Wunder, denn die Tagung fiel aus: »Man hätte mir ja wenigstens Bescheid sagen können.« Da ist ihr die »Dortmunder Kameradin« eingefallen, Hanna Stiefermann, Lehrerin in Elchwerder, die sie seit einem Jahr nicht gesehen hat. Sie haben zusammen einen netten Nachmittag und Abend verbracht. Zunächst haben sie einen langen Spaziergang gemacht, »dabei hörten wir die ganze Zeit das Grummeln der Front wie Hintergrundmusik zum Frieden des Abends und der Landschaft«.[19]

Und auch als sie sich zum Schlafen legten, hörten die beiden Frauen »ganz deutlich die Front«. Sie macht sich im Leben Marianne Günthers jetzt deutlicher bemerkbar. Die Tagung, schreibt sie, ist ausgefallen, weil der Schulrat und andere Lehrer »kurzfristig zu Schanzarbeiten am Ostwall« einberufen wurden: »Täglich ziehen die Männer nach Osten. Jetzt rechnet schon jeder Mann und jeder Junge ab 14 Jahren, dass er mit muss.«[20]

Vor ein paar Tagen ist übrigens Herr Bachert gestorben, der Amtsvorsteher von Gertlauken. Er wurde 54 Jahre alt. Schon vor längerer Zeit war er an einer Kopfgrippe erkrankt, eine Mittelohrentzündung war dazugekommen. Er war in ein Krankenhaus nach Königsberg geschafft worden. »Es gab noch einen Funken Hoffnung durch eine Operation – vergeblich.« Bei der Beisetzung haben sie »das ferne Dröhnen der Geschütze an der Front« gehört. Die Witwe steht mit der 16-jährigen Tochter alleine da. Der Sohn ist an der Front.

Das Leben in Gertlauken ist ohnehin nicht mehr so lauschig wie gewohnt. Vor einiger Zeit sind hier evakuierte Frauen und Kinder aus Berlin, Hamburg und Königsberg eingetroffen. Sie hatten sich gut eingelebt, aber jetzt kommt die Nachricht, dass sie nach Thüringen und in den Sudetengau geschafft werden, immerhin »den Königsbergern ist die Heimfahrt freigestellt«. Den meisten, klagt Marianne Günther, falle der Abschied schwer, mit Sack und Pack geht es für sie erneut ins Ungewisse: »Manche haben fünfzehn bis zwanzig Gepäckstücke, ihre gesamte Habe.« In Gertlauken gehen zahllose Gerüchte um. Eines lautet, der frei gewordene Platz werde fürs Militär bereitgestellt: »In Labiau, Tapiau, Wehlau und so weiter sind die Schulen vorläufig bis Dezember geschlossen, weil in ihnen Lazarette eingerichtet werden.« Persönlich aber kann sich die Lehrerin nicht beklagen: »Es ist herrlich, wenn man Zeit hat und nicht gehetzt wird. Heute will ich liegen gebliebene Post beantworten – Ihr erhaltet den ersten Gruß!«[21]

Leni Riefenstahl ist zurückgekommen. Nicht in ihre schöne Villa Riefenstahl in Berlin-Schmargendorf, immerhin aber herabgestiegen von ihrem noblen, wenn auch unbeheizten Haus Seebichl im friedlichen Kitzbühel an das Grab ihres jüngst verstorbenen Vaters im zerbombten Berlin. Der Handwerkmeister Alfred Riefenstahl, Inhaber eines einträglichen Installationsgeschäfts für Lüftungs-, Sanitär- und Zentralheizungsanlagen, starb vor einigen Tagen nach einem schweren Herzleiden mit 66 Jahren in den Sielen, betrauert von seiner berühmten Tochter Leni, Fixstern des deutschen Films und Lieblingsregisseurin Adolf Hitlers, und von Heinz, seinem Sohn und Nachfolger im Geschäft. Der Ingenieur Heinz Riefenstahl hat weniger Erfolg als seine Schwester, zeigt weniger Leistungsbereitschaft als sein Vater und weniger Sinn für soldatische Pflichterfüllung, als es der Wehrmacht gefällt. Zwar hat er im vom Architekten Eckart Muthesius in der indischen Stadt Indore für Maharadscha Yeshwant Rao Holkar II. errichteten Palast Manig Bagh vor einigen Jahren die Klimaregulierung integriert und bezeichnet sich seitdem als Spezialist für »airconditioning«.[22] Aber seine größten Erfolge feierte der 38-Jährige an der Seite seiner vier Jahre älteren berühmten Schwester, die ihn in die Crème der Berliner Gesellschaft eingeführt hat, auch in die nächste Nähe der Nazi-Prominenz, ganz besonders nah an den kunstsinnigen Architekten Albert Speer, seit 1942 Reichsminister für Rüstung und Kriegsproduktion. Die Nähe zu hohen NS-Funktionären hat sie für sich und ihre Filmprojekte zu nutzen gewusst, aber dabei auch Heinz nicht vergessen. Er arbeitet im väterlichen Unternehmen als Chefingenieur und Geschäftsführer.

»EINE GANZ KLEINE CLIQUE EHRGEIZIGER, GEWISSENLOSER OFFIZIERE«

Nach dem Scheitern der »Blitzkriegstrategie«, der Kriegswende im Jahr 1942, hat Deutschland auf die Kriegswirtschaft des »totalen Kriegs« umgestellt. Das war, wie sich schnell zeigte, wegen der Einberufung fast aller wehrfähigen Männer nur mit der systematischen Ausbeutung ausländischer Arbeitskräfte möglich. Sie stellen mehr als ein Viertel, in manchen Werksabteilungen bis zu 60 Prozent der Belegschaft. Zwangsarbeiter sind nicht nur für die Versorgung der Bevölkerung unentbehrlich, auch die von Speer organisierte Rüstungsproduktion ist auf sie angewiesen. Erst die Zwangsarbeit ermöglicht die Ausweitung der industriellen Produktion. Aber auch Großunternehmen und kleine Handwerksbetriebe, Kommunen und Behörden, Bauern und private Haushalte fordern immer mehr ausländische Arbeitskräfte an.

Im Sommer 1944 arbeiten sechs Millionen zivile Zwangsarbeiterinnen und Zwangsarbeiter aus 26 Ländern im Deutschen Reich, allein 800 000 in Berlin,[23] die meisten aus Polen und der Sowjetunion (fast aus jeder ukrainischen Familie wurde während der Besatzungszeit ein Mitglied zur Zwangsarbeit verschleppt).[24] Auch sowjetische Kriegsgefangene werden aufgrund des chronischen Arbeitermangels inzwischen nicht mehr zum Hungertod verurteilt, sondern in der Wirtschaft verwendet. In der Hierarchie unter den Zwangsarbeitern nach rasseideologischen Kriterien stehen die Nord- und Westeuropäer – nach den deutschen »Herrenmenschen« – ganz oben, weiter unten die Polen und sowjetische Arbeitskräfte (die »Ostarbeiter«), am Ende »Zigeuner« und Juden.

Dank der ausgezeichneten Kontakte Leni Riefenstahls zu Speer ist das Familienunternehmen mit kriegswichtigen Aufträgen gut versorgt. Im Februar 1943 waren im Betrieb 115 Deutsche und 84 Ausländer tätig.[25] Die Aufträge betreffen weniger die Wärmeerzeugung für industrielle Zwecke, sondern dienen

7. KAPITEL

vor allem »der Beheizung und sanitären Versorgung von Wohnräumen, meist Ausländerbaracken. (...) Eine Kriegsbedeutung ist dem Betrieb nicht abzusprechen.«[26] Versehen mit den passenden Aufträgen, beispielsweise des Ausländerlagers Priesterweg (ca. 250 000 Reichsmark) und des Lagers Wilhelmshagen (450 000 Reichsmark), war die Firma Riefenstahl als kriegswichtig eingestuft und der Geschäftsführer Heinz Riefenstahl als Betriebsführer UK (unabkömmlich) gestellt worden, allerdings nur bis zum Februar 1943. Dass er danach einberufen worden ist, liegt an Heinzens Lebensstil als Roué, der die Nächte auf Partys durchzecht – selbst nach der Niederlage in Stalingrad soll er lautstark gefeiert haben – und die Tage zur Erholung benötigt. Besonders gerne besucht er Konzerte Herbert von Karajans.(Doch damit ist es jetzt ohnehin vorbei. Missie Wassiltschikow begegnet dem berühmten Maestro in diesen Tagen während eines Bombenangriffs im Keller des Hotel Adlon: »Der sonst wie aus dem Ei gepellte Karajan war barfuß, in einem Regenmantel, und seine Haare standen ihm zu Berge.«)[27] Heinz wird nur selten und dann recht kurz in seinem Betrieb gesehen.

Die glanzvollen Auftritte mit seiner Schwester sind in Berlin legendär. Nach der Uraufführung des Reichsparteitagsfilms *Triumph des Willens* im März 1935 im UFA-Palast am Zoo Berlin mit 2000 Zuschauern und der gesamten NS-Prominenz war er der gefeierten Leni nicht von der Seite gewichen. Die Geschwister waren Stars des Berliner Kulturlebens. Und Heinz alsbald der Gegenstand von Neid und Intrigen. Die Denunziationen hatten sich gehäuft. Offenbar mit Erfolg. Vor einem Jahr, im Juni 1943, ist Heinz Riefenstahl als Rekrut zur Ausbildung eingezogen worden. Sein Vater hat vergeblich versucht, ihm zumindest Heimaturlaub zu verschaffen, Leni hat sich für den geliebten Bruder bei Speer verwendet: »Lieber Herr Speer, ich bitte Sie um Ihren Rat und um Ihre Hilfe, wie ich meinem Bruder helfen kann, der seit einem Jahr an der Ostfront stehend, durch anonyme Verleumdungen sich in einer unerträglichen Situation befindet. (…) Ist es nicht möglich, ihn von diesen ihn begleitenden Beschuldigungen, die ihn, ganz unschuldig, seelisch vernichten, zu befreien? (…) Wenn nicht bald eine Hilfe kommt, dann fürchte ich, ist es zu spät.«[28] Aber nach einem Jahr ist Heinz noch immer an der Ostfront.

Es ist keine leichte Zeit für Leni Riefenstahl. Seit vier Jahren versucht sie, den Film *Tiefland* fertigzustellen. Die nationalsozialistische Filmpolitik hat die Produktion bereits mit einigen Millionen Reichsmark gefördert, noch immer ist kein Ende abzusehen. Berühmt geworden ist sie mit den Propagandastreifen *Sieg des Glaubens* über den fünften Reichsparteitag der NSDAP, *Triumph des Willens* über den sechsten Reichsparteitag der NSDAP und *Olympia* über die Olympischen Sommerspiele 1936. Das hatte ihr die Lobpreisungen Adolf Hitlers eingetragen und entsprechend großzügige Zuwendungen. Aber die helfen ihr bei *Tiefland* nicht weiter, auch nicht, dass sie 1940 wenige Tage vor Beginn der Dreharbeiten Hitler mit einem Telegramm ins Führerhauptquartier zum Einmarsch der Wehrmacht in Paris am 14. Juni überschwänglich gratuliert hatte: »Mit unbeschreiblicher Freude, tiefbewegt und erfüllt mit heißem Dank erleben wir mit Ihnen, mein Führer, Ihren und Deutschlands größten Sieg, den Einzug Deutscher Truppen in Paris. Mehr als jede Vorstellungskraft menschlicher Fantasie vollbringen Sie Taten die ohnegleichen in der Geschichte der Menschheit sind, wie sollen wir Ihnen nur danken? Glückwünsche auszusprechen, das ist viel zu wenig, um Ihnen die Gefühle zu zeigen, die mich bewegen. Gez. Ihre Leni Riefenstahl.«[29] Die Probleme, die Riefenstahl zu schaffen machen, haben die Produktion von Anfang an begleitet. Schon

7. KAPITEL

mit der Suche nach einem Co-Regisseur – die Chefin ist selbstverständlich Leni Riefenstahl – war sie nach mehreren Versuchen gescheitert.

Immerhin ist es ihr vor zwei Jahren gelungen, ein massives Personalproblem in der Komparserie zu lösen. Ort der Handlung sind die Pyrenäen. Die Handlung: Die leidenschaftliche, verführerische Tänzerin Martha (in der Hauptrolle Leni Riefenstahl) unbekannter Herkunft, also geheimnisvoll, im Ganzen unschuldig, im Sexuellen weniger, kommt in ein Dorf und gerät alsbald zwischen zwei Männer – den teuflischen Don Sebastian, Marqués de Roccabruna (Bernhard Minetti), der Kampfstiere züchtet und ihnen das Wasser spendet, das dann den durstigen Dorfbewohnern fehlt, und den sehr lieben, menschenfreundlichen Schafhirten Pedro aus den Bergen, der seine Tiere vor hungrigen Wölfen bewahrt und gleich zu Beginn des Films einen von ihnen erwürgt. Am Ende erwürgt er auch Don Sebastian und entschwindet mit Martha in die Natur der Bergwelt – in jeder Hinsicht ein Schwarz-Weiß-Film. Die Handlung ist bescheiden, die Ausstattung deshalb besonders wichtig, denn Authentizität ist Trumpf.

Doch wer gibt in einem Film, der in den Pyrenäen spielt, aber in Krün bei Mittenwald (oberes Isartal) und – für die Innenaufnahmen – in den Studios in Babelsberg gedreht wird, die spanischen Bauern, die Mägde und Knechte? Weil Spanier im Original nicht zur Verfügung standen, hatte Riefenstahl auf Sinti und Roma aus dem NS-Zwangslager Maxglan in der Kendlersiedlung bei Salzburg und dem Zwangslager Berlin-Marzahn (»Rastplatz«) zurückgegriffen. Mit ihrer dunkleren Hautfarbe, ihren schwarzen Augen und ihrem vermeintlichen südlichen Temperament bilden sie den mediterranen Hintergrund für die Tanzeinlagen der unwiderstehlichen Martha.

1940 waren auf Befehl des Salzburger SS-Sturmbannführers Anton Böhmer 270 Roma und Sinti in Salzburg festgenommen und mit der Errichtung des Lagers in Maxglan beauftragt worden. Bis zur Fertigstellung diente das Gelände der Trabrennbahn als Sammellager. Je drei Familien wurden in eine Pferdebox gepfercht. Später entwickelte es sich zu einem KZ-ähnlichen Arbeitslager mit 3400 Insassen. Die Männer wurden zum Autobahnbau befohlen. Aber einige hatten das Glück – wie auch einige Frauen und Kinder –, von Leni Riefenstahl in Dienst genommen zu werden.

Der Drehort lag 200 Kilometer entfernt. Immerhin wurden die unfreiwilligen Statisten besser versorgt und auch besser verpflegt als im Lager. Am 13. November 1942 endeten die Dreharbeiten. Die letzte Klappe bedeutete für die Darsteller auch das Ende ihrer Hoffnungen. Welche Versprechungen Riefenstahl ihnen gemacht hatte, ist nicht klar, aber das Versprechen, nach Auschwitz deportiert und dort ermordet zu werden, war bestimmt nicht darunter. Im Frühjahr 1943 wurden 300 Insassen des Lagers Maxglan auf Anordnung Himmlers nach Auschwitz-Birkenau deportiert und vergast.

Im April 1942 hatten in den Studios Babelsberg die Innenaufnahmen für *Tiefland* begonnen. Hier konnte Riefenstahl über die unfreiwilligen Statisten aus dem Zwangslager Marzahn verfügen. Es war anlässlich der Olympischen Spiele 1936 errichtet worden, um Berlin »zigeunerfrei« zu machen. Die Riefenstahl Film G. m. b. H. hat die »Sozialausgleichsabgaben für die Zigeuner bei dem Film ›Tiefland‹« ab dem 27. April 1942 aufgeführt. Die Liste enthielt die Namen von 65 Sinti und Roma aus dem Lager Marzahn. Die Kinder werden nicht erwähnt, vermutlich weil sie nicht bezahlt worden sind. Die meisten Komparsen wurden ebenfalls nach Auschwitz deportiert und ermordet. Aber nicht alle. Charlotte Rosenberg zum

Beispiel, eine *Tiefland*-Komparsin, hat überlebt, die Gewalt der SS-Mannschaften, die Krankheiten, den Hunger. Aber in wenigen Tagen wird das »Zigeunerlager« in Auschwitz-Birkenau aufgelöst. Gegen den ersten Versuch, das Lager zu räumen und die überlebenden Sinti und Roma zu ermorden, hatten die Inhaftierten – nach einer Warnung des Lagerleiters Georg Bonigut – im Mai erfolgreich Widerstand geleistet. Aber der Mordaktion, die am 2. August beginnt, haben sie nichts mehr entgegenzusetzen. Nach dem Abendappell wird im »Zigeuner-Familienlager« Blocksperre angeordnet. In das Lager fahren Lastwagen ein, mit denen 2897 Kinder, Frauen und Männer in die Gaskammern im Krematorium gebracht werden: »Nach der Vergasung werden die Leichen der Ermordeten in der Grube neben dem Krematorium verbrannt, denn die Krematoriumsöfen sind zu der Zeit nicht in Betrieb.«[30] Eine von ihnen ist Charlotte Rosenberg.[31]

Das müsste Leni Riefenstahl, die ihre Komparsen aus Maxglan und Marzahn angeblich treuherzig »Tante Leni« nannten und die sie – Erwachsene wie Kinder – als ihre »Lieblinge« bezeichnete, besonders schmerzen. Aber bis zu ihrem Tod wird sie behaupten, von der Ermordung der Sinti und Roma nichts gewusst zu haben.

Erführe sie in diesen Tagen davon, wäre das vielleicht auch etwas zu viel für sie. Am 20. Juli, an dem ihr geliebter »Führer« den Anschlag überlebt und Leni Riefenstahl am frischen Grab ihres Vaters trauert, wird ihr Bruder Heinz an der Ostfront getötet. Die Nachricht erreicht sie erst am nächsten Tag, nach der Rückkehr in ihre persönliche Alpenfestung in Kitzbühel.

EXKURS **Mordechai Papirblat oder die Rache,
am Leben zu bleiben**

Am 1. September 1939 hatte in Warschau der 16 Jahre alte jüdische Schüler Mordechai Papirblat ein Gespür für den Untergang bekommen. Als die deutschen Bomber Wohnhäuser in Schutt und Asche legten und die Straßen sich mit Leichen füllten, hatte Mordechai schlagartig begriffen, dass sein vertrautes Leben ausgelöscht und sein künftiges Leben nicht mehr als eine Hoffnung war: In einem Treppenhaus hatte sich ein Bombensplitter nur wenige Zentimeter vor ihm und seinem Vater in eine Wand gebohrt. Minuten später hatten sie im Radio die Nachricht gehört, ganz Warschau stehe in Flammen. Das hat Mordechai Papirblat später in seinem langen Gedächtnisprotokoll berichtet, das er unmittelbar nach dem Krieg niederschrieb.

Nach einer Woche war die polnische Regierung aus der Hauptstadt geflohen. Als die Regierung fort war, schwiegen auch die Warnsirenen, ganze Straßenzüge lagen im Dunkel, die Beleuchtung war ausgefallen, die Menschen litten Durst, denn auch die Wasserversorgung funktionierte nicht mehr, die Lebensmittelläden hatten noch geöffnet, aber wer es wagte, sich in die langen Schlangen vor ihnen einzureihen, bot den deutschen Piloten ein sicheres Ziel. Am 28. September hatten sich die polnischen Truppen ergeben, am 1. Oktober wurde durch Plakate der Einmarsch der Wehrmacht angekündigt. Zwei Tage später hatte Mordechai die ersten deutschen Soldaten gesehen und ihr Gespräch belauscht: »Sieh mal. Hans«, hatte ein Soldat gerufen und auf einen in Flammen stehenden Straßenzug gezeigt. »Diese Gegend da habe ich bombardiert.« – »Ach, das ist wunderschön.«[32] Die deutschen Panzer

EXKURS

waren durch Warschau gerollt und Juden, die sich nicht rechtzeitig in Sicherheit brachten, wahllos zu Arbeitseinsätzen gezwungen worden. Viele waren nicht nach Hause zurückgekehrt.

Die Deutschen hatten Mordechais Schule geschlossen und seinen Eltern Szlomo und Selda die Arbeit verboten. Wie auf Befehl hatte die deutsche Luftwaffe zu Rosch ha-Schana, dem jüdischen Neujahrsfest, den ganzen Tag die jüdischen Viertel in Warschau beschossen, am Abend war die Stadt fast völlig zerstört. Es gingen Gerüchte um, die Deutschen setzten Gas ein. Aus Angst vor einem Gasangriff waren die einen in den Treppenhäusern hochgelaufen, andere aus Angst vor den Bomben nach unten. Wenige Tage später war das Haus, in dem die Familie Mordechai Papirblats lebte, verbrannt. Warschau litt Hunger, in umliegenden Dörfern hatten die Menschen Nahrung gesucht. Mordechai hatte seine Eltern und seine jüngeren Geschwister Chaim Leibisch, Chaja Riva (Chajale), Awraham Jizchak (Awramale) und Zipa Scheindl (Scheindele) verlassen, um in seinem Geburtsort Radom Arbeit und Brot zu finden. Denn damals lebten dort noch viele Verwandte. Radom liegt von Warschau 100 Kilometer entfernt. Als Mordechai den Ort nach zwei Tagen erschöpft und hungrig erreichte, waren die Deutschen schon da. Militärkolonnen hatten Mordechai auf seinem Weg überholt und von der Straße vertrieben.

Mordechai hatte nur wenige Tage benötigt, um zu begreifen, was die Deutschen unter »Ordnung schaffen« verstanden. Täglich hatten Plakate neue Schikanen für Juden verkündet: Judensteuer, Erpressungen, Verschleppungen und Zwangsarbeit. Unter den deutschen Soldaten in Radom war auch ein junger katholischer Generalstabsoffizier. Er glaubte an Gott und an den Führer, an die Juden glaubte er nicht. Claus Schenk Graf von Stauffenberg schrieb an seine Frau: »Die Bevölkerung ist ein unglaublicher Pöbel, sehr viele Juden und sehr viel Mischvolk. Ein Volk, welches sich nur unter der Knute wohlfühlt.«

Mordechai war zwei Monate in Radom geblieben. Nach seiner Rückkehr hatten die Deutschen Mitte Dezember in Warschau 1939 neue Verordnungen herausgegeben: Alle Warschauer Juden hatten jetzt eine weiße Armbinde mit einem Davidstern zu tragen, Juden zwischen zwölf und 60 Jahren mussten sich registrieren lassen und bekamen eine Arbeitskarte. Wer sich nicht registrieren ließ, wurde ermordet. Um seinen Vater vor der Arbeit zu bewahren, hatte sich Mordechai gemeldet. Am ersten Arbeitstag musste er mit 30 anderen Juden Eisenbahnschienen vom Eis befreien, das den Zugverkehr zum Erliegen gebracht hatte. Sie bekamen Eispickel in die Hand gedrückt, mussten ihre Mäntel ausziehen und bei Temperaturen um die 20 Grad unter null arbeiten. Das war die erste Arbeitslektion. Bei der zweiten hatte Mordechai am nächsten Tag gelernt, dass »nicht jeder Tag ein Sabbat« ist.[33] Auf dem Hof vor dem Haus der jüdischen Gemeinde war ihm eine Gruppe von SS-Männern aufgefallen, die ihn und andere Juden beobachteten. Mehrere Wagen waren vorgefahren, aus denen Hunderte Soldaten sprangen und die Juden umzingelten. Sie stellten sich in Fünferreihen auf und marschierten los. Wie viele es waren? Als sie um eine Ecke bogen, sah Mordechai die lange Menschenschlange: »Viele Hundert Juden gingen ins Ungewisse.«[34] Sie gingen die Hauptstraße hinunter zum Warschauer Flughafen: »Dort bereiteten uns Deutsche in Arbeitskleidung mit Peitschen, Gerten und Keulen in der Hand einen ›herzlichen Empfang‹.« Mordechai hatte sich Mut zugesprochen, »doch die Wirklichkeit war stärker«,[35] und er hatte weiche Knie bekommen. Begleitet von den Schmerzensschreien der Juden am Anfang der Schlange war er geduckt »durch das Tor zur Hölle«[36] gerannt, wo ihn die Schläge der jungen SS-

EXKURS

Männer empfingen. Mordechai hatte sie tagelang gespürt. Als Beleg für den Einsatz am Flughafen war seine Arbeitskarte abgestempelt worden: »Die deutschen ›Erzieher‹ hatten mir bescheinigt, dass ich wie ein Erwachsener arbeiten konnte.«[37]

Im Sommer 1940 war die Familie von Warschau nach Jabłonów gezogen, wo die Schwester seines Vaters mit ihrer Familie einen Bauernhof mit Feldern besaß. Mordechais Vater hatte für einige Monate mit Nähutensilien gehandelt und damit ein wenig Geld verdient. Als der regnerische Herbst mit kalten Winden kam, waren sie nach Warschau zurückgekehrt. Wenige Tage später, einen Tag vor Jom Kippur, dem jüdischen Versöhnungstag, hatten die Deutschen das Warschauer Ghetto errichtet. Zusammen mit 350 000 anderen Juden wurde die Familie Papirblat dort eingepfercht.

Symcha war der erste Tote der Familie Papirblat im Warschauer Ghetto. Der Bruder von Mordechais Vater starb an Typhus. Wer im Ghetto nicht an Typhus starb, der sich im Lager schnell verbreitete, der starb an Hunger. Auf den Straßen lagen Menschen mit vor Hunger aufgeblähten Bäuchen. Sie waren dort liegen geblieben. Die Passanten hatten sich an ihren Anblick gewöhnt und stiegen über sie hinweg wie über weggeworfene Zigarettenstummel. Nur wer Essensvorräte hatte, konnte überleben. Die Papirblats hatten keine Vorräte, lediglich Kaffee, von dem sie lebten. In den Höfen hinter den Häusern lagen an Hunger und Krankheit gestorbene Menschen. Es fehlte an Fahrzeugen, um die Toten wegzukarren. Chaja, Mordechais zehn Jahre alte Schwester, hatte beschlossen, sich aus dem Ghetto zu stehlen, um Essen zu beschaffen. Es war ihr gelungen, im polnischen Teil Warschaus hatte sie alles gekauft, was sie bekommen konnte, einmal sogar einen Laib Brot und Milch. Ihre Schätze hatte sie Mordechai und einem anderen Bruder durch eine Maueröffnung in der Nähe des Abwassergrabens zugesteckt. Das war gefährlich. Kindliche »Verbrecher« wurden täglich erwischt und von den Deutschen erschossen.

Im Frühjahr 1941, zum Pessachfest, hatten ein Gerücht und eine Nachricht im Ghetto die Runde gemacht. Das Gerücht war, die Deutschen hätten an verschiedenen Fronten gesiegt und weitere Länder besetzt. Die Nachricht, die die Bewohner in Angst und Schrecken versetzte, lautete, Juden seien in Arbeitslager gebracht worden und seitdem spurlos verschwunden. Am Sedarabend, am 11. April 1941, hatte Mordechai zum letzten Mal mit seiner Familie Pessach gefeiert. Einige Tage später hatten ihn seine Eltern beauftragt, das Ghetto als Erster der Familie zu verlassen.

Sein Vater hatte ihn zur Ghettomauer begleitet, und er war hinübergeklettert, mit dem Davidstern an der Armbinde, die er zur Not in den Mantelfalten verstecken konnte. Juden, die die Deutschen außerhalb des Ghettos ohne Armbinde erwischten, wurden sofort erschossen. Mordechai sollte sich an die Weichsel durchschlagen und das Schiff nach Jabłonów nehmen, wieder zu den Verwandten seines Vaters.

Als er später gefragt wurde, wie er die Verfolgung der Juden überlebt habe, hat Mordechai geantwortet: »Ganz einfach: Jeden Tag ein Wunder. An manchen Tagen auch zwei.« An diesem Tag hatten sich im Leben Mordechais zwei Wunder ereignet. Das erste geschah, als er sich hungrig, erschöpft und durchnässt vom Regen auf das Schiff geschmuggelt hatte, um dort auf die Öffnung des Kartenschalters zu warten. Er war auf einer Sitzbank eingeschlafen. Eine Gruppe junger Männer hatte ihn geweckt und gefragt, wer er sei und wohin er wolle. Vor Angst hatte er kein Wort herausbekommen. Neben den Männern stand eine ältere Christin, die für ihn antwortete: »Was interessiert euch das. Der Arme ist doch völlig erschöpft.«

EXKURS

Sie hatte sich in seine Nähe gesetzt und ihn in den nächsten Stunden, in denen er geschlafen hatte, nicht einen Augenblick aus den Augen gelassen. Das zweite Wunder an diesem Tag hatte sich ereignet, als ein polnisches Mädchen auf ihn zugegangen war und ihm ein Zeichen gegeben hatte, er solle ihr folgen. Es stand da und wartete. Mordechai hatte nicht gewusst, ob das sein Ende oder seine Rettung war. Das Mädchen hatte geflüstert: »Ich weiß, dass du ein Jude bist. Bestimmt bist du aus dem Ghetto geflohen und willst dich mit dem Schiff retten. Du hast keine Chance. An der Kasse werden Ausweise verlangt. Gib mir das Geld für die Fahrkarte und sag' mir, wohin du fahren willst.« Er hatte ihr das Geld gegeben. Sie hatte die Fahrkarte gekauft, und ehe er sie fragen konnte, wie ihr das so schnell und ohne anzustehen gelungen sei, war sie verschwunden. Mordechai war verwundert stehen geblieben und hatte Gott gedankt.

Das Glück hatte Mordechai bis zum Ende seiner Reise begleitet. Als das Schiff in der Garnisonstadt Dęblin Station gemacht hatte, waren deutsche Soldaten an Bord gekommen, die nicht nach Juden suchten, sondern sich damit begnügten, die Reisenden auszurauben. Als Mordechai das Schiff in Regów verlassen hatte, wurde er zwar von jungen polnischen Antisemiten (»Schikuzim«, von hebräisch »schikuz«, deutsch »Gräuel«) mit Steinen beworfen, aber nicht schwer verletzt. Und als er am nächsten Tag endlich in Jabłonów angekommen war, hatten seine Verwandten ihn zwar zuerst nicht wiedererkannt, und seine Tante war, entsetzt von Mordechais Anblick, in Tränen ausgebrochen. Aber dann wurde reichlich aufgetischt, sogar Milch bekam er zu trinken, »die mein geschrumpfter Magen so dringend brauchte«. Am nächsten Morgen hatte er seinen Eltern eine Karte geschrieben: »Setzt alles daran, zu mir zu kommen. Hier ist noch ein schönes Leben möglich.«

MORDECHAI PAPIRBLAT

Im Mai 1941 war Mordechais Vater mit 48 Jahren im Warschauer Ghetto verhungert. Einen Monat später waren seine Brüder Chaim Leibisch und Chaja Riva durch den Abwasserkanal aus dem Ghetto entkommen und hatten, versteckt im Zug und zu Fuß, Jabłonów erreicht. Im Juli war auch Mutter Selda und Awraham Jizchak die Flucht gelungen, doch hatten sie die kleine Zipa Scheindl im Waisenhaus des Ghettos zurücklassen müssen, wo sie entweder noch 1941 oder ein Jahr später im KZ Treblinka mit höchstens sechs Jahren gestorben ist. Mutter Selda war nicht mehr zu Kräften gekommen und am 2. August in Jabłonów gestorben.

Als der Winter kam, hatte Mordechai für seine Geschwister Fahrgelegenheiten nach Radom organisiert, wo sie bei Tanten untergekommen waren. In Radom war bereits ein Ghetto eingerichtet. Mordechais Brüder sind entweder dort, bei der Deportation, in Treblinka oder in Auschwitz ermordet worden. Sein Bruder Chaim Leibisch war im Dorf Opatów untergekommen. Auch dort war bereits ein Ghetto eingerichtet, bei dessen Liquidierung er 1942 mit 17 Jahren ermordet wurde oder erst später bei der Deportation oder im KZ Treblinka, gemeinsam mit seinen Verwandten.[38]

Von Januar bis Juli 1942 hatte Mordechai mit seinen Verwandten im Ghetto in Garbatka Zwangsarbeit verrichtet. Er hatte keine gültigen Papiere, denn er war aus dem Warschauer Ghetto geflohen. Ihm drohte deshalb die Todesstrafe. Aber die jüdische Ghettopolizei hatte ihn gedeckt – bis zum 12. Juli 1942. Dann hatten auch in Garbatka die Deportationen begonnen. Am Morgen hatten Salven von Maschinengewehren Mordechai aufgeschreckt. Auf der Straße waren ihm deutsche Soldaten mit Gewehren im Anschlag entgegengekommen: »Alle Juden raus!« Das Ghetto glich einem Schlachtfeld. Menschen lagen erschossen in ihrem Blut: »Sie waren nicht schnell genug gelaufen.«[39] Die am Straßenrand stehenden Männer waren in zwei Gruppen eingeteilt worden – christliche *Gojim* und Juden. Die Soldaten hatten 300 Polen und 75 Juden ausgewählt. Mordechai war einer von ihnen. Mit Holzstangen, Gummiriemen und Peitschen waren sie in einem Spießrutenlauf zu wartenden Frachtwaggons geprügelt und – begleitet von Stiefeltritten und Schlägen – gefesselt worden. Als der Zug wenig später hielt, hatte einer der Gefangenen durch einen Spalt in der Waggonwand den Namen des Bahnhofs erkannt: »Radom«. Auf dem »Weg ins Nichts« – wie Mordechai glaubte – war er noch einmal an seinem Geburtsort vorbeigekommen. Nach einer fürchterlichen Nacht hatten sie am Nachmittag des nächsten Tages, dem 13. Juli 1942, ihr Ziel erreicht. Auf dem Bahnhof herrschte großes Getümmel, »bewaffnete Soldaten schienen die ›Gäste‹ zu erwarten.« Der Zug war vor einem Weichenstellerhäuschen zum Stehen gekommen, »auf dem in schönster Sonntagsschrift ›Auschwitz‹ stand.«[40]

Am 14. Juli 1942 war aus dem 19 Jahre alten Mordechai Papirblat aus Warschau, Sohn von Szlomo und Selda Papirblat, die tätowierte Nummer 46 794 geworden. Nummern werden nicht ermordet, nicht gefoltert, sie verhungern nicht, und sie verdursten nicht. Sie werden ausgelöscht. Im Juli 1942 hatte Heinrich Himmler, Reichsführer SS, Auschwitz besucht und den Bau von vier weiteren Krematorien in Birkenau angeordnet. Es wurde Platz für Neuankömmlinge benötigt. Allein im Jahr 1943 würden in Auschwitz mehr als 150 000 aus ganz Europa eingeliefert werden – 86 000 Männer und 46 077 Frauen – und 18 736 männliche und weibliche Sinti und Roma.[41] Deshalb sollten Häftlinge aus dem überfüllten Stammlager Auschwitz nach Birkenau überführt werden.

Immer mehr Menschen hatten sich das Leben genommen. Wer einen »leichten, ›modernen‹ Tod« bevorzugte, war nachts in den um das Lager gezogenen elektrischen Zaun gelaufen, am Morgen »schwarz wie Kohle«[42] heruntergenommen und zu einem Sammelplatz gebracht worden. Von dort waren die Leichen mit einem Lastwagen zum nächsten Krematorium gefahren worden, wo sie ein zweites Mal verbrannt wurden. Anderen hatte der Mut gefehlt, sich im Zaun zu töten. Sie hatten das Gebiet verlassen, in dem sich Häftlinge während der Arbeit aufhalten durften, und waren sofort erschossen worden. Viele aber hatten sich für keinen Tod entscheiden können. Sie waren zu schwach, um zu arbeiten, doch zu kräftig, um zu sterben. Sie erschienen nicht zum morgendlichen Appell der Arbeitskommandos und hielten sich verborgen. Lagerkapo und Lagerältester schickten zunächst die Häftlinge zur Arbeit, dann begannen sie die Jagd auf die Muselmänner – so wurden die Häftlinge genannt, die nur mehr aus Haut und Knochen bestanden und sich kaum noch auf den Beinen halten konnten: »Die zweibeinigen Skelette, die bereits während der ›Jagd‹ starben, gehörten zu den Glücklichen. Sie hatten alles blitzschnell hinter sich.« Wer noch nicht vollkommen entkräftet war, hatte sich unter den Leichen tot gestellt. Aber die SS-Leute kannten alle Tricks und ließen sich nichts vormachen. »Mit Stöcken und Stangen hämmerten sie auf die Schädel der Toten oder noch Lebenden ein. Diejenigen, die aufschrien, hatten es wenig später auch ›geschafft‹.«[43]

Im Winter 1942 hatte Mordechai Papirblat den Deutschen Rache geschworen. Er war zum zweiten Mal seit Kriegsbeginn an Typhus erkrankt. Schon am Morgen war er schrecklich müde gewesen, kaum hatte er es geschafft, sich anzuziehen. Auf dem Weg zu einem Arbeitseinsatz war ihm schwarz vor Augen geworden, und er hatte das Bewusstsein verloren. Ärztliche Hilfe hatte er nicht zu erwarten: »Ich sprach ein stummes Gebet, dass ich noch nicht sterben möge.« Er konnte nichts essen, aber er musste trinken, trinken, trinken. »Warum arbeitest du so langsam«, hatte ihn ein SS-Mann gefragt. Mordechai hatte erwidert, er habe die ganze Nacht hindurch gearbeitet. Der SS-Mann hatte ihn in Ruhe gelassen und war gegangen. Kaum hatte er sich etwas erholt, hatte er Durchfall bekommen. Einer seiner Kameraden, der behauptete, etwas von Medizin zu verstehen, hatte Mordechai geraten, auf einem Stück Holzkohle zu kauen. Einige Tage später hatte er sich tatsächlich besser gefühlt: »Wie ein verbranntes Stück Balken doch Wunder wirken kann.« Mordechai hatte den Typhusanfall überstanden. Das war sein Sieg über die Nazis: »Gab es eine bessere Rache, als am Leben zu bleiben?«[44]

Über Auschwitz-Birkenau hatte Mordechai im Stammlager Schreckliches gehört, im Januar 1943 hatte er gelernt, dass alle Berichte den Schrecken nur unzureichend beschrieben. Mit anderen Häftlingen war er in das Vernichtungslager überstellt worden. Auf dem gesamten Gelände roch es nach verbranntem Fleisch. Aus den Schornsteinen großer Gebäude, die im Wald neben dem Lager standen, stieg ein erstickender Rauch in die Luft. »Im Stammlager war darüber viel gesprochen worden. Nun sah ich alles, was ich gehört hatte, mit eigenen Augen.« Allein der Anblick der Häftlinge: Im Stammlager hatten sie noch »irgendwie menschenähnlich« ausgesehen, in Birkenau waren sie nur noch »Skelette mit Hungerbäuchen, die einmal Menschen gewesen waren«. An ihnen hingen ausgeblichene Stofffetzen, mit einem Band oder Strick um die Hüften gebunden, als solle dieser Strick den Körper vor dem Auseinanderfallen bewahren. In den Augen dieser Gestalten hatte Mordechai etwas »Furchtbares, etwas Schreckenerregendes« entdeckt. Vergeblich hatte er versucht, seine Angst zu überwinden und die Menschen anzusehen, weil er sich mit ihnen unterhalten wollte – sofort hatte er sich wieder abgewandt und war gegangen: »Würde ich auch bald so aussehen?«[45]

Ein Kamerad hatte Mordechai in diesem Sommer die Arbeit in den Krematorien erklärt. Im Vergleich mit den beiden Krematorien 2 und 3 in Birkenau sei das erste Krematorium in Auschwitz »ein Spielzeug«, hatte er versichert. Die beiden Krematorien in Birkenau seien bereits in Betrieb, er baue mit anderen Häftlingen derzeit in zwei Schichten die Krematorien 4 und 5. Die Deutschen hätten bis ins letzte Detail alles durchdacht. In der riesigen Garderobe stehe neben jedem Haken eine laufende Nummer. Hier hängten die Menschen ihre Kleidungsstücke auf. Für jeden liege ein Stück Seife und ein Handtuch bereit – immer unbenutzt, weil sich nie jemand abtrockne. Die Türen würden geöffnet, Männer, Frauen, Alte und Kleinkinder zu Tausenden mit Gewalt in einen riesigen Saal getrieben. In der Decke seien unzählige Brausen angebracht. In der drangvollen Enge könnten die Menschen kaum atmen. Sie warteten darauf, dass die Hähne geöffnet würden, damit sie sich nach der langen Reise reinigen könnten. Sei der Raum gefüllt, würden die Türen hermetisch verriegelt, der verantwortliche SS-Mann werfe durch eine Glasscheibe einen Blick auf die Menschen, öffne eine Luke, werfe einige Behälter mit Zyklon B in den Raum, die Menschen rängen nach Atem und streckten sich nach oben. Minuten später öffneten sich die Türen, das Gas verflüchtige sich, und ein Sonderkommando mit jüdischen Häftlingen mache sich an die Arbeit. Sie müssten den Erstickten die Haare abschneiden, ihnen die Goldzähne ausbrechen und die Ringe, Uhren und sonstigen Schmuck einstecken. Oft fielen die Menschen in Ohnmacht, wenn sie Familienangehörige oder Freunde unter den Ermordeten erkennten. In solchen Momenten helfe nur der derbe Fußtritt eines SS-Wachmanns. Die Mitglieder des Sonderkommandos würden nach ihren Einsätzen ebenfalls umgebracht. Die Deutschen wollten sichergehen, dass die Mordaktionen nicht bekannt würden. Nach dieser Erzählung hatte Mordechai aus Birkenau fliehen wollen. Aber der Kamerad hatte es ihm ausgeredet: »Ich beschloss, weiter auszuhalten, und falls ich überleben würde, davon zu erzählen.«[46]

Seit Mitte November 1943 war Mordechai im KZ Neu-Dachs (Jaworzno), einem Nebenlager des KZ Auschwitz. Das Leben im Lager war immer unerträglicher geworden. Der harte Winter hatte die Lage der Häftlinge verschlimmert. Beim Morgenappell, der sich oft lange hinzog, froren ihre Füße, kaum einer besaß gefütterte Schuhe. Eines Tages waren sie von einem Arbeitseinsatz ins Lager zurückgekehrt, ausgefroren, hungrig und erschöpft, die Zählung durch die Wachmannschaften war reibungslos verlaufen. Da erging der Befehl, alle Häftlinge hätten sich auf dem großen Platz in Hufeisenform aufzustellen. Der Platz war von allen Seiten von Maschinengewehren umgeben. Auf den Dächern der Baracken lagen SS-Soldaten. In der Mitte des Platzes stand »ein langer Galgen, von dem 26 Stricke baumelten, die sich im schwachen Wind hin- und herbewegten«.[47] Die Lagerleitung war erschienen, angeführt vom Kommandanten, der auf einem weißen Pferd angeritten kam. Es herrschte absolute Stille. Plötzlich Motorengeräusch, ein schwarzes Auto mit zugehängten Scheiben war auf den Platz gerast. Die Türen waren aufgerissen und Häftlinge mit auf dem Rücken gefesselten Händen herausgezerrt worden. Einige SS-Männer hatten sich vor dem Galgen aufgebaut, ein groß gewachsener Offizier hatte eine Schriftrolle hervorgeholt und das Urteil über die 26 Verurteilten verlesen: »Heute werden 26 Männer erhängt, die vor einigen Monaten versucht haben, aus diesem Lager zu fliehen, um dem Dritten Reich zu schaden. Eine Flucht aus diesem Lager ist unmöglich. Das Leben in Freiheit wird nur durch absoluten Gehorsam und die Ausführung unserer Befehle sowie ganzen Arbeitseinsatz erreicht.«[48]

Ein alter Häftling hatte Mordechai erzählt, was geschehen war. Im Herbst vergangenen Jahres hatten 27 Männer – ein oder zwei Juden, die anderen christliche Polen – beschlossen, einen Tunnel zu graben, durch ihn aus dem Lager zu fliehen und im nicht weit entfernten Kattowitz unterzutauchen. Wochenlang hatten sie gearbeitet, den ausgehobenen Sand auf andere Stellen im Lager verteilt, Decke und Seitenwände mit gestohlenen Brettern gestützt. Am Abend des geplanten Ausbruchs hatte sich einer nach dem anderen in den engen Tunnel gezwängt und ihn am anderen Ende verlassen, als sie plötzlich von bewaffneten SS-Soldaten umzingelt worden waren. Einer von ihnen, ein Volksdeutscher, hatte sie verraten. Am nächsten Tag hatte der Lagerkommandant eine Eildepesche an Himmler höchstpersönlich geschickt, den obersten Befehlshaber aller Konzentrationslager im Gebiet des Dritten Reichs und Österreichs.

Als die Hinrichtungen begonnen hatten, waren Rufe der Opfer zu hören: »Es lebe das freie Polen!« – »Auf in die Freiheit!« – »*Schalom*, meine Brüder!« Die Holzschemel, auf denen die Häftlinge standen, waren weggezogen worden, und ihre Körper hatten in der Luft gebaumelt: »Ein letztes Röcheln. Dann war auch der Letzte von ihnen tot.« Nur der Verräter war nicht zum Tod verurteilt worden. Als Anerkennung für seine Treue zum Reich wurde er aus dem Lager entlassen, »aber nicht nach Hause – er wurde als Freiwilliger an die Front geschickt«.[49]

Mordechai Papirblat erinnert sich, im Frühjahr 1944 hätten sie die SS-Soldaten immer schlechter behandelt. Die Ursache war den Häftlingen bekannt – die drohende Niederlage der Deutschen. Die Soldaten wollten »auf keinen Fall« an die Front geschickt werden und »ließen ihre Wut an uns aus«.[50] Der Weg zur Arbeit und die Rückkehr am Abend wurden zum Alptraum. Die SS-Soldaten – von blutrünstigen Hunden begleitet – stießen ihre Gewehrläufe den Häftlingen in den Rücken, »die Schläge nahmen kein Ende«. Abends wurden die Misshandelten auf improvisierten Tragen ins Lager zurückgebracht: »Unsere Reihen lichteten sich immer mehr.«

Schon seit einiger Zeit hatten sie Explosionen in der Nähe des Lagers gehört. Eines Tages aber war der Lärm lauter als an anderen Tagen gewesen, und am Himmel waren plötzlich lange Silberstreifen »wie Nudeln« am Himmel zu sehen.[51] Die Silberstreifen reflektierten die Sonne und blendeten die deutschen Soldaten an den Flugabwehrgeschützen, die die alliierten Bomber verfehlten. Die Bomber hatten die Fabriken der Rüstungsindustrie von Auschwitz angegriffen: »Auf diesen Moment hatten wir Juden gewartet.«[52] Sie hatten gehofft, endlich würden die Alliierten die Konzentrationslager bombardieren, die Wohngebiete der SS und die Häuser der Offiziere, die sich deutlich von den Baracken der Häftlinge abhoben: »Oder die Krematorien, deren Rauch Tag und Nacht in die Luft stieg. Oder die Eisenbahnschienen, die leicht zu treffen waren.« Doch nichts dergleichen war geschehen. Die Häftlinge konnten es sich nicht erklären: »Judentransporte aus ganz Europa gelangten weiterhin an diesen Ort, von dem es kein Zurück gab.«[53]

8. KAPITEL

»Alle diese Kohlköpfe wachsen in menschlicher Asche.«

MAJDANEK – BREST – BERLIN

Am 23. Juli wird Lublin von Soldaten der 1. Weißrussischen Front befreit. Lublin war seit Beginn der Besetzung Polens Teil des »Generalgouvernements«, am Rand der Stadt liegt das Konzentrations- und Vernichtungslager Majdanek. Wenige Tage nach den sowjetischen Truppen erreicht Alexander Werth, Korrespondent der BBC und der *Sunday Times*, das Lager. Der Spross einer deutschbaltischen Familie, vor 43 Jahren in Sankt Petersburg geboren, Historiker, spricht perfekt Russisch und hat den Krieg seit Juli 1941 von Moskau aus verfolgt. Er war im belagerten Leningrad und im umkämpften Stalingrad, hat also schon manches erlebt und über das KZ Majdanek Fürchterliches gehört, aber bei seinem Anblick ist Werths Reaktion »ein Gefühl der Überraschung«. Er hatte sich etwas »Schreckliches, Sinistres vorgestellt, aber nichts davon«.[1] Der Häuserkomplex, vor dem er und seine Begleiter halten, sieht aus wie eine größere Arbeitersiedlung, und Werth fragt ungläubig: »Ist es das?« Hinter ihnen liegt Lublin »mit seinen vielen Türmen«, das Lager ist durch zwei Reihen Stacheldrahtzaun abgetrennt, »nicht besonders furchterregend«. Für Werth wirkt es wie eine Barackenstadt, »in freundlichem Hellgrün gestrichen«. Augenblicke später wird er bemerken, dass er eine Todesfabrik betreten hat.

8. KAPITEL

Der Rundgang beginnt. Eine Baracke mit der Aufschrift: »Bad und Desinfektion II«. Aus der Betonmauer ragen Wasserhähne, rundum stehen Bänke, auf denen die Kleider abgelegt wurden. Nach dem Waschen in den »nächsten Raum« mit mehreren großen, fensterlosen Betongehäusen. In diese Boxen wurden die nackten Kinder, Frauen und Männer getrieben. Waren 200 bis 250 Leute in jeden der fünf mal fünf Meter großen Räume gepackt, begann die Vergasung. Aus Öffnungen in der Decke wurde Heißluft in die Boxen geblasen, »dann ließ man die hübschen fahlblauen Zyklonkristalle auf die Opfer herabregnen, die in der heißen feuchten Luft schnell verdampften«. Nach zwei bis zehn Minuten waren die Opfer tot. Einer der Führer Werths sagt: »An die 2000 Menschen konnten hier gleichzeitig umgebracht werden.« Werth fallen die massiven Stahltüren auf, in deren Mitte sich ein kreisrundes Guckloch befindet, Durchmesser etwa sieben Zentimeter. Werth fragt sich, ob die sterbenden Menschen das Auge des SS-Mannes sehen konnten, der sie durch das Guckloch betrachtete: »Nun, der SS-Mann hatte nichts zu befürchten. Sein Auge war geschützt durch das Stahlnetz über dem Guckloch. Wie der stolze Erzeuger von Panzerschränken hatte der Hersteller der Stahltüren seinen Namen rund um das Guckloch einprägen lassen: *Auert, Berlin*.«[2] Erwin Auert in Berlin-Weißensee ist Spezialist für Luftschutztüren, behütet also das Leben der Berliner Bevölkerung vor den alliierten Bomben. Erwin Auert ist, mit anderen Worten, in jeder Beziehung gut im Geschäft – sowohl bei Mord als auch beim Lebensschutz.

Werth bemerkt am Ende des Lagers große Hügel aus weißer Asche. Als er genauer hinsieht, stellt er fest, dass es nicht nur Asche ist: »Unmengen kleiner menschlicher Knochen befanden sich in diesem Haufen: Schlüsselbeine, Fingerknochen, Schädelstücke, und sogar einen kleinen Schenkelknochen sah ich, der nur von einem Kind stammen konnte.«³ Auf der anderen Seite dieser Hügel erstreckt sich eine leicht abfallende Fläche, dicht mit Kohl bewachsen. Die großen Kohlköpfe sind mit weißem Staub bedeckt. Ein Begleiter erklärt: »Eine Lage Dünger, eine Lage Asche, so wurde es gemacht … Alle diese Kohlköpfe wachsen in menschlicher Asche … Den größten Teil der Asche schafften die SS-Leute auf ihr Mustergut, das etwas weiter entfernt liegt, einen vorbildlichen Betrieb. Sie aßen diese übergroßen Kohlköpfe gern, und die Gefangenen aßen sie ebenfalls, obwohl sie wussten, dass sie binnen Kurzem höchstwahrscheinlich gleichfalls Kohldünger sein würden …«⁴

Werth hat genug gesehen und geht zurück zum Wagen. Ein kleiner barfüßiger Junge in zerlumpten Kleidern und mit einer zerrissenen Mütze auf dem Kopf spricht ihn an. Werth schätzt ihn auf elf Jahre. Als der Junge zu reden beginnt, bemerkt der Reporter an ihm eine seltsame Unbefangenheit, jene »niladmirari-Haltung gegenüber dem Leben, die nur die Nähe des Todes in ihm erzeugt haben konnte«. Der Junge, denkt Werth, hat alles gesehen, als er neun, zehn und elf Jahre alt war: »Viele Leute in Lublin haben hier jemanden verloren. Bei uns waren die Leute sehr verängstigt, weil wir wussten, was im Lager los war, und weil die Deutschen drohten, die Ortschaft zu zerstören und alle zu töten, wenn wir zu viel redeten. Ich weiß nicht, warum sie sich Sorgen machten. Es wusste ohnehin jedermann in Lublin, was los war.« Der Junge, berichtet Werth, hatte gesehen, wie zehn Gefangene zu Tode geprügelt wurden, wie die Gefangenen Steine schleppten und diejenigen, die zusammenbrachen, von den SS-Leuten mit Hacken erschlagen wurden. Er hatte auch einen alten Mann brüllen hören, der von den Polizeihunden zerfleischt wurde. Der Blick des Jungen wandert über die gut gedeihenden Kohlfelder, und fast mit einem Anflug von Begeisterung sagt das uralte Kind zum Journalisten:

»Alles wächst gut hier – Kohl, Rüben und Blumenkohl ... Das ganze Land hier gehört zu unserer Ortschaft. Und nachdem die SS jetzt weg ist, wird es wieder unser Land sein.«

Alexander Werth schickt der BBC im August einen detaillierten Bericht über das Vernichtungslager Majdanek. Die Reportage wird abgelehnt: Es handele sich um ein Meisterstück sowjetischer Propaganda. Erst später, schreibt Werth, wenn im Westen die Lager Buchenwald, Dachau und Bergen-Belsen befreit werden, »bezweifelt niemand mehr, dass Majdanek und Auschwitz Wirklichkeit gewesen waren«.[5] In Majdanek wurden mehr als 80 000 Menschen, vor allem Jüdinnen und Juden aus verschiedenen Teilen Europas, aber auch polnische politisch Verfolgte, Sinti und Roma, Homosexuelle und weitere Zivilistinnen und Zivilisten vergast, erschossen und erhängt.

Ein falsches Wort kann tödlich sein, erst recht natürlich eine falsche Erzählung. Erich Kuby, der widerborstige Soldat in Brest – der Einzige seiner Einheit mit dem untersten Dienstgrad – ist Spezialist für falsche Worte, die er zudem gerne in längere Erzählungen kleidet. Die Geschichte, die er in diesen Tagen seinem Freund, einem österreichischen Stabsfeldwebel, vorliest, könnte falscher nicht sein. Es ist die Satire *Ein bescheidener Vorschlag: Um zu verhindern, dass die Kinder der Armen ihren Eltern oder dem Staat zur Last fallen, und um sie nutzbringend für die Allgemeinheit zu verwenden* von Jonathan Swift: »Mir ist versichert worden (...), dass ein junges, gesundes, gut genährtes einjähriges Kind eine sehr wohlschmeckende nahrhafte Speise ist, einerlei, ob man es dämpft, brät oder kocht. (...) Ein Kind wird bei einer Freundesgesellschaft zwei Schüsseln ergeben, und wenn die Familie allein speist, so wird das Vorder- und Hinterviertel ganz ausreichen. (...) Ich gebe zu, dass diese Kinder als Nahrungsmittel etwas teuer kommen werden, aber eben deshalb werden sie sich sehr für den Großgrundbesitzer eignen; da die Gutsherren bereits die meisten Eltern gefressen haben, so haben sie offenbar auch den nächsten Anspruch auf die Kinder. (…) Wer wirtschaftlicher ist (und ich muss gestehen, die Zeiten drängen dazu), kann den Leichnam häuten; die Haut wird, kunstvoll gegerbt, wundervolle Damenhandschuhe und Sommerstiefel für elegante Herren ergeben (…).« Nicht nur Kubys Freund hört die Satire Swifts, auch andere Soldaten der Einheit. Sie fragen, was das für ein Unsinn sei. Kuby erwidert: Ein Artikel aus dem *Stürmer*. Seit einiger Zeit hat Kuby den Eindruck, unter den Wehrmachtssoldaten in Brest den »Geist der Inquisition« zu spüren. Bräche er aus, wäre Kuby, das weiß er, »unter den ersten Opfern«. Mit solchen Bemerkungen trägt er nicht dazu bei, den Geist zu beschwichtigen.[6]

Nicht jedes falsche Wort wird in diesen Tagen in jedem Fall mit dem Tod bestraft, aber vertrauen sollte niemand darauf. Das hat der 52 Jahre alte Versicherungsvertreter Johann Kalla aus der schlesischen Gemeinde Kreuzenfeld nicht beachtet. Er ist 1941 schon einmal wegen staatsfeindlicher Äußerungen verurteilt worden. Das hat ihn nicht daran gehindert, in diesem Sommer erneut gegenüber Müttern und Frauen von Soldaten »volksfeindliche und defaitistische Reden« zu führen, »um sie zum Abschluss einer Lebensversicherung geneigt zu machen«. Soldatenfrauen haben »diesen gefährlichen Hetzer« angezeigt, so dass ihm, wie die *Deutsche Zeitung* berichtet, »sein schmutziges Handwerk« gelegt werden konnte: »Der Volksschädling wurde vom Volksgerichtshof zum Tode verurteilt.«[7]

Das Gebäude der Geheimen Staatspolizei (Gestapo) in der Prinz-Albrecht-Straße 8 in Berlin-Kreuzberg ist die Zentrale des Terrors, das Herz des Deutschen Reichs. Hier befindet sich auch das Hausgefängnis der Gestapo. Es hat nur 38 Einzelzellen, ist also relativ klein: Verfolgte müssen deshalb häufig in anderen Haftäumen im Raum Berlin untergebracht werden, zum Beispiel im Polizeigefängnis am Alexanderplatz oder im Konzentrationslager Sachsenhausen. Die »verschärften Verhöre« (Gestapo-Begriff für Folter) aber finden in der Prinz-Albrecht-Straße statt. Wer sich dort in den Händen der Gestapo-Zentrale befindet, gilt als besonders gefährlicher NS-Gegner, und sein Leben ist akut bedroht. Elisabeth von Thadden zum Beispiel, Mitglied der Bekennenden Kirche, ist nach einer »Teegesellschaft« des Solf-Kreises, einer friedlichen Widerstandsgruppe von teils liberalen, teils konservativen NS-Kritikern, von einem Teilnehmer denunziert, in das Konzentrationslager Ravensbrück verschleppt und in der Prinz-Albrecht-Straße verhört worden, ehe sie angeklagt und am 1. Juli vom Volksgerichtshof unter dem Vorsitz Roland Freislers zum Tode verurteilt wurde. Seitdem wartet sie im KZ auf ihre Hinrichtung.

Ende Juli wird die Journalistin Ruth Andreas-Friedrich von der Widerstandsgruppe »Onkel Emil« in die Gestapo-Zentrale bestellt. Auch sie ist denunziert worden. In einem Kaffeehaus soll sie eine »den Führer herabsetzende« Bemerkung geäußert haben. Ein Parteigenosse, der mit dem Rücken zu ihr fünf Meter entfernt von ihrem Tisch saß, will ihr »zersetzendes Verhalten« beobachtet haben. Einen Tag später hat er die Gestapo informiert: »Eine peinliche Angelegenheit, denn seit dem 20. Juli sind alle Organe der Nazis geneigt, in jedem deutschen Bürger einen Putschisten zu sehen.«[8] Ruth Andreas-Friedrich ist eine resolute Frau, sie folgt der Maxime: »Angriff ist die beste Verteidigung«. Also greift sie an, flicht Namen hoher und höchster Dienststellen in ihre Suada, jongliert mit »Promi, Schrifttumskammer, Beschwerde bei der Pressestelle der

»ALLE DIESE KOHLKÖPFE WACHSEN IN MENSCHLICHER ASCHE.«

Reichsregierung«, gibt dermaßen an, dass der verhörende Beamte sich zu guter Letzt beinahe entschuldigt: »O klägliche Subalternität, die sich vom Bluthund sofort in einen Hasen verwandelt, wenn am Horizont der Name eines Vorgesetzten auftaucht.«[9] Mit Mühe zieht sie sich aus der Affäre. Das gelingt nur wenigen.

Hitler hat zunächst tatsächlich geglaubt, bei den Verschwörern habe es sich um eine »ganz kleine Clique« von Wehrmachtsoffizieren gehandelt. Weder war es eine kleine Gruppe noch waren es nur Offiziere. Mit seiner Drohung, den Widerstand »auszurotten«, ist es ihm jedenfalls ernst. Einige entziehen sich der gefürchteten Folter in der Prinz-Albrecht-Straße durch Freitod – Henning von Tresckow nimmt sich am 21. Juli mit einer Gewehrgranate an der Ostfront das Leben, Eduard Wagner folgt ihm zwei Tage später –, einige werden in den Tod getrieben – bei Rommel werden in Herrlingen im Oktober zwei hohe Offiziere erscheinen und ihn vor die Alternative stellen, vor dem Volksgerichtshof angeklagt zu werden oder sich selbst zu töten, worauf Rommel eine Zyankaliampulle nimmt –, einige Hundert werden verhaftet. Einer von ihnen ist Fabian von Schlabrendorff, Cousin und Adjutant Henning von Tresckows, der einige Tage nach dem 20. Juli im Gestapo-Gefängnis eingeliefert wird. Die »verschärften Vernehmungen«, denen er ausgesetzt wird, bestehen, wie Schlabrendorff berichtet, aus vier Stufen. Für ihn persönlich wird die Gestapo noch eine fünfte erfinden.

In der ersten Stufe werden die Hände auf dem Rücken gefesselt. Über die Hände wird eine Vorrichtung geschoben, die alle zehn Finger umfasst. An der Innenseite dieses Folterinstruments sind eiserne Dornen angebracht, die auf die Fingerkuppen einwirken. Mit einer Schraube wird diese Maschinerie

8. KAPITEL

zusammengepresst, sodass sich die Dornen in die Finger bohren.

In der zweiten Stufe wird das Opfer mit dem Gesicht nach unten auf eine Vorrichtung geschoben, die einem Bettgestell ähnelt, und eine Decke wird über den Kopf gelegt. Dann wird über die bloßen Beine »eine Art Ofenrohr« gestülpt. An der Innenseite der beiden Röhren sind Nägel befestigt. Wiederum mit einer Schraubvorrichtung werden die Wände der Röhren zusammengepresst, sodass sich die Nägel in Ober- und Unterschenkel bohren.

In der dritten Stufe wird erneut das »Bettgestell« eingesetzt und der Delinquent mit über den Kopf gezogener Decke darauf gefesselt. Das Gestell wird dann entweder ruckartig oder langsam auseinandergezogen und der gefesselte Körper dadurch gezwungen, die Bewegung mitzumachen.

In der vierten Stufe wird der gekrümmte Körper in der Weise zusammengebunden, dass er sich weder rückwärts noch seitwärts bewegen kann. Dann schlagen die SS-Männer mit dicken Knüppeln von hinten so auf ihn ein, dass der Gefolterte bei jedem Schlag nach vorne fällt und infolge der Fesselung seiner Hände mit aller Gewalt auf Gesicht und Kopf schlägt. Die höhnischen Rufe, mit denen die SS-Leute die Folter begleiten, werden nicht immer von ihren Opfern gehört. Manchmal verlieren sie schon zuvor das Bewusstsein.

Schlabrendorff hat sie gehört. Erst danach ist er ohnmächtig geworden. Am nächsten Tag ist er nicht imstande, die blutdurchtränkte Wäsche zu wechseln. Er erleidet eine Herzattacke. Immerhin wird ein Arzt gerufen. Einige Tage später ist Schlabrendorff so weit wiederhergestellt, dass die SS die Prozedur wiederholen kann.

Da Schlabrendorff entschlossen ist, unter keinen Umständen Namen zu nennen, hat er Vorbereitungen getroffen, sich trotz der Fesselung das Leben zu nehmen. Doch findet er einen anderen Ausweg, dessen Tragweite ihm zunächst nicht bewusst ist. Er gesteht intuitiv, gewusst zu haben, »dass mein toter Freund Tresckow beabsichtigte, auf Hitler einzuwirken, seinen Posten als Oberbefehlshaber des Heeres an einen Feldmarschall abzutreten«. Diese Erklärung genügt. Die Gestapo bricht die Verhöre ab und lässt ihn bis auf Weiteres in Ruhe.

Dann aber wird Schlabrendorff mit der fünften Verhörstufe bekannt gemacht. Er wird aus seiner Zelle geholt und in das Konzentrationslager Sachsenhausen gebracht. Dort führt ihn ein Beamter an einen Schießstand, setzt ein höhnisches Lächeln auf und sagt: »Nun werden Sie ja wissen, was mit Ihnen geschehen wird. Vorher aber haben wir noch anderes mit Ihnen vor.« Es geht ins Krematorium des Konzentrationslagers. Dort steht der Sarg Henning von Tresckows. Seine Leiche ist von der SS aus dem Grab geholt und nach Sachsenhausen gebracht worden. Angesichts des Leichnams wird Schlabrendorff vom SS-Mann mit »halb drohender, halb beschwörender Stimme« gefragt, ob er nun nicht doch endlich ein umfassendes Geständnis ablegen wolle. Als Schlabrendorff schweigt, wird der Sarg mit der Leiche vor seinen Augen verbrannt. Schlabrendorff wird nicht erschossen, sondern zurückgebracht in die Einzelzelle in der Prinz-Albrecht-Straße.[10]

In den nächsten Tagen und Wochen hat Schlabrendorff viele Gelegenheiten, neue Bekanntschaften zu schließen und alte zu erneuern. Zwar ist den Gefangenen verboten, miteinander zu sprechen, aber ein Blick oder ein schnell hingeworfener Satz genügen häufig zu kurzer Verständigung. Ihm begegnen viele bekannte Gesichter: Admiral Wilhelm Canaris, Leiter der Abwehr, also des militärischen Geheimdienstes der Wehrmacht und schon vor Jahren an Umsturzplänen beteiligt, General Hans Oster, ebenfalls in der Abwehr, Botschafter Friedrich-

8. KAPITEL

Werner Graf von der Schulenburg, Botschafter Ulrich von Hassell, Generaloberst Fromm, der die Verschwörer um Stauffenberg aus durchschaubaren Gründen noch am Abend des 20. Juli hatte erschießen lassen, und viele andere. Nicht alle Gefangenen sind nach dem 20. Juli von der Gestapo verhaftet worden. Die SPD-Politiker Julius Leber und Adolf Reichwein beispielsweise sind den Häschern bereits am 4. und 5. Juli ins Netz gegangen, nachdem eine konspirative Sitzung verraten worden war. Helmuth James Graf von Moltke, mit Peter Graf Yorck von Wartenburg eine der Führungspersönlichkeiten des Kreisauer Kreises, wird Schlabrendorff nicht zu sehen bekommen. Moltke befindet sich bereits seit Februar im Sondergefängnis der SS im Konzentrationslager Ravensbrück. (Er wird am 11. Januar 1945 zum Tod verurteilt und zwölf Tage später im Gefängnis Plötzensee gehängt.)

Reden kann den Tod bedeuten. Schweigen auch. Ida Jauch hatte seit dem 27. März 1943 geschwiegen und damit ihr Leben riskiert. An dem Tag hatte bei der 58-Jährigen an ihrer Laube in der Kleingartenkolonie »Dreieinigkeit« in Berlin-Lichtenberg der jüdische Enkel einer Freundin geklingelt, 17 Jahre alt, seit einigen Jahren Vollwaise, seit der Deportation (21. Osttransport) und Ermordung seines zehn Jahre alten Bruders in Riga im Oktober 1942 ohne Geschwister und seit ein paar Stunden auf der Flucht vor der Gestapo. Hans Rosenthal ist untergetaucht, weil er gehört hat, dass die Nationalsozialisten in diesen Tagen in ganz Berlin Juden von ihren Arbeitsplätzen verschleppen. Auf seine Bitte, ihn zu verstecken, hatte Ida Jauch erwidert: »Du kannst bei mir bleiben, Hansi. Der Krieg dauert sowieso nicht mehr lange.« Das hatte ihr die Bibel verraten, die die gläubige Christin »vorwärts und rückwärts« kannte.[11] Die Besitzerin eines kleinen Ladens hatte Rosenthal in ihrer Laube einen winzigen Verschlag überlassen, hatte die bescheidenen Lebensmittelrationen mit ihm geteilt und ihn sogar mit einem Radioempfänger und einer Tageszeitung versorgt, die sie von ihrer Nachbarin, Frau Harndt, bezog, die früher die *Rote Fahne* ausgetragen hatte. Die gab es nicht mehr, stattdessen studierte sie die verachtete, gleichgeschaltete *Morgenpost*, die sie nach beendeter Lektüre Rosenthal überließ. Die ständige Gefahr, entdeckt zu werden, die Enge, der Hunger, die Langeweile – doch es gibt etwas im Leben Hans Rosenthals, das ihn regelmäßig ermuntert. Die nächtlichen Luftangriffe auf Berlin sind »das Schönste für mich«.[12] Wenn die anderen in den Bunker gehen, kann er die Laube verlassen. Dann legt er sich ins Gras, verschränkt die Arme hinter dem Kopf und sieht in den nächtlichen Himmel. In diesen Momenten ist das Leben »fast schön«.[13] Er denkt: »Wenn die Piloten da oben wüssten, wie mir hier unten zumute ist, wie sie mich erfreuen mit ihrem Flug, der für die anderen Berliner Angst und Schrecken und für so viele auch den Tod« bedeutet. Für ihn bedeuten die Bomber das Leben, ihre Kondensstreifen sind »Lichtzeichen aus einer besseren Welt«.[14]

In diesem Sommer stirbt Ida Jauch über Nacht an einem »eingeklemmten Bruch«. Wieder steht Hans Rosenthal allein, wieder findet er Schutz, diesmal bei Frau Schönebeck, einer Nachbarin in der Laubenkolonie und erklärten Gegnerin der Nazis. Im August zieht er bei ihr ein. Aber Frau Schönebeck hat keinen Laden wie Frau Jauch, ihre Lebensmittelkarten reichen nicht für sie und Rosenthal, bald hungern beide um die Wette, und ihm bleiben »die wenigen Bissen im Halse stecken«.[15] Frau Schönebeck hat eine Idee: »Nebenan wohnen doch die Nemnichs, diese netten alten Leute. Denen sagen wir die Wahrheit. Ja?« Rosenthal hat ein mulmiges Gefühl, aber keine Wahl: Er stimmt zu. Mit der Zahl der Retter wächst auch die Gefahr des

Verrats, zumal noch weitere Nachbarn von Frau Schönebeck ins Vertrauen gezogen werden. Aber es kommt anders als von Rosenthal befürchtet. Die Nachbarn sind besorgt, er und Frau Schönebeck könnten in ihrer Laube von einer Bombe getroffen werden. Also bauen sie ihnen einen kleinen Bunker. Es ist eher ein Unterstand, aber er erfüllt nicht nur, sondern übertrifft alle Erwartungen. Bei Alarm suchen nicht nur Rosenthal und Frau Schönebeck in ihm Schutz, auch die alten Nemnichs kommen dazu, Frau Harndt, die kommunistische Spenderin der *Morgenpost*, dann auch Menschen, die Hans Rosenthal noch nie gesehen hat. Rosenthal kann sich nicht erklären, warum sie bei Luftalarm alle in diesen kleinen Bunker flüchten. Also erklären sie es ihm. Bisher ist keine Bombe auf den Bunker gefallen, und das, »Hansi, das verdanken wir Ihnen. Die Alliierten wissen, dass hier ein Verfolgter verborgen ist, bestimmt wissen sie das. Die verschonen uns, weil Sie hier sind. Uns kann nichts passieren, weil Sie hier sind.« Rosenthal hält das zunächst für einen Scherz. Aber er täuscht sich. Die Nachbarn in der Kleingartenkolonie »Dreieinigkeit« glauben fest daran, dass der verfolgte Jude Hans Rosenthal ihr Schutzpatron ist, weil die Hauptquartiere der britischen und US-amerikanischen Luftwaffe von seiner Zuflucht in der Gartenlaube wissen und sein Leben nicht gefährden wollen. So wird aus dem Geretteten ein Retter. Und Retter verrät man nicht. Alle halten dicht.

Tag für Tag verkleinert sich der Freundeskreis Missie Wassiltschikows. Seit dem gescheiterten Attentat muss jeder Beteiligte, jeder Mitwisser und jeder Angehörige von Beteiligten und Mitwissern mit seiner Verhaftung rechnen. Melanie von Bismarck hat die gläubige Missie gebeten, für ihren Mann Gottfried, Regierungspräsident von Potsdam, eine Messe lesen zu lassen und »für alle, die in Gefahr sind«. Der Enkel Otto von Bismarcks, SS-Brigadeführer und für die NSDAP Abgeordneter im Reichstag, war in die Attentatspläne nicht nur eingeweiht, er hatte auch den übrig gebliebenen Sprengstoff in seinem Büro aufbewahrt. Seine Frau wagt nicht, in der katholischen oder protestantischen Kirche einen Gottesdienst halten zu lassen, und glaubt, ein orthodoxer wäre weniger auffällig. Bismarck ist noch nicht verhaftet, auch Adam von Trott zu Solz ist auf freiem Fuß. Missie verspricht, mit Pater Johann Schachowskoy darüber zu reden. Der Pater hält eine Messe in der russischen Kirche für zu gefährlich. Doch hat er eine kleine Kapelle in seiner Wohnung, und so zelebriert er sie dort. Missie ist die einzige Anwesende und schluchzt »die ganze Zeit fürchterlich«.[16] Am 25. Juli wird Adam von Trott verhaftet, am 29. Juli Bismarck.

Dass er als einer der wenigen Verschwörer seine Verhaftung und das Verfahren vor dem Volksgerichtshof überleben wird, hat Bismarck Missies Freundin Loremarie von Schönburg zu verdanken. Die österreichische Fürstentochter – ihre Eltern und ein Bruder sind Mitglieder der NSDAP – kannte die Verschwörungspläne. Vor seiner Verhaftung ist es Bismarck gelungen, ihr die Schlüssel für seinen Bürosafe zuzustecken. Am nächsten Morgen ist sie mit dem Rad zu Bismarcks Büro in Potsdam gefahren und hat zwei mit Sprengstoff gefüllte Pakete – jedes von der Größe eines Schuhkartons – mitgenommen. Der Park von Sanssouci war in der Nähe, Loremarie Schönburgs Plan, die in Zeitungspapier gewickelten Pakete dort in einem Teich zu versenken, lag also auf der Hand. Zu ihrer Bestürzung stellte sie fest, dass schon das erste Paket nicht unterging, obwohl sie es mit einem Zweig unter Wasser zu drücken versuchte. Also fischte sie es heraus und vergrub es hinter Büschen. Erst als sie aufsah, bemerkte sie einen Spaziergänger, der sie beobachtet hatte. Sie war mit den Nerven am

8. KAPITEL

Ende und vergrub das zweite Paket in einem Blumenbeet hinter ihrem Haus. Wenig später hatte die Gestapo das Haus durchsucht und nichts gefunden.

9. KAPITEL

»Hitler braucht erst eine Bombe unter seinem Hintern ...«

WOLFSSCHANZE – BERLIN – KOLBERG – LEUNA

Vor mehr als einem Jahr hat der Kampf des NS-Regimes gegen den eigenen Untergang begonnen. Die Niederlage der deutsch-italienischen Verbände bei El Alamein im November 1942 hatte es den amerikanischen und britischen Truppen ermöglicht, im Rücken der Wehrmacht in Marokko und Algerien zu landen. Und seit dem 22. November 1942 war die 6. Armee in Stalingrad eingekesselt, am 3. Februar 1943 hatte das Oberkommando der Wehrmacht in einer Sondermeldung im Großdeutschen Rundfunk ihr Ende verkünden lassen. Das war der Wendepunkt des Krieges, und so war es auch in der Bevölkerung empfunden worden. In den Tagen nach Bekanntwerden der katastrophalen Niederlage war in deutschen Großstädten an Hauswänden die Zahl 1918 aufgetaucht – mit dem Verweis auf das Ende des Ersten Weltkriegs malten die todesmutigen Anstreicher die bevorstehende Katastrophe im Zweiten Weltkrieg an die Wand. Goebbels hatte sofort zum propagandistischen Gegenschlag ausgeholt. Am 18. Februar 1943 hatte er vor rund 15 000 handverlesenen Parteigenossen und Claqueuren eine Rede im Sportpalast gehalten, mit der er die Deutschen endgültig zu Komplizen des

9. KAPITEL

Regimes erklärte und mit der Alternative konfrontierte: Sieg oder Untergang. Ein Ziel seiner Rede war, die Deutschen von der Notwendigkeit der »Radikalisierung und Totalisierung« des Krieges zu überzeugen, ein anderes, auch Hitler davon zu überzeugen, der der vollständigen Mobilisierung mit verpflichtendem Einsatz der Frauen an der Heimatfront skeptisch gegenüberstand und auch von der Schließung teurer Restaurants als Maßnahme gegen den »Amüsierpöbel« nichts wissen wollte. Die Rede im Sportpalast – bis in kleinste Details der Kameraführung und der Atempausen geplant und einstudiert – war ein voller Erfolg, ihre Wirkung hingegen bescheiden. Im Juli 1944 ist Goebbels' Forderung des »totalen Kriegs« noch immer nicht erfüllt.

Am 22. Juli eilt der Propagandaminister zu einer Besprechung im Feldquartier des Chefs der Reichskanzlei, Hans Heinrich Lammers, zehn Kilometer von der Wolfsschanze. Die Fahrt durch Ostpreußen bei »wunderschönem Sommerwetter« empfindet er als interessant: »Das Land ist absolut ruhig.« Die Menschen gehen »in Ordnung und Disziplin« ihrer Arbeit nach: »Von der Tatsache, dass etwas über hundert Kilometer entfernt schon die Front ist, kann man hier nicht das Geringste verspüren.«[1] Ostpreußen, resümiert Goebbels, liegt »im tiefsten Frieden«.[2] Der Lärm der Geschütze, der die Lehrerin Marianne Günther in Gertlauken inzwischen Tag und Nacht begleitet, scheint die Ohren des Propagandaministers nicht zu erreichen, und auch die Evakuierten aus Hamburg, Berlin und Königsberg, die in den Ortschaften Ostpreußens Zuflucht gefunden haben, bleiben seinen Blicken verborgen. Vielleicht ist er mit anderen Dingen beschäftigt. Er fährt voller Zuversicht zur Konferenz, die später im Führerhauptquartier mit Hitler fortgesetzt werden wird. Goebbels spürt: Die Stunde des »totalen Kriegs« ist endlich gekommen.

Von Anfang an hat Goebbels den Eindruck, dass »die Konferenz zur Totalisierung unserer Kriegsanstrengungen für meine Wünsche und Absichten günstig verlaufen«[3] und er die verlangten Vollmachten bekommen wird: »Das hängt auch besonders damit zusammen, dass es niemanden gibt, der nicht Angst vor einer großen Kriegskrise oder gar vor einer Katastrophe hätte.«[4] Die große Krise ist längst da, die Katastrophe nicht mehr aufzuhalten, aber das verstehen weder Goebbels noch die anderen Teilnehmer der Runde, unter anderem Bormann, Keitel und Speer. Sie einigen sich darauf, dass der »Führer größte Vollmachten ausgeben muss«, um den totalen Krieg ins Werk zu setzen: Himmler, der Organisator der »Endlösung«, soll als Nachfolger von Generaloberst Fromm Befehlshaber des Ersatzheers und Chef der Heeresausrüstung werden, Goebbels die »innere Kriegsdiktatur«[5] übernehmen.

Die anschließende Begegnung mit Hitler in dessen Hauptquartier – die erste seit dem Bombenanschlag – verläuft ebenso erfolgreich, dennoch ist Goebbels geradezu erschüttert: »Ich habe das Empfinden, in ihm vor einem Menschen zu stehen, der unter Gottes Hand arbeitet.«[6] Bei anderer Gelegenheit pflegt Goebbels – wie auch der »Führer« selbst – von der Vorsehung zu sprechen, aber Gottes Hand ist natürlich die robustere Metapher. Bedenklich stimmt den Minister jedoch, dass Hitler »sehr alt« geworden ist, ja, einen »direkt gebrechlichen Eindruck« macht. Andererseits bemerkt Goebbels an Hitler eine »außerordentliche« Güte: »Man muss ihn direkt liebhaben.« Die Güte erstreckt sich allerdings nicht auf die Attentäter und deren Hintermänner: »Das Strafgericht, das jetzt vollzogen werden muss, muss geschichtliche Ausmaße haben.«[7] Er selbst aber fühlt sich an diesem Tag von Hitler verstanden. Warum denn nicht früher? »Wenn ich diese Vollmachten bekommen hätte, als ich sie so nötig brauchte«, versichert er seinem Adjutanten auf der

Rückreise nach Berlin, »hätten wir heute den Sieg in der Tasche und der Krieg wäre wahrscheinlich schon vorbei. Aber Hitler braucht erst eine Bombe unter seinem Hintern, bis er Vernunft annimmt.«[8] Die Vorsehung, die alte Spinatwachtel, hat es offenbar nicht früher gewollt.

Am 25. Juli wird Goebbels zum »Generalbevollmächtigten für den totalen Kriegseinsatz« ernannt und macht sich sofort an die Arbeit. Er ordnet die Einberufung aller Jungen zwischen 16 und 18 Jahren an. Für alle Wehrmachtsangehörigen wird der Urlaub gesperrt. Er lässt ganze Bataillone aus Männern bilden, die bis dahin als frontdienstuntauglich galten, aus Männern mit Ohrenleiden und Magenkranke, aus Männern mit Rheumatismus, Gallen- oder Nierensteinen. Seinen Gauleitern berichtet er, alleine aus einem Wehrbezirk habe er auf diese Weise 79 874 Männer an die Front geschickt: »Der leitende Arzt dieses Wehrbezirks schätzt, dass man im ganzen Reich genug solcher Kranker rekrutieren könnte, um einhundert besondere Bataillone aufzustellen.«[9] Alle Bereiche des gesellschaftlichen, politischen und wirtschaftlichen Lebens sollen den Erfordernissen des Kriegs angepasst werden. Alle öffentlichen Anstalten, Einrichtungen und Betriebe, aber auch der gesamte Staatsapparat einschließlich Reichsbahn und Reichspost sollen mit dem Ziel überprüft werden, durch Rationalisierung oder Stilllegung Arbeitskräfte mit diesen sogenannten Auskämmaktionen für den Fronteinsatz oder die Kriegsindustrie freizusetzen. Eine Verordnung verlangt die Auflösung von Scheinarbeitsverhältnissen. Sie betrifft, wie der *Völkische Beobachter* berichtet, »alle jene Arbeitspflichtigen, die ihrer Arbeitspflicht nur dem Schein nach genügen, d. h. die sich unter Ausnutzung verwandtschaftlicher oder sonstiger Beziehungen ein Arbeitsverhältnis haben, das ihnen ein bequemes Leben fern von den gemeinsamen Kriegsanstrengungen der Nation ermöglicht«.[10]

Dieses Problem ließe sich nach Ansicht Friedrich Kellners einfach lösen. Wie wäre es, fragt er in seinem Tagebuch, mit einem Fronteinsatz sämtlicher Parteibonzen?

Im propagierten »Kampf um Sein oder Nichtsein« werden alle kriegsunwichtigen Betriebe geschlossen und große Teile der Bevölkerung zur Arbeit in der Rüstungsindustrie verpflichtet, bei einer wöchentlichen Arbeitszeit von über 60 Stunden. Und das Alltagsleben der Deutschen wird ab jetzt von Urlaubssperren, Einschränkungen der Strom- und Gasversorgung sowie von Verboten von Sport- und Kulturveranstaltungen bestimmt – die Bombardierungen der Städte, der Verkehrswege und vor allem der Treibstoffwerke nicht zu vergessen.

Aber wichtiger als der militärische Sieg in einer Schlacht ist natürlich allemal eine gewonnene Propagandaschlacht. Weil Hitler und Goebbels fest daran glauben, dreht Veit Harlan – ihr Lieblingsregisseur seit dem antisemitischen Hetzfilm *Jud Süß* von 1940 – seit Oktober vergangenen Jahres den Durchhaltefilm *Kolberg*. Den Auftrag hatte Goebbels erteilt: »Hiermit beauftrage ich Sie, einen Großfilm ›Kolberg‹ herzustellen. Aufgabe dieses Films soll es sein, am Beispiel der Stadt, die dem Film den Titel gibt, zu zeigen, dass ein in Heimat und Front geeintes Volk jeden Gegner überwindet. Ich ermächtige Sie, alle Dienststellen von Wehrmacht, Staat und Partei, soweit erforderlich, um ihre Hilfe und Unterstützung zu bitten und sich dabei darauf zu berufen, dass der hiermit von mir angeordnete Film im Dienste unserer geistigen Kriegführung steht.«[11] Von dieser Ermächtigung macht Harlan umfangreich Gebrauch. Der Farbfilm – mit 8,8 Millionen Reichsmark die teuerste Produktion der NS-Filmpolitik – zeigt die Verteidigung der kleinen Hafenstadt an der Ostsee gegen die überlegenen Truppen Napoleons als Musterbeispiel für im totalen Krieg mögliche

Leistungen. Um das Drehen von Schneeszenen im Sommer zu ermöglichen, wurden 100 Eisenbahnwaggons mit Salz zu den Drehorten in Pommern gebracht. Zivilisten aus der Umgebung wurden als Statisten herangezogen, unter ihnen ein gewisser Egon Krenz. Und Veit Harlan wird später erzählen, Hitler habe ihm ausdrücklich erlaubt, 187 000 Soldaten aus dem aktiven Dienst als Beiwerk für den Monumentalfilm einzusetzen. Solange das NS-Regime besteht, wird die Propaganda jede Schlacht gewinnen.[12]

Am 12. Mai 1944 hat Rüstungsminister Speer den »Krieg im technischen Sinne« verloren gegeben. An dem Tag haben die Luftwaffen der Alliierten mit einem Vernichtungsschlag gegen deutsche Industrieanlagen begonnen, in denen synthetischer Treibstoff hergestellt wird. Zwischen Mai 1944 und April 1945 warfen die United States Army Air Forces und Royal Air Force bei 206 Luftangriffen auf 24 Hydrier- und Synthesewerke des Deutschen Reichs insgesamt 216 322 Tonnen Bomben ab.

Die »Öl-Offensive« am 12. Mai wurde durch 935 strategische Bomber mit Hunderten Begleit-Jagdflugzeugen dreier Air Divisions der U.S. Air Force eröffnet. Von Großbritannien aus griffen sie gleichzeitig die fünf Hydrierwerke Leuna, Lützkendorf, Böhlen, Zeitz-Tröglitz und Brüx in Nordböhmen an und trafen damit einen Lebensnerv der deutschen Kriegs- und Zivilwirtschaft. Das Hydrierwerk in Brüx – Jahresproduktion: 600 000 Tonnen – wurde vollständig ausgebombt, ebenso die Leuna-Werke in Tröglitz, zu 50 Prozent in Böhlen und zu 60 Prozent bei Merseburg. Bereits im April wurde das rumänische Erdölgebiet Ploieşti bei Luftangriffen stark beschädigt. Seit den Angriffen im Mai ist nun auch die synthetische Treibstoffherstellung akut gefährdet. Im März hat der Ausstoß an künstlichem Treibstoff noch 927 000 Tonnen betragen, im Mai

715 000 Tonnen, im Juni ist er auf 472 000 Tonnen gesunken. Der Treibstoffmangel droht vor allem der Luftwaffe und den Panzereinheiten den letzten Befehl zu erteilen: Stillgestanden!

Schon Ende Juni hat Speer Adolf Hitler vor den katastrophalen Folgen des Treibstoffmangels gewarnt. Am 28. Juli legt er Hitler seine zweite Denkschrift dazu vor und fordert erneut eine Vollmacht zur totalen Mobilisierung aller geeigneten Kräfte zum Wiederaufbau der Hydrierwerke, das bedeutet: 150 000 bis 350 000 Arbeitskräfte. An diesem Tag gelingt den alliierten Luftwaffen der nächste empfindliche Schlag gegen die deutsche Treibstoffproduktion. 645 B-17 der U.S. Air Force werfen über der Leuna-Anlage bei Merseburg 6330 Sprengbomben ab, am nächsten Tag 554 B-17 noch einmal 10 900.

Was macht die deutsche Luftwaffe? Sie leidet nicht nur unter Treibstoffmangel, sie ist auch auf Verteidigung nicht vorbereitet. Es fehlen nicht allein erfahrene und gut ausgebildete Piloten, die Luftwaffe ist für die Defensive schlecht gerüstet. Hermann Göring, dem Oberbefehlshaber der Luftwaffe, unterstehen 1,8 Millionen Soldaten, davon dient über die Hälfte in der Flakartillerie. Vor allem die größte Flugabwehrarmee der Welt[13] ist für die Verteidigung der Städte zuständig. Sie greift zusätzlich auf 400 000 männliche und weibliche Helfer zurück, Kriegsgefangene und Schüler. Zunächst waren die 15- und 16-jährigen Jungen nur zu Hilfsarbeiten im Büro eingesetzt worden. Doch schon Anfang 1943 hatte Göring die Erlaubnis erteilt, sie als Kanoniere an leichten Waffen einzusetzen, nach kurzer Zeit auch als Kanoniere an schweren Geschützen. Inzwischen sind nur noch die Flaktürme mit gut ausgebildetem Luftwaffenpersonal besetzt, das aus dem ganzen Reich zusammengezogen worden ist. Flakbatterien im Umkreis der Städte werden von jungen Flakhelfern bedient oder von Zivilisten der Heimatflak. Große Fabriken und Industriegebiete – wie beispielsweise das Gebiet um Leuna – haben eigene Batterien, die von eigenen Betriebsangehörigen bedient werden.[14] Aber auch diese gewaltige Flakarmee, die die Jugendlichen in den Tod schickt, noch ehe sie Bekanntschaft mit dem Leben machen konnten, verhindert nicht die Nachrufe auf die verbrannten Städte.

10. KAPITEL

»Du wirst Sterne haben, die lachen können.«

NORMANDIE – VERCORS – PARIS

Aber noch gibt es die deutsche Luftwaffe, auch über dem Mittelmeer. Am Morgen des 31. Juli 1944 startet vom Flughafen Bastia (Korsika) eine Lockheed F-5 zu einem Aufklärungsflug. Im Cockpit sitzt der 44 Jahre alte Antoine de Saint-Exupéry, ein begeisterter Pilot und spätestens seit Veröffentlichung von *Terre des hommes* (dt. Übersetzung: *Wind, Sand und Sterne*) 1939 in den USA und Frankreich, aber auch in Deutschland hochgelobter und erfolgreicher Schriftsteller. Im vergangenen Jahr ist die Geschichte *Le petit prince* (dt. Übersetzung: *Der kleine Prinz*) erschienen, die von dem freundlichen, melancholischen, lebens- und todesklugen Jungen erzählt, den es von einem Asteroiden auf die Erde verschlagen hat, und von seiner Begegnung mit einem notgelandeten Piloten. Der Prinz wird am Ende von einer Schlange gebissen und stirbt. Vor seinem Tod aber verspricht er dem Piloten: »Du wirst Sterne haben, wie sie niemand hat. (…) Du allein wirst Sterne haben, die lachen können.«

Es soll Saint-Exupérys letzter Einsatz sein. Denn sein Kommandant hat beschlossen, ihn in die Pläne der Alliierten einzuweihen, bereits in den nächsten Tagen nach der Normandie auch an der Côte d'Azur – zwischen Toulon und Cannes – zu landen (Operation Dragoon). Damit wäre Saint-Exupéry von Aufklärungsflügen in Zukunft ausgeschlossen. Piloten mit Geheimwissen sind Flüge über dem Feindgebiet verboten. Als Saint-Exupéry um 14 Uhr noch nicht zurückgekehrt ist, versucht der Funkoffizier der Bodenstation erfolglos, Kontakt zu ihm herzustellen. Um 14.30 Uhr ist klar, dass Saint-Exupéry nicht mehr in der Luft sein kann, der Treibstoff ist aufgebraucht. Um 15.30 Uhr sendet der Flughafen Bastia die Nachricht: »Pilot did not return and is presumed lost.«[1] Die Absturzursache ist nicht klar, wahrscheinlich hat ein deutscher Jagdflieger Saint-Exupéry vom Himmel geholt. Der Leichnam wird nie gefunden.

Sollte tatsächlich ein deutscher Pilot das Flugzeug des Schriftstellers abgeschossen haben, dann hat er sich damit eines der raren Erfolgserlebnisse verschafft, die die Luftwaffe im Sommer 1944 noch verzeichnet. Über die Freude, die die Piloten darüber empfinden, unterhalten sich zwei kriegsgefangene Kameraden, von denen der eine an einer gelungenen Aktion im Zuge der Partisanenvernichtung im Hochland des Vercors beteiligt war, einem Bergplateau südwestlich von Grenobles.

»Pilot: Zehn-Kilo-Splitterbomben, immer hinein, was hinein geht. Der Einsatz 15 Minuten, und den ganzen Tag – von früh bis abends – laufend gestartet, Sturz – ssst – raus mit dem Salat; zurück, geladen, gestartet, Sturz, raus mit Salat. Das hat Spaß gemacht.

Kamerad: Keine Abwehr?

Pilot: Sag das nicht, die Burschen haben Flak-Geschütze. (...) Der Kommandeur hat 50-Kilo-Bomben gehabt. Also der Kommandeur startet als Erster, schaut sich die Sache ganz kurz an: ›Aha, da steht ein Haus mit ein paar Kraftwagen.‹ Er ist selbst Flugzeugführer, ssst, 80 Grad im Sturz die alte ›88‹, kurz das Knöpchen gedrückt, Steilkurve und nach Hause. Den nächsten

Tag Gefangene durch die SS eingebracht und durch eine Kosaken-Einheit, wir hatten da eine Kosaken-Einheit, und Fallschirmjäger haben sie auch abgesetzt da oben (…) alles schwarz voll Partisanen (…) jede Nacht geknallt mit Maschinenpistolen. Da haben sie Gefangene gemacht, und was denkst du, was der Kommandeur getroffen hatte? Einen gesamten Stab mit lauter hohen Offizieren, einschließlich einem englischen General, der gerade ein paar Tage vorher abgesetzt worden war.«[2]

Die Schlacht von Vercors zwischen Einheiten der Wehrmacht und der Résistance, von der der Pilot erzählt, ist Ende Juli schon vorbei, aber die Vergeltungsaktionen der Deutschen sind noch in vollem Gang. Seit vergangenem Jahr hatten sich viele Maquisards auf dem Bergplateau versammelt. Die Lage ist perfekt sowohl für die Defensive – er ist von tiefen Tälern begrenzt – als auch für Aktionen gegen den deutschen Nachschub in den Alpen. Personell ist der Maquis gut ausgestattet. Dafür hat unfreiwillig die Vichy-Regierung unter dem Druck Deutschlands gesorgt. Im Februar 1943 ist der obligatorische Arbeitsdienst (Service du travail obligatoire, STO) eingeführt worden, ein Zwangsarbeitsdienst, der französische Arbeiter zum Einsatz in der deutschen Kriegswirtschaft liefert. Seitdem arbeiten Hunderttausende junge Franzosen in Deutschland[3] schlecht versorgt, in primitiven Unterkünften und oft unter Lebensgefahr – viele sind in Baracken in der Nähe von Eisenbahnknotenpunkten untergebracht, einem bevorzugten Ziel der alliierten Bombenangriffe. Die Aussicht auf Zwangsarbeit hat viele Männer in den Widerstand, in die Reihen des Maquis getrieben. Sie sind unzureichend ausgebildet, aber voller Tatendrang, ohne Kampferfahrung, aber Patrioten.

Seit dem 6. Juni ist die Popularität des Maquis in der Bevölkerung gewaltig, eine Welle der Euphorie geht durch das Land. Überall sind inzwischen Partisanenkämpfe ausgebrochen, aus

10. KAPITEL

manchen Orten werden die Deutschen vertrieben, wenngleich auch nur für kurze Zeit, denn waffentechnisch ist der Widerstand der Wehrmacht und der SS hoffnungslos unterlegen, und die Deutschen schlagen, wie es in einem Wehrmachtsbefehl vom 8. Juni heißt, »mit äußerster Schärfe und ohne Nachsicht« zurück. Immerhin ist es im Februar 1944 gelungen, die Spannungen zwischen den einzelnen Résistance-Gruppen der Gaullisten, Sozialisten, Konservativen und den Kommunisten zu entschärfen und dem Widerstand einen institutionellen Rahmen zu geben: die *Forces françaises de l'intérieur* (FFI; deutsch: Französische Streitkräfte im Inneren). Das ist vor allem das Verdienst Jean Moulins, den General Charles de Gaulle als seinen Vertreter von Algier nach Frankreich geschickt hatte. Moulin war im Juni 1943 verhaftet und vom berüchtigten Gestapo-Chef Lyons, Klaus Barbie (»Der Schlächter von Lyon«), derart gefoltert worden, dass er an den Folgen am 8. Juli 1943 mit 44 Jahren auf dem Transport in ein deutsches Konzentrationslager gestorben war.

Der Patriotismus von 4000 Männern und die relative Geschlossenheit des Widerstands genügten in Vercors nicht gegen die fast 10 000 deutschen Soldaten, die ihren Angriff auf das Plateau am 21. Juli begonnen hatten. Die Unterstützung der Résistance durch die westlichen Alliierten war gering, die Aussichtslosigkeit des Kampfes von Anfang an offensichtlich. Die Deutschen hatten das Plateau umstellt, um einen Ausbruch der Maquisards zu verhindern. Vier deutsche Kampfgruppen waren – unterstützt von der Luftwaffe – vorgerückt, nach zwei Tagen war der Kampf entschieden. Die Chefs der Maquisards hatten den Befehl zur Auflösung gegeben, viele Widerstandskämpfer schlugen sich in kleinen Gruppen durch die deutschen Linien. 840 Franzosen – davon ein Drittel Zivilisten – und 65 Deutsche wurden in Vercors getötet.[4]

Die Vergeltungsaktionen der Wehrmacht sind brutal und ziehen sich über mehrere Tage hin. Allein in Vassieux werden 73 Zivilisten – Frauen und Männer – getötet und alle Häuser angezündet. Das Kommando hat General Karl Pflaum. Er gibt den Befehl: »Jetzt heißt es, den Vercors zu durchkämmen und die in ihrem Unterschlupf versteckten Terroristen auszulöschen.«[5] Das setzt die Wehrmacht bis zu ihrem Abzug vom Vercors Mitte August mit aller Härte um. Vassieux wird komplett zerstört.

Am 8. August verlassen 37 aus der Pariser Gestapohaft entlassene Résistance-Kämpfer in einem gewöhnlichen Eisenbahnwaggon die Gare de l'Est. Einer von ihnen ist Stéphane Hessel. Bestimmungsort: Verdun. Die Gefangenen sind mit Handschellen gefesselt und werden von deutschen Militärs bewacht. Hessel fragt, wohin die Reise geht. »In ein Kriegsgefangenenlager in Deutschland. Dort wartet ihr den deutschen Sieg und den Frieden ab.« Eine Nacht in Verdun, bewacht in einer Scheune, noch immer in Handschellen. Am nächsten Tag nach Saarbrücken, für Hessel »ein erster Schock«. Sie werden in ein Lager geführt, alle 37 eingesperrt in einem drei mal drei Meter großen Verschlag. Die Männer bekommen keine Luft. Hessel kennt nur ein Mitglied der Gruppe: den britischen Agenten Forest Yeo-Thomas, der in den Beziehungen zwischen dem kämpfenden Frankreich und Winston Churchill eine wichtige Rolle spielte. Der 42 Jahre alte Spion hat, so berichtet es Hessel, den britischen Premierminister davon überzeugt, dass er bei der Organisation der Widerstandsarmee den gaullistischen Organisationen vertrauen könne. Yeo-Thomas arbeitet beim britischen Nachrichtendienst für Spezialeinsätze (Special Operations Executive, SOE), Codenamen *Seahorse* und *Shelley,* die Gestapo führt ihn als *Weißes Kaninchen*. Im vergangenen Jahr

10. KAPITEL

ist er von England zum ersten Mal nach Frankreich geflogen und dort abgesetzt worden. Auftrag: Prüfung der Stärke der Résistance. Im Frühjahr 1944 ist er erneut in Frankreich mit dem Fallschirm gelandet. Diesmal ist er verraten und im Gestapo-Hauptquartier gefoltert worden. Dann hat man ihn ins Gefängnis Fresnes verschleppt. Er konnte fliehen, ist wieder festgenommen worden und nun mit Hessel in einem stickigen Verschlag in Saarbrücken. Yeo-Thomas und Hessel fühlen sich spontan für die anderen 35 verantwortlich. Sie gehen zum Lagerleiter und fordern mehr Raum für die Gefangenen: »Wir sind immerhin Offiziere.« – »Scheiße seid ihr.« Hessel ist noch immer nicht klar, wohin er geraten ist. Am nächsten Morgen geht es weiter mit einem Zug nach Thüringen. »Thüringen. Weimar. Buchenwald.« Hessel muss sofort an das Lager denken, dessen Namen 1938 aus Deutschland entkommene Freunde seiner Mutter gegenüber voller Entsetzen erwähnt und über das sie »nur mit gedämpfter Stimme« gesprochen hatten. »Gibt es diesen Ort wirklich?« Hessel und die anderen werden ihn bald kennenlernen.

EXKURS **Wilm Hosenfeld im Warschauer Aufstand**

Hass auf das NS-Regime spürt Hauptmann Hosenfeld schon lange. Als er vor Jahren angefangen hatte, sich bemerkbar zu machen, war der im Sommer 1944 49 Jahre alte Dorfschullehrer aus Thalau in der Rhön, katholisch, verheiratet, Vater von fünf Kindern, seit 1940 mit der Wehrmacht im besetzten Polen, darauf nicht vorbereitet. Denn erstens gab es vieles, was Wilm Hosenfeld als Patriot am Nationalsozialismus einige Zeit bewundert hatte, er war in die SA und in den NS-Lehrerbund, 1935 schließlich auch in die NSDAP eingetreten. Zweitens hatte er sich als Lehrer und Vater immer bemüht, den Blick auf das sogenannte Gute im Menschen zu richten, und dem Hass den Zutritt in sein Leben verweigert. Aber bald hatte er verstanden, dass die Nationalsozialisten von den deutschen Volksgenossen nichts dringender verlangten: Hass auf die Juden, die Slawen, die Russen, die Polen, die Untermenschen, die Christen, die Homosexuellen, die Kommunisten, die Sozialisten und die Liberalen und die Bereitschaft, für diesen Hass zu töten – die Juden, die Slawen, die Russen, die Polen, die Untermenschen, die Christen, die Homosexuellen, die Kommunisten, die Sozialisten und die Liberalen. Als Wilm Hosenfeld das verstanden hatte, war er für die Nationalsozialisten verloren. Im April des vergangenen Jahres hat er die blutige Niederschlagung des Warschauer Ghettoaufstands miterlebt und in seinem Tagebuch – die Notizen schickt er regelmäßig nach Hause – geklagt: »Diese Tiere. Mit diesem entsetzlichen Judenmassenmord haben wir den Krieg verloren, eine unaustilgbare Schande, einen unauslöschlichen Fluch haben wir auf uns gebracht. Wir verdienen keine Gnade, wir sind alle mitschuldig. Ich schäme mich, in der Stadt herumzulaufen.«

Zu der Zeit war Hosenfeld schon längst im Widerstand – im Rettungswiderstand. In seinen Notizen vermerkt er die Morde der Deutschen, im Alltag rettet er Leben von jüdischen und nichtjüdischen Polen: »Ich versuche jeden zu retten.« Gerettet hat er zum Beispiel den Juden Leon Warm, dem es gelungen war, aus einem der Deportationszüge zu entkommen, mit denen die Bewohner des Warschauer Ghettos im Sommer 1942 und im Frühjahr 1943 in das Vernichtungslager Treblinka deportiert wurden. Warm hatte es geschafft, sich mithilfe seiner Schwester über gemeinsame Bekannte nach Warschau durchzuschlagen und dort mit Hosenfeld Kontakt aufzunehmen. Hosenfeld ist Leiter der Sportschule, ihm unterstehen mehrere polnische Arbeiter, die für die Pflege der Anlagen sorgen. Die Stellung hatte es Hosenfeld ermöglicht, Warm mit falschen Papieren auszustatten und unauffällig in seine Mannschaft aufzunehmen. Diese und andere Aktionen haben sich herumgesprochen. Wie viele Verfolgte Hosenfeld ihr Leben verdanken, ist nicht klar. Aber fest steht, dass Hosenfelds Sportschule für ihre »herzliche«, fast familiäre Atmosphäre bekannt ist« und hier einigen Dutzend Menschen geholfen wird auf ihrer Flucht vor den Deutschen.

Am 11. August 1944 wird der Hass Wilm Hosenfelds auf die Nationalsozialisten persönlich. Er bekommt ein Gesicht. Und einen Namen: Oskar Dirlewanger (Hosenfeld schreibt »Dörlewanger«). Er begegnet dem Kommandeur der nach ihm benannten SS-Sondereinheit Dirlewanger zufällig am elften Tag nach Beginn des Warschauer Aufstands. In Frankreich die Résistance, in Italien die Resistenza, in Jugoslawien die Tito-Partisanen – immer mehr Widerstandsgruppen verwickeln die deutsche Wehrmacht im Sommer 1944 in immer blutigere Auseinandersetzungen. Am 1. August hat in Warschau der Aufstand der »Heimatarmee« (Armia Krajowa, AK) gegen die

Besatzer begonnen. Der Tag war mit der polnischen Exilregierung in London abgestimmt. Geplant war, dass die Widerstandskämpfer losschlagen sollten, sobald die Rote Armee auf die Weichsel vorrückte. Über Warschau sollte eine unter britischem Befehl stehende polnische Luftlandebrigade abgesetzt und nach dem erfolgreichen Aufstand die Rote Armee von den siegreichen Polen empfangen werden. Allerdings waren die polnischen Fallschirmspringer von der britischen Militärführung bereits für andere Einsätze eingeteilt worden. Und die Widerstandskämpfer um General Tadeusz Komorowski kannten nicht die geheim gehaltenen Ergebnisse der Konferenz von Teheran vom November 1943. Roosevelt, Churchill und Stalin hatten sich darauf verständigt, dass Polen nach der Befreiung von den Deutschen zur sowjetischen Einflusszone gehören solle. Die Kämpfer der Heimatarmee hatten auch nicht damit gerechnet, dass die Rote Armee ihren bis dahin stürmischen Vormarsch unmittelbar vor Warschau stoppen würde. Die Wehrmacht hatte ihre Stellungen am Weichselufer erbittert verteidigt. Es gab also gute Gründe für Stalin, seinen Truppen eine Ruhepause zu verordnen. Dass die Pause den Untergang der polnischen Heimatarmee bedeutet, beunruhigt ihn nicht: Polnische Nationalisten werden von Deutschen getötet, Deutsche von polnischen Nationalisten. Stalin kommt das eine wie das andere gelegen.

Sofort nach Beginn des Aufstands hat Heinrich Himmler einen dreiteiligen Befehl erteilt: Erstens sind alle polnischen Kombattanten zu erschießen, zweitens sind auch alle polnischen Nichtkombattanten – Frauen und Kinder – zu erschießen, drittens ist Warschau dem Erdboden gleichzumachen.[6] Anders als bei der Auslöschung des Ghettoaufstands im vergangenen Jahr, benötigen die Deutschen diesmal Verstärkung durch Vernichtungsexperten. Erich von dem Bach-Zelewski,

Chef der »Bandenkampfverbände« und erprobt bei der Vernichtung weißrussischer Partisanen, bekommt das Oberkommando in Warschau. Auch der SS-Gruppenführer und Generalleutnant der Waffen-SS Heinz Reinefarth ist unmittelbar nach Beginn der Kämpfe von Himmler aus Posen nach Warschau beordert worden, um mit der Kampfgruppe Reinefarth den Aufstand niederzuschlagen.

Zu dieser Kampfgruppe gehört die Sturmbrigade Dirlewanger, einer der berüchtigtsten Verbände der SS. Allein am 5. August töten die Mordkommandos in den Stadtteilen Ochota und Wola bis zu 15 000 Zivilisten. Die exzessive Brutalität ist auch eine Folge der Führung des Sadisten, Vergewaltigers und Alkoholikers Oskar Dirlewanger, 48 Jahre alt, schon vor dem Krieg berüchtigt für seine von Drogen befeuerten Gewaltexzesse und mehrfach strafrechtlich verurteilt, unter anderem wegen »Unzucht« mit einem 13-jährigen Mädchen.[7] Seine Einheit wurde ursprünglich im März 1940 als »Wilddiebkommando« aufgestellt – ihm sollten Straftäter zugewiesen werden, die mit der Schusswaffe gewildert hatten und nicht als Gewohnheitsverbrecher galten. Zunächst waren 88 Strafgefangene rekrutiert worden, gewaltbereite Kriminelle, aber nur wenige von ihnen wegen Wilderei inhaftiert. Die Einheit hat sich wegen ihrer Terrormethoden bei der »Partisanenbekämpfung« schnell einen mörderischen Ruf erworben, unter anderem im Generalkommissariat Weißruthenien (Teil von Belarus und Estland) mit der Vernichtung »partisanenverdächtiger« Dörfer, bei denen die Opfer in der Regel erschossen oder mit ihren Ortschaften verbrannt wurden, 2027 Einwohner allein im Ort Borki. Minenfelder lässt Dirlewanger dadurch überwinden, dass er zwei Reihen Zivilisten, versetzt um Schulterbreite, über minenverdächtige Straßen treiben lässt. Massenvergewaltigungen und andere Gewaltorgien – zumeist mit minderjährigen Frauen und Kindern als Opfer – sind für das Kommando Routine.⁸

Diese Verbrechen sind für Dr. Dirlewanger – er ist promovierter Nationalökonom – nur ein Vogelschiss im Vergleich zu der Hölle, die er und seine Männer den Menschen im Warschauer Stadtteil Wola in den nächsten Tagen bereiten: Sie brennen drei Krankenhäuser mit ihren Patienten nieder. Die polnischen Verwundeten werden sofort ermordet, die Krankenschwestern in das Lager der Dirlewanger-Einheit verschleppt. Jede Nacht peitschen deutsche Offiziere zunächst die Krankenschwestern aus, dann werden sie gruppenvergewaltigt und ermordet. An einem Abend errichten Dirlewangers Männer einen Galgen und henken die Ärzte und die nackten Krankenschwestern – begleitet von Flötenmusik.⁹

Wilm Hosenfeld ist immer gern beim deutschen Gouverneur im Palais Brühl gewesen, einem Juwel der Warschauer Rokokokultur. Stets hat er den von der deutschen Zivilverwaltung »ganz besonders schön gepflegten« Bau genossen: »Die ganze Decke ist mattblaues Glas mit allegorischen Figuren.« Und dann die schlanke Marmorsäulenreihe, die den Saal teilt, im größeren Teil eine lange Tafel mit hohen Ledersesseln. »Und wie sieht jetzt alles aus?« Hosenfeld geht durch den Palast. Er sieht im Vestibül die wunderbaren Empiresessel – übereinandergeworfen zu einem großen Haufen, dazwischen Teppiche, Bilder und Tische. Fenster und Glastüren sind zum Teil zerschlagen, überall liegen ausgetrunkene Flaschen. Auch im Arbeitszimmer des Gouverneurs »ein Gräuel der Verwüstung«. Diesen »Gesellen« von der SS mache es geradezu eine Freude, »alles zu zerstören, hinter sich Schweinerei und Chaos zu lassen«. Hauptmann Wilm Hosenfeld ist schockiert. Dann sieht er in einem halbdunklen, mit kostbaren Möbeln vollgestellten Raum, »den Führer dieses Haufens«, Standartenführer Dirlewanger: »An der Tischecke, ein dicker, ungeschlachter Kerl mit einer fürchterlichen Visage, im Hemd, Ärmel hoch aufgewickelt, wie ein Schlachter.« Wilm Hosenfelds Hass ist nicht mehr gesichts- und namenlos. Er sieht Oskar Dirlewanger – und erkennt den Nationalsozialismus.[10]

Der Warschauer Aufstand wird erst nach 63 Tagen mit der Kapitulation der Heimatarmee am 2. Oktober 1944 enden. Seine blutige Niederschlagung kostet zwischen 150 000 und 200 000 Menschen das Leben. 50 000 Überlebende werden zur Zwangsarbeit nach Deutschland deportiert, 60 000 in Konzentrationslager, darunter fast 18 000 Frauen und Kinder. 400 000 Menschen werden über das Generalgouvernement verteilt, wo sie sich selbst überlassen bleiben.[11] Auch der dritte Teil von Himmlers Befehl wird umgesetzt und Warschau dem Erdboden fast gleichgemacht. Zwar haben sich die Deutschen in der Kapitulationsvereinbarung verpflichtet, »die Unversehrtheit des öffentlichen und privaten Eigentums in der Stadt zu gewährleisten«. Aber sie fühlen sich dem »Führer« verpflichtet, keinen vertraglichen Vereinbarungen. Nach der Flucht oder Deportation der überlebenden Bevölkerung ziehen Pioniereinheiten der Wehrmacht durch die Stadt, die die noch stehenden Gebäude niederbrennen und abreißen sollen. Mit Flammenwerfern und Sprengsätzen wird systematisch Haus für Haus zerstört, vor allem historisch bedeutende Bauwerke und Kirchen werden vernichtet, die Reste des stark beschädigten Königsschlosses, auch das von Wilm Hosenfeld geliebte Palais Brühl.

Später im Jahr wird Hosenfeld in den Ruinen auf einen Überlebenden stoßen und noch einmal, ein letztes Mal, zum Retter werden. Am 17. November beobachtet er in einer verkohlten Villa einen verwahrlosten, offensichtlich ausgehungerten Mann bei dessen Versuch, einen Öffner für die Konservendosen zu finden, die er im Haus entdeckt hat. »Was machen Sie hier? Sind Sie Jude?« – »Ja«, erwidert der Mann. – »Was sind Sie von Beruf?« – »Pianist.« Er heißt Władysław Szpilman, ist 33 Jahre alt und hat als einziges Mitglied seiner Familie den Holocaust überlebt. Ein Ghetto-Polizist hatte ihn zurückgerissen, als er mit Vater Samuel, Mutter Edwarda, Bruder Henryk und den Schwestern Halina und Regina in den Viehwaggon ins KZ Treblinka stieg. Seitdem ist Szpilman Überlebensexperte. Er hat zwei Jahre in einem Versteck in Warschau überlebt, Durst und Hunger überlebt, die Gelbsucht überlebt, sogar einen Selbstmordversuch hat Władysław Szpilman überlebt. Wilm Hosenfeld sorgt dafür, dass er auch weiterhin, bis zur Ankunft der Roten Armee in Warschau, überleben wird. Er hat nur eine Bitte. Hosenfeld zeigt auf ein Klavier: »Spielen Sie etwas.« Szpilman spielt Chopins Nocturne cis-Moll, wie in seiner letzten Life-Ausstrahlung im polnischen Rundfunk am 23. September 1940. Stunden später hatte eine Bombe das Elektrizitätswerk zerstört.

Hosenfeld versteckt Szpilman auf dem Dachboden. Der Pianist kann nicht glauben, dass ein Angehöriger des Volkes, das halb Europa in Trümmer gelegt und seine Familie ermordet hat, Mitgefühl zeigt. »Sind Sie Deutscher?«, fragt Szpilman. »Ja! Ich bin Deutscher!«, schreit der Mann in der Uniform. »Und nach all dem, was geschehen ist, schäme ich mich dafür.« Wochenlang wird Hosenfeld den Musiker mit Brot und Marmelade versorgen und ihm zum Schutz vor der Kälte eine Daunendecke und einen Mantel besorgen. Am 12. Dezember wird er sich von Szpilman verabschieden und ihm ein letztes Mal Mut zusprechen: Die Ankunft der Roten Armee in Warschau sei jeden Tag zu erwarten.[12]

11. KAPITEL

»Ein deutscher Soldat kapituliert nicht.«

AMSTERDAM – ST. MALO –
BREST – BERLIN

Ursprünglich ist Westerbork in der niederländischen Provinz Drenthe ein Zufluchtsort, das zentrale Flüchtlingslager für von den Nationalsozialisten verfolgte Juden gewesen. Seit es die SS im Frühjahr 1942 übernommen hat, ist es ein »Judendurchgangslager«, Zwischenstation auf dem Weg in die Vernichtung. Zwar gibt es ein Krankenhaus mit fast 800 Betten, eine Zahnklinik, einen Kindergarten, eine Schule und ein Verwaltungszentrum. Aber das ist Fassade, wie auch die Bezeichnung als »Durchgangslager« eine Lüge ist. Es ist ein Verschiebebahnhof für die Transporte in verschiedene Konzentrationslager – Sobibor, Bergen-Belsen, Theresienstadt und vor allem Auschwitz. Niederländische Bauunternehmer hatten im Lager 84 Meter lange und zehn Meter breite Baracken errichtet, ungefähr 24 primitive Holzschuppen, bis in die letzten Ecken gefüllt mit zum Tod verurteilten Menschen.[1] Anfangs hatten zwei Transporte pro Woche stattgefunden, montags und freitags, ab 1943 war bis Februar 1944 nur noch jeden Dienstag ein Transport abgegangen. Die Transporte aus Westerbork sind unregelmäßiger geworden, die Zahl der Deportierten ist gesunken, die Vernichtung der niederländischen Juden fast beendet.

11. KAPITEL

Aber es gibt noch drei kleine Zimmer im Hinterhaus der Amsterdamer Prinsengracht 263, in denen sich die inzwischen 15 Jahre alte Anne Frank, ihre ältere Schwester Margot, ihre Eltern, die dreiköpfige Familie van Pels und Fritz Pfeffer, ein Bekannter der Eltern, seit Frühjahr 1942 verstecken. Am 4. August 1944 werden sie von SS-Oberscharführer Karl Silberbauer und niederländischen Mitarbeitern des Sicherheitsdiensts verhaftet. Wahrscheinlich sind sie verraten worden. Sie müssen ihre Wertsachen abliefern. Silberbauer nimmt die Aktentasche von Annes Vater, Otto Frank, an sich, in der sich Annes Tagebücher befinden. Der SS-Mann schüttet die Tasche aus und stopft die Wertsachen hinein. Annes rot-weiß kariertes Tagebuch, Schulhefte und Hunderte Seiten Durchschlagpapier bleiben unbeachtet auf dem Boden zurück. Wenig später geht die Sekretärin des Vaters, Miep Gies, durch das Hinterhaus, entdeckt Annes Schriften und nimmt sie mit. Der letzte Eintrag im Tagebuch vom 1. August lautet: »(Ich) suche dauernd nach einem Mittel, um so zu werden, wie ich gerne sein würde und wie ich sein könnte, wenn … wenn keine anderen Menschen auf der Welt leben würden.« Anne wäre gern eine berühmte Schriftstellerin geworden. Eine Schriftstellerin ist die Tagebuchschreiberin schon, als sie mit den anderen Verhafteten in das Durchgangslager Westerbork verschleppt wird. Weltberühmt wird sie erst nach ihrem Tod im Konzentrationslager Bergen-Belsen im Februar oder März nächsten Jahres.

Die 3. US-Armee von General George Patton hat Wochen benötigt, um aus dem Normandie-Brückenkopf auszubrechen. Am 1. August ist es südlich von Avranches endlich gelungen – mit einem Teppichbombardement mit mehr als 2000 Flugzeugen, die 47 000 Tonnen Bomben auf einer Fläche von 15 Quadratkilometern über deutschen Panzern abgeworfen hatten. Die US-Verbände sind sofort in drei Richtungen vorgestoßen: im Süden bis an die Loire, im Osten nach Le Mans, im Westen wird – unterstützt von örtlichen Einheiten der FFI – innerhalb einer Woche fast die gesamte Bretagne befreit.[2] Die deutschen »Festungen« Brest, Lorient und Saint-Nazaire sind eingeschlossen.

Und Saint-Malo? Am 5. August haben die Zeitungen berichtet: »Eingenommen, aber noch nicht besetzt.« Lee Miller glaubt den Berichten und hat sich sofort auf den Weg gemacht, per Anhalter, und wieder hat sie nur die Kleidung dabei, die sie anhat, eine zusammengerollte Daunendecke und ein paar Dutzend Filme. Am 13. August erreicht sie Saint-Malo, den historischen, an drei Seiten vom Wasser umspülten Stadtkern *intra muros* (innerhalb der Stadtmauern), der von den »Hunnen« (Miller) noch immer erbittert verteidigt wird ebenso wie die extrem befestigte Festung Cité d'Aleth mit einer Artilleriebatterie mit Entfernungsmesser, ausgedehnten Verteidigungsstellungen, 1350 Meter unterirdischen Stollen und Unterkünften für etwa 200 Mann. Lee Miller hatte erwartet, in Saint-Malo sei der Krieg vorbei, aber sie ist mittenhinein geraten. Als die Alliierten die Deutschen auf dem Festland zurückdrängten und zur Kapitulation zwangen, hatten die sich in die Festung zurückgezogen, unter dem Befehl des Kommandanten Oberst Andreas von Aulock. Lee Miller nennt ihn den »verrückten Oberst«, denn Aulock hat die Aufforderung der US-Armee, in aussichtsloser Lage zu kapitulieren, ganz im Sinne Hitlers zurückgewiesen: »Ein deutscher Soldat kapituliert nicht.« Aulock ist Veteran der Schlacht von Stalingrad, er müsste es also besser wissen (allerdings hatte er sich mit einigen anderen Offizieren rechtzeitig vor der Kapitulation der 6. Armee ausfliegen lassen). Mit seiner sturen Haltung hat Aulock, wie Lee Miller schreibt, das Schicksal Saint-Malos besiegelt. Die weltberühmte, architektonisch einzigartige Stadt wird von der U.S. Air Force tagelang bombardiert, am Ende sind 85 Prozent der Altstadt zerstört. Wenn Aulock versucht haben sollte, wie Lee Miller vermutet, sich mit seiner Weigerung einen Namen zu machen, so gelingt ihm das immerhin bei Hitler. Am 15. August erhält Aulock vom »Führer« das Eichenlaub zum Ritterkreuz des Eisernen Kreuzes. Zwei Tage später kapituliert er. Zuvor setzt er aber noch einen letzten Funkspruch an Hitler ab: »Mein Führer! Der Kampf um St. Malo wird heute oder morgen sein Ende nehmen. Unter dem schwersten Beschuss fällt ein Werk nach dem anderen in Trümmer. Gehen wir unter, so soll es nur nach hartem Kampf bis zum Letzten sein. Der Herrgott halte schützend seine Hand über Sie. Es lebe unser Führer!«[3] Es ist zu bezweifeln, dass Hitler mit Aulock noch immer zufrieden wäre, erführe er von einem Fehler, den Aulock aber schon wenig später, nach seiner Ankunft als Kriegsgefangener in Trent Park am 22. August, bitter bereut. Der Festungskommandant hatte einige Tage vor der Kapitulation einem kurzen Waffenstillstand zugestimmt, um die Evakuierung von etwa 1000 französischen Zivilisten sowie von 500 Geiseln und Internierten zu ermöglichen. Diese humane Geste passt ebenso wie eine Kapitulation für Aulock offenbar nicht zu seinem Bild vom deutschen Soldaten: »Ich hätte die lieber verrecken lassen sollen und die Stadt nachher halten können.«[4]

Seit dem 5. August ist die »Festung« Brest eingeschlossen. Erich Kuby hat es eher zufällig erfahren, von einem Oberleutnant, der ihn in seinem Wagen ein Stück mitgenommen hat. Der Offizier war auf der Suche nach seinem Gefechtsstand, den er Kuby zeigen wollte. Er fand ihn nicht. Als sie einen Hügel hinaufgingen, sagte er: »Es ist also so weit, wir sind eingeschlossen.« Einen

»EIN DEUTSCHER SOLDAT KAPITULIERT NICHT.«

Tag zuvor hatte die Evakuierung Brests begonnen, und Kuby bemerkte sofort eine ungewohnte Heiterkeit der Franzosen: »Diese Franzosen haben nichts mehr mit jenen gemein, die ich 1940 über die Landstraßen flüchten sah, niedergeschlagen, verzweifelt und auf ihre Regierung, die sie verraten habe, schimpfend.«[5] Elegante Frauen trugen gestrickte Handschuhe in den Farben ihrer Kleider und waren geschminkt, als gingen sie auf einen Ball. Alle waren heiter, geduldig und freundlich miteinander: »Die Haltung der Franzosen ist fabelhaft.« Am 7. August wurde über Brest der Belagerungszustand verhängt. Rote Anschläge verkündeten den Einwohnern die Bedingungen. Kuby bemerkte, dass das Straßenbild kriegerischer wurde. Zwischen den Häuserreihen marschierten zuweilen Granatwerfergruppen oder MG-Gruppen: »Daneben stehen elegante Französinnen, die von den Soldaten keine Notiz nehmen.« Am 9. August sind amerikanische Offiziere zum Bunker gekommen und haben den Kommandanten zur Kapitulation aufgefordert. Er hat ihnen das Papier »stumm zurückgereicht«. Kuby hat gehört, dass die amerikanischen Offiziere keineswegs elegant gewesen seien, »was von unseren Landsern mit Geringschätzung verbreitet wird«.[6]

Am 10. August verbrachten deutsche Soldaten am Bunkereingang einen feuchtfröhlichen Abend und verschenkten die Vorräte, die sie sich in Brest »unter den Nagel gerissen« hatten, sogar Cognac: »Ich erbe, ohne mich darum zu bemühen, ein Paar Bordschuhe aus Leder und braunem Segeltuch, die mir genau passen.« Am 11. August wurde Kuby zum Kartoffelschälen eingeteilt. Gegen 11 Uhr fragte er den Versorgungsfeldwebel, ob sie nicht ein Vesper bekommen könnten. Im weinerlichen Ton antwortete der Feldwebel: »Wie können Sie nur so fragen? Sehen Sie nicht, dass wir nicht mehr wissen, was wir kochen sollen?!« Kuby war etwas erstaunt: »Fünf Tage

11. KAPITEL

nach der Einschließung sagt er das!« Am Nachmittag der »erste stärkere Bombenangriff«. Im Bunker fielen Licht und Fernsprechverbindungen aus: »Diese ›Festung‹ scheint für den Frieden gebaut zu sein.« Gegen Abend war in der Nähe Gefechtslärm zu hören. Kuby bemerkte einen kleinen Wohnbunker, den eine Gruppe leichter Flak – die Stellung gleich nebenan – in den vergangenen Jahren »elegant« ausgebaut hat. Er hieß »Zur keuschen Jungfrau«. Über dem Bunker hing ein Plakat: »Nur wecken bei Kriegsende und Gehaltszahlung«. Am nächsten Tag verwenden die Amerikaner »sehr schwere Bomben«. Selbst in Kubys Bunker, 30 Meter unter der Oberfläche, sind die Einschläge zu spüren. Als er später den Bunker verlässt, ist das Gelände um den Ausgang in eine Wüste verwandelt: »Der Unterstand ›Zur keuschen Jungfrau‹ existiert nicht mehr, die Bedienung des Flakgeschützes ist tot.«[7]

»Wohin ich mich auch wende, verschwinden sie alle, einer nach dem anderen.« Wenige Wochen nach dem Attentat klagt Missie Wassiltschikow, es sei »niemand mehr übrig, den man um Hilfe bitten könnte«.[8] Hitler hatte den Widerstandskämpfern angedroht, sie »unbarmherzig auszurotten«, und damit die Menschenjagd eröffnet. Verhaftet werden Verdächtige und Unverdächtige, die der Bekanntschaft mit Verdächtigen verdächtigt werden, Nachbarn und Kollegen – am Ende werden es mehr als 700 Verhaftete sein. Dazu kommen Familienangehörige der Verdächtigen, darunter 46 Kinder, die in Sippenhaft genommen werden. Was Sippenhaft bedeutet, erklärt Heinrich Himmler, seit ein paar Tagen neuer Oberbefehlshaber des Ersatzheeres und Chef der Heeresrüstung, auf einer Gauleitertagung am 3. August in Posen: »Sie brauchen bloß die germanischen Sagas nachzulesen. Wenn sie eine Familie in die Acht taten und für vogelfrei erklärten oder wenn eine Blutrache in einer Familie war, dann war man maßlos konsequent. Wenn die Familie für vogelfrei erklärt wird und in Acht und Bann getan wird, sagten sie: Dieser Mann hat Verrat geübt, da ist Verräterblut drin, das wird ausgerottet. Und bei der Blutrache wurde ausgerottet bis zum letzten Glied in der ganzen Sippe. Die Familie Graf Stauffenberg wird ausgelöscht werden bis in das letzte Glied.«[9]

Ausgerottet werden die Familien der Verschwörer nicht, aber die Kinder werden in ein abgelegenes Heim in Bad Sachsa (Harz) verschleppt. Das jüngste Kind ist die zehn Tage alte Dagmar Hansen, das älteste der 15-jährige Wilhelm Graf von Schwerin. Nur einige wenige von den älteren Kindern wissen, was ihre Väter getan haben und warum sie hier festgehalten werden. Das fünfte Kind von Claus Schenk Graf von Stauffenberg, Konstanze, wird erst im Januar nächsten Jahres geboren und danach seine Mutter Nina bis zu ihrer Befreiung auf der Odyssee durch mehrere Konzentrationslager begleiten.

Der Volksgerichtshof in Berlin hat zwei Aufgaben – die Vernichtung des politischen Gegners und die Verbreitung von Angst und Schrecken, also Terror. Seit zwei Jahren ist Roland Freisler Präsident des Volksgerichtshofs, von Anfang an hat er Hitler versichert, dass er seine Aufgabe genau verstanden hat: »Der Volksgerichtshof wird sich stets bemühen, so zu urteilen, wie er glaubt, dass Sie, mein Führer, den Fall selbst beurteilen würden.«[10] Für die anstehenden Verfahren gegen die Verschwörer hat Hitler unmissverständliche Vorgaben formuliert: »Diesmal werde ich kurzen Prozess machen. Diese Verbrecher sollen nicht die ehrliche Kugel bekommen. Ein Ehrengericht soll sie aus der Wehrmacht ausstoßen, dann kann ihnen als Zivilisten der Prozess gemacht werden. Und innerhalb von zwei Stunden nach der Verkündung des Urteils muss es voll-

11. KAPITEL

streckt werden! Die müssen sofort hängen ohne jedes Erbarmen! Und das Wichtigste ist, dass sie keine Zeit zu langen Reden erhalten dürfen. Aber der Freisler wird das schon machen. Das ist unser Wyschinski.«[11]

Andrei Wyschinski war in den Dreißigerjahren der Hauptankläger in den Moskauer Prozessen gewesen, das heißt, er hatte die Drehbücher für die Schauprozesse geschrieben, in denen Folter und die Demütigung der Angeklagten eine Hauptrolle spielten. Freisler hatte es in den Zwanzigerjahren als russischer Kriegsgefangener in der Oktoberrevolution zum Kommissar gebracht, ein gelehriger Schüler Wyschinskis. Entsprechend versteht sich Freisler nicht als Straf-, sondern als Hitlers Scharfrichter.

Der erste Prozess beginnt am 7. August am Sitz des Volksgerichtshofs, im Gebäude des Kammergerichts. In dem Schauprozess ist – jedenfalls nach seinem Drehbuch – Freisler der einzige Akteur, alle anderen dienen als Staffage: die Vertreter der Staatsanwaltschaft, die Verteidiger, die beisitzenden Richter und natürlich die Verschwörer selbst. Sie stehen – in abgerissenem Zivil, von der Folter schwer gezeichnet – nicht als Angeklagte vor Gericht, sondern als »Charakterschweine«, als »Lumpen« und als »Mordbuben«. Freislers Bemühungen, sie auf jede Weise zu demütigen, seine Beleidigungen und scheinbar ungezügelten Wutausbrüche folgen einem Kalkül, ebenso nüchtern wie brutal. Der Vernichtung des Körpers in der Hinrichtungsstätte Plötzensee soll die Auslöschung ihrer Person im Gerichtssaal vorausgehen.

Und das deutsche Volk soll Zeuge sein. So hat es Hitler gewünscht, und so hat es Goebbels veranlasst. Im mit Hakenkreuzfahnen ausgehängten Saal sind Kameras installiert, eine über dem Eingang, vis-à-vis der Richterbank, eine andere im Rücken Freislers, hinter einer Fahne. Die Dokumentation soll in Kinos gezeigt werden und der Bevölkerung nicht allein die Schändlichkeit des Attentats, vielmehr noch die Feigheit der Attentäter und ihre ängstliche Verlogenheit vor Augen führen. Aber schon im ersten Prozess wird klar, dass nicht das Gericht die Angeklagten, sondern die Angeklagten Freisler und das gesamte NS-Regime kompromittieren. Mit jedem Wortwechsel, den die Tonspuren der Kameras aufnehmen, entsteht in den nächsten Tagen und Wochen unter der Hand ein Propagandafilm des deutschen Widerstands: Hans Bernd von Haeften, im Auswärtigen Amt Kollege von Adam von Trott zu Solz, Mitglied der Bekennenden Kirche und des Kreisauer Kreises, der in den Redeschwall Freislers hinein Hitler als »großen Vollstrecker des Bösen« bezeichnet; Caesar von Hofacker, der am 20. Juli die Operation Walküre vorangetrieben hatte, der Freisler ins Wort fällt: »Sie schweigen jetzt, Herr Freisler! Denn heute geht es um meinen Kopf. In einem Jahr geht es um Ihren Kopf.«; Rechtsanwalt Josef Wirmer, der im Falle eines gelingenden Staatsstreichs Justizminister hatte werden sollen, der sich auf den Ausruf Freislers, Wirmer werde sich in Kürze in der Hölle wiederfinden, knapp verbeugt und erwidert: »Es wird mir ein Vergnügen sein, wenn Sie bald nachkommen, Herr Präsident.« Der Film wird nie in die Kinos gelangen. Auf Goebbels' Befehl verschwindet er in den Archiven.

Am 8. August verurteilt der Volksgerichtshof unter dem Vorsitz Freislers die ersten acht Angeklagten zum Tode: Erwin von Witzleben, Paul von Hase, Erich Hoepner, Hellmuth Stieff, Albrecht von Hagen, Robert Bernardis, Friedrich Karl Klausing und Peter Graf Yorck von Wartenburg. Wie von Hitler gefordert, wird das Urteil am selben Tag in der Hinrichtungsstätte Plötzensee bei Berlin vollstreckt. Hitler hatte verlangt: »Ich will, dass sie gehängt werden, aufgehängt wie Schlachtvieh.«[12] So geschieht es. Nach jeder Exekution stärken sich der Scharfrichter und

11. KAPITEL

seine Gehilfen mit Schnaps, bis die Schritte des nächsten Opfers zu hören sind. Wie die Verhandlung wird auch jede Hinrichtung auf Wunsch Hitlers gefilmt. Er kann sich an den Bildern der zur Strecke gebrachten Gegner kaum sattsehen.[13]

Aber nicht nur im Gerichtssaal wird den Lügen Freislers vereinzelt widersprochen, auch aus dem Konzentrationslager Auschwitz kommt Protest. In der Verhandlung gegen Generalfeldmarschall von Witzleben, der im Fall des Gelingens der Operation Walküre den Oberbefehl über die Wehrmacht hätte übernehmen sollen, hat Freisler behauptet, in den Konzentrationslagern säßen nur Verbrecher ein. Das wird in Zeitungsartikeln berichtet, die auch in Konzentrationslager gelangen. Gegen diese Lüge Freislers verwahrt sich die internationale Leitung der vor allem aus österreichischen und polnischen Mitgliedern bestehenden Kampfgruppe Auschwitz (polnisch: Grupa Bojowa Oświęcim), die im KZ Widerstandsaktionen organisiert. Die Resolution endet mit den Worten: »(…) obwohl in Lagern der Unfreiheit sind wir Menschen der Freiheit und wollen der freien Welt unsere Existenz kundtun und unseren ungleichen Kampf um unsere Rechte als politische Gefangene. Wir sind als Soldaten und Angehörige unserer Nationen hinter Gittern und fordern die Anerkennung als Soldaten, die Menschenrechte und die Rechte als Kriegsgefangene. Wir wissen, dass uns allein die entschlossne Haltung der freien Welt diese Rechte sichern kann. (…) Die politischen Gefangenen der deutschen Konzentrationslager.«[14] Die Resolution wird nach Krakau an das Hilfskomitee für Häftlinge der Konzentrationslager geschickt, um sie weiterzuleiten und die öffentliche Meinung in der freien Welt mit ihrem Inhalt bekannt zu machen.[15]

»EIN DEUTSCHER SOLDAT KAPITULIERT NICHT.«

Heinrich Böll kann von Glück reden, unter die Wanzen gekommen zu sein. Er ist der »Klammer des dunklen Ostens« entkommen und in den ersten Augusttagen in das noch von den deutschen besetzte Metz gelangt. Er schreibt seinen Eltern am 9. August, nach seiner Ankunft habe er sich in die Kaserne begeben. Das hat er schnell bereut. Er hatte ein Gefühl wie in einem »Zigeunerlager«: »Man legt sich irgendwohin auf ein Zimmer, alles ist schmutzig und vollkommen verwanzt.«[16] Böll hat nur zwei Minuten in seinem »elenden Bett« gelegen und den Rest der Nacht »in meinem Rock« als Zudecke auf dem Boden verbracht: »Es wimmelte förmlich von Wanzen.« Aber wenn es gut für ihn läuft, wird er schon in den nächsten Tagen Urlaub bekommen, vielleicht sogar für vier Wochen. Wenn Böll wüsste, wie gut es für ihn läuft, würde er sich über die Wanzen in Metz bestimmt nicht beklagen.

12. KAPITEL

»Die grundlose Erde wogt wie ein abgrundtiefes Meer.«

PLOIEȘTI – BERLIN – TREBLINKA – NEUSTRELITZ – BORDEAUX – DRANCY

Die Rote Armee bereitet die nächste Großoffensive vor, bei Jassy, der Stadt, deren Blutgeruch Böll noch lange Zeit geatmet hat. Der Großangriff beginnt am 20. August, kostet fast 200 000 deutsche Soldaten das Leben und führt zur Eroberung eines Teils von Rumänien. Militärisch lässt sich die Niederlage der Wehrmacht mit der Katastrophe von Stalingrad vergleichen, politisch bedeutet sie für das Deutsche Reich den Verlust Rumäniens als Verbündeten. Drei Tage nach Beginn der sowjetischen Offensive bestellt der rumänische König Michael I. Ministerpräsident Antonescu ein und fordert ihn auf, den Ausstieg aus dem Bündnis mit Deutschland einzuleiten. Als sich Antonescu weigert, lässt der König ihn und das gesamte Kabinett verhaften. Noch am selben Tag erklärt die neue rumänische Regierung den Abbruch der diplomatischen Beziehungen zum Deutschen Reich, einen Tag später bombardiert die deutsche Luftwaffe auf Befehl Hitlers Bukarest. Am 25. August erklärt Rumänien dem Deutschen Reich den Krieg.

In diesen Tagen verliert Hitler nicht nur einen der letzten europäischen Verbündeten. Seit Monaten fliegt die U.S. Air Force unaufhörlich Angriffe auf die Ölfelder von Ploiești, rund

12. KAPITEL

80 Kilometer von Bukarest. Es sind die größten Erdölvorkommen Europas, für den Krieg der Wehrmacht unentbehrlich. Einige Zeit hatte sie bis zu 40 Prozent des Erdöls aus der Walachischen Tiefebene bezogen.[1] Deshalb verfügt die Anlage neben Berlin über eines der besten Luftabwehrsysteme der Wehrmacht: Außer Tarnnetzen wird Rauch zur Verteidigung eingesetzt, über den Türmen schweben riesige Ballons, die explodieren, wenn die Tragflächen der amerikanischen Bomber die Kabel treffen, ganz abgesehen von den Flugabwehrkanonen (Flak). Aber mit ihrem letzten Bombardement der Raffinerien legt die U.S. Air Force am 19. August die Anlage fast vollständig in Schutt und Asche.

Lebt Adam von Trott zu Solz oder hat auch ihn schon der Volksgerichtshof ermordet? Eine Freundin erzählt Missie Wassiltschikow, sie habe gehört, er sei hingerichtet worden. Missie glaubt es nicht. Am 23. August berichten die Zeitungen von seinem und dem Tod vieler anderer Verschwörer. Missie misstraut den Zeitungen. Seit Wochen steht sein Auto unberührt im Garten, im Auswärtigen Amt wird vor dem Dienstzimmer sein Namensschild abmontiert, aber Missie gibt nicht auf. Wie einige ihrer Bekannten kann und will sie nicht glauben, dass Hitler, Goebbels und Freisler (»ganz offensichtlich ein zynisches Schwein«) so »außergewöhnlich begabte Menschen zerstören, die ihrem Land noch so nützlich sein könnten«.[2] Sie ist entschlossen, an höchster Stelle um die Freiheit von Trott zu Solz zu kämpfen: »Um an mein Ziel zu gelangen, habe ich mir einen neuen Weg überlegt: Ich werde versuchen, an Goebbels heranzukommen.«[3]

Den Zugang zum Propagandaminister soll ihr Jenny Jugo verschaffen, eine der beliebtesten und jahrelang auch eine der bestbezahlten Schauspielerinnen des deutschen Films. Jeder kennt die amüsanten »Jenny-Jugo-Filme« (*Es leuchten die Sterne*, *Unser Fräulein Doktor*, *Viel Lärm um Nixi*), nicht alle wissen, dass sie zum engeren Freundeskreis der Familie Goebbels zählt, keine Nationalsozialistin, aber mit der exquisiten NS-Prominenz auf bestem Fuße. Missie Wassiltschikow trifft sie in den UFA-Studios in Babelsberg. Jenny Jugo hört sie an und führt sie hinaus in den Garten: »Dort explodierte sie: meine Idee sei totaler Wahnsinn.«[4] Goebbels sei »ein solches Schwein, er denke nicht daran, irgendjemand zu helfen«. Er sei ein »grausamer, bösartiger kleiner Sadist« und sein Hass gegen alle, die in das Attentat auf Hitler verwickelt waren, überstcige »jegliche Vorstellung«. Er empfinde einen »geradezu physischen Abscheu vor allem, was diese Leute repräsentierten«. Mit anderen Worten: Er sei »eine Ratte aus der Gosse«. Und sie, Missie Wassiltschikow, solle sich hüten, nur die geringste Aufmerksamkeit auf sich zu lenken. Das würde »meine ganze Familie in Mitleidenschaft ziehen«. Im Übrigen warne sie vor den Spionen Goebbels', von denen es in den UFA-Studios wimmele. Überall herrsche Angst und Misstrauen. Vor zwei Tagen habe ein politisches Treffen stattgefunden. Als Goebbels im Saal erschien, sei auf dem roten Rednerpult, an dem er stehen sollte, in großen, mit Kreide geschriebenen Buchstaben das Wort »Scheiße« zu lesen gewesen: »Niemand habe es gewagt, vorzutreten und es abzuwischen.«

Erschöpft und entmutigt fährt Missie Wassiltschikow nach Berlin zurück. In der Nacht wieder Luftangriffe. Ein Freund verschafft ihr einen Platz im Bunker des Siemensbüros. Sie trifft Leute von der Nachtschicht. Einer der Arbeiter ist ein freundlicher Franzose: »Und wir träumen beide laut davon, wie schön Paris sein wird, wenn der Krieg erst vorbei ist.« Das notiert Missie Wassiltschikow am 24. August 1944. Einen Tag später wird Paris von den amerikanischen und französischen

12. KAPITEL

Truppen befreit. Und zwei Tage später, am 26. August 1944, wird Adam von Trott zu Solz, 35 Jahre alt, in Berlin-Plötzensee gehenkt.

Bis Januar 1945 wird der Volksgerichtshof rund 200 Verschwörer des 20. Juli zum Tode verurteilen. Bis zum Kriegsende werden insgesamt rund 5200 Todesurteile vollstreckt.

In diesen Tagen rollt eine Verhaftungswelle durch Deutschland. In den frühen Morgenstunden des 22. August ist auf Weisung Himmlers die »Aktion Gewitter« (Codename) angelaufen, die das überlebende Personal der Weimarer Republik endgültig unschädlich machen soll – Gewerkschafter, Sozialdemokraten, Mitglieder des Zentrums und der Bayerischen Volkspartei, Liberale, Kommunisten und auch einige Geistliche. In einem geheimen Fernschreiben hat Gestapo-Chef Heinrich Müller am 17. August 1944 angeordnet, alle ehemaligen Mandatsträger und Funktionäre dieser Parteien, Landtagsabgeordneten und Stadtverordneten und alle ehemaligen Gewerkschafts- und Parteifunktionäre der SPD festzunehmen, »gleichgültig, ob diesen im Augenblick etwas nachzuweisen ist oder nicht«. Ausgenommen seien über 70-Jährige, Kranke und solche, »die sich mittlerweile um das System verdient gemacht« hatten, indem sie sich nach 1933 der NSDAP oder einer ihrer Gliederungen angeschlossen haben. Die insgesamt etwa 5600 Verhafteten werden in Konzentrationslager oder in nahe gelegene Gefängnisse verschleppt. Die Verhaftungsaktion war von langer Hand vorbereitet und steht einerseits in keinem Zusammenhang mit der Jagd auf die Verschwörer des 20. Juli, andererseits ...

... ist es ein Glück für den 68 Jahre alten Konrad Adenauer, dass Carl Friedrich Goerdeler in seinem Leben keine Rolle gespielt hat. Als die Nationalsozialisten den unbotmäßigen damaligen Kölner Oberbürgermeister 1933 – mit Abfindung und

Pension – aus dem Amt jagten, war Goerdeler seit drei Jahren Oberbürgermeister Leipzigs und sollte es noch drei weitere Jahre bleiben. Anders als sein acht Jahre jüngerer Amtskollege hat Adenauer sich nie mit dem NS-Regime zu arrangieren versucht, anders als Goerdeler ist er aber auch zu vorsichtig gewesen, seinen Kopf im Widerstand aufs Spiel zu setzen. Nachdem Goerdeler zu einer zentralen Figur des bürgerlichen Widerstands geworden war, hatte er über Mittelsmänner versucht, den früheren Kölner Oberbürgermeister als Verbündeten zu gewinnen. Adenauer hatte die Annäherungen mehrfach brüsk zurückgewiesen: »Ich habe abgelehnt. Ich will damit nichts zu tun haben.«[5] Vor allem Goerdelers gefährliche Redseligkeit scheint ihn gewarnt zu haben. Am 14. Juli, also noch vor dem Attentat, war Goerdeler zur Fahndung ausgeschrieben und für seine Ergreifung ein Kopfgeld von einer Million Reichsmark ausgesetzt worden. Eine Buchhalterin hat Goerdeler in der ostpreußischen Ortschaft Konradswalde in einem Wirtshaus erkannt und denunziert. Er wird am 12. August verhaftet, am 8. September vom Volksgerichtshof zum Tode verurteilt, aber erst Monate später hingerichtet. Die Gestapo will aus Goerdeler Namen der Mitwisser herauspressen – darum der Aufschub der Vollstreckung.

Gegen Adenauer liegt nichts Konkretes vor. Aber auch er wird am 23. August von der Gestapo in das Arbeitserziehungslager im Messelager Köln gebracht. Er erreicht eine Einweisung ins Krankenhaus, aus dem er flieht. Zwar wird er gefasst, aber am 26. November aus dem Gefängnis entlassen.

Den Sozialdemokraten Kurt Schumacher trifft es härter. Der ehemalige SPD-Reichstagsabgeordnete war von 1933 bis 1943 in den Konzentrationslagern Heuberg, Kuhberg, Dachau und Flossenbürg inhaftiert. Der Kriegsbeschädigte – im Ersten Weltkrieg war ihm ein Arm amputiert worden – ist im März

12. KAPITEL

1943 schwer krank entlassen worden, aber das bewahrt ihn nicht vor der erneuten Verhaftung. Der 48-Jährige wird am 24. August inhaftiert, zunächst in einem Gestapo-Gefängnis, dann im Konzentrationslager Neuengamme. Am 20. September wird er entlassen.

Ernst Thälmann, bis zu ihrem Verbot 1933 Vorsitzender der KPD, ist ein Feind der Demokratie, des Parteienstaats und des Parlamentarismus. Natürlich ist er auch ein Feind der Nationalsozialisten, aber keine Feindschaft hat er so erbittert gepflegt wie seine Feindschaft mit den »Sozialfaschisten«, den Sozialdemokraten. Mit anderen Worten: Thälmann ist Stalinist. Und wie in seinem Hass auf die Sozialdemokraten ist Thälmann auch in der Treue zum Führer der Sowjetunion unerschütterlich. Das beruht nicht auf Gegenseitigkeit. Seit 1933 haben die Nationalsozialisten Thälmann von einem Gefängnis zum nächsten geschleppt. Nach Abschluss des Hitler-Stalin-Pakts im August 1939 hatte Thälmanns Ehefrau in der sowjetischen Botschaft um die Fürsprache Stalins für ihren Mann gebeten. Fünf Jahre später hat Stalin noch immer nichts von sich hören lassen. Am 17. August wird Thälmann von zwei Gestapo-Leuten vom Zuchthaus Bautzen in das Konzentrationslager Buchenwald gebracht und einen Tag später auf Befehl Hitlers erschossen. Seine Leiche wird nach dem Mord sofort verbrannt. Wochen später wird der *Völkische Beobachter* die Lüge verbreiten, Thälmann sei bei einem alliierten »Terrorangriff auf die Umgebung von Weimar« getötet worden.[6]

Es ist bestimmt ein einmaliger Vorgang, dass SS-Wachmannschaften das Leben eines jüdischen Arztes aus Warschau im Vernichtungslager Treblinka vor einem Jahr unter allen Umständen zu retten versuchten. Genauer gesagt, sollten sie den Tod des Juden über die Zeitspanne verzögern, die nötig war,

»DIE GRUNDLOSE ERDE WOGT WIE EIN ABGRUNDTIEFES MEER.«

um dem Mann Informationen über einen im Lager bevorstehenden Aufstand abzupressen. Dass der Aufstand der Todgeweihten drohte, war wahrscheinlich, ebenso die Mitwisserschaft des Arztes: Ein SS-Mann hatte ein dickes Geldbündel bemerkt, das aus seiner Hosentasche heraussah. Im Vernichtungslager ist Geld wertloses Kapital, bezahlt wird hier mit Blut und Leben. Der SS-Mann hatte den Kommandanten des Lagers, Kurt Franz, informiert. Der hatte das Verhör selbstsicher und ohne Eile begonnen, denn aufs Foltern verstand er sich so gut wie kaum ein anderer und war sich auch in diesem Fall des Erfolgs gewiss. Doch hatte der jüdische Arzt den Kommandanten überlistet und eine Giftkapsel aus deutscher Produktion geschluckt. Der Tod war ordnungsgemäß und ohne Verzug eingetreten. Es stellte sich heraus, dass der Arzt tatsächlich Geld von seinen Leidensgenossen eingesammelt hatte, das im Fall einer erfolgreichen Flucht verwendet werden sollte.

Wenige Tage später, am 2. August 1943, hatte der Aufstand im Vernichtungslager Treblinka begonnen. Da brannten nicht mehr nur die Leichen der in den Gaskammern ermordeten Juden, deren Verwesungsgeruch über dem Gelände lag, an dem Tag gingen die Lagerbauten und ein Benzindepot in Flammen auf. Doch die Gaskammern blieben unbeschädigt. Mehr als 200 Todgeweihten war die Flucht zunächst gelungen, doch kaum mehr als 60 haben den Aufstand überlebt. 8000 Menschen wurden in den Wochen danach noch vergast, bis die SS das Lager am 21. August aufgab. Die Gebäude wurden abgerissen, die übrig gebliebenen Leichen verbrannt, den Stacheldraht entfernte die SS und der Bau, der die Gaskammern enthalten hatte, wurde gesprengt. Seine Einrichtung wurde verladen und verschickt. Zum Schluss wurden sogar die Bahngleise abmontiert und die Schwellen fortgebracht. So wollten die Deutschen die Spuren des Massenmords beseitigen.

12. KAPITEL

Zwischen Juli 1942 und August 1943 hatten sie hier mehr als 900 000 Menschen vergast, erschossen, erschlagen und verbrannt, die meisten von ihnen Polen, aber auch nichtpolnische Juden, Sinti und Roma. Doch lassen sich die Spuren von 900 000 Mordopfern nicht rückstandslos beseitigen. Geblieben ist die schwarze Asche auf den Wegen der Umgebung, die gefangene Kinder mit Spaten gleichmäßig hatten verteilen müssen. Manchmal hatten sie in der Asche geschmolzene Goldkronen gefunden. Sie wurden »die Kinder vom schwarzen Weg« genannt.

Auf diesem Weg geht der bekannte, 48 Jahre alte Schriftsteller und Journalist Wassili Grossman, der als Korrespondent der wichtigsten Militärzeitung der Sowjetunion, *Krasnaja Swesda (Roter Stern)*, arbeitet und schon über die Schlachten um Moskau 1941, Stalingrad, Kursk 1943 und über die sowjetische Offensive in diesem Sommer in Weißrussland berichtet hat. Er war Zeuge des von Stalin initiierten Großen Terrors, einer Säuberungswelle, die Hunderttausende das Leben gekostet hatte. Und er war der Sohn einer jüdischen Mutter in seiner ukrainischen Heimatstadt Berdytschiw, die die Deutschen im Juli 1941 mit Zehntausenden anderen Juden ermordet hatten. Vor dem Krieg hatten in der 66 000-Einwohner-Stadt mehr als 30 000 Juden gelebt. Als Berdytschiw am 5. Januar 1944 von der Roten Armee befreit wurde, waren 15 übrig geblieben. Er hat erlebt, wie die Rote Armee auf ihrem Rückzug vor den Deutschen im Sommer 1941 auf Befehl Stalins kriegswichtige Infrastruktur in den Osten der Sowjetunion evakuiert und der Wehrmacht verbrannte Erde überlassen hat. Und er erlebt seit Stalingrad, dass die Deutschen auf Befehl Hitlers ihre Technik zerstören, alle Dörfer auf ihrem Rückzug vernichten und nun der Roten Armee verbrannte Erde hinterlassen. Wassili Grossmann hat in diesem Krieg fast alles gesehen und erlebt.

Jetzt aber ist ihm, als öffne sich Dantes Hölle unter ihm – er betritt die Erde der Verbrannten von Treblinka.

Am 18./19. August 1944 erreicht die Rote Armee das Vernichtungslager. Zuvor hat die deutsche Lagermannschaft das nahe gelegene Arbeitslager Treblinka I geräumt und die verbliebenen 550 jüdischen Zwangsarbeiter erschossen.[7] Kurze Zeit später ist Grossman im Lager eingetroffen.

Er geht auf dem schwarzen Weg, von Kindern angelegt mit der Asche von Hunderttausenden in den Gaskammern ermordeter Juden, verbrannt auf den Rosten gigantischer Öfen, gleichzeitig beladen mit 3000 bis 4000 Leichen. »Und die unter den Füßen nachgebende Erde ist aufgequollen und fett, als sei sie überreichlich mit Leinöl getränkt worden. Die grundlose Erde wogt wie ein abgrundtiefes Meer.«[8] Diese Einöde, berechnet Grossman, »hat mehr Menschenleben verschlungen als sämtliche Ozeane und Meere des Erdballs seit Bestehen des Menschengeschlechts«. Aus der berstenden Erde kriechen Grossman Knochensplitter entgegen, Sachen, Papiere: »Sie will das Geheimnis nicht bewahren.«[9] Er geht immer weiter auf dem schwarzen Weg, fast betäubt vom fürchterlichen Verwesungsgeruch und begleitet von Hunderten kleinen Waldfliegen, die über die verfaulenden Sachen, Papiere und Fotografien kriechen. Und ihm scheint, »als höre das Herz gleich zu schlagen auf, Trauer, Bitterkeit und Schwermut verkrampfen es, wie sie der Mensch nicht zu ertragen vermag«.[10]

Das ist »die Hölle von Treblinka«, mit der verglichen »die Hölle Dantes ein harmloses und nichtiges Spiel des Satans« war.[11] Wassili Grossmann beschreibt sie in seinem gleichnamigen Artikel, der im November in der literarischen Zeitschrift der Roten Armee, *Snamja* (Auflage 30 000), erscheinen und danach ins Jiddische, Polnische, Ungarische, Rumänische und Französische übersetzt werden wird. 13 Monate – von Juli 1942

12. KAPITEL

bis August 1943 – hat die SS die Hölle Tag für Tag mit Opfern in Zügen aus allen vier Himmelsrichtungen beliefert, aus dem 100 Kilometer entfernten Warschau, aus Radom, Czenstochau und anderen polnischen Orten und vielen Städten in Belarus, aus Deutschland, der Tschechoslowakei, aus Österreich, Bulgarien und Bessarabien. Bereits im Oktober 1943 hatte Heinrich Himmler auf einer SS-Gruppenführertagung in Posen das größte Verbrechen als »Ruhmesblatt« der deutschen Geschichte gefeiert, die Täter belobigt und damit klargemacht, warum Grossman von ihnen in seinem Artikel als »Bestien« und »Auch-Menschen« spricht:

»Ich meine jetzt die Judenevakuierung, die Ausrottung des jüdischen Volkes. Es gehört zu den Dingen, die man leicht ausspricht. – ›Das jüdische Volk wird ausgerottet‹, sagt ein jeder Parteigenosse, ›ganz klar, steht in unserem Programm, Ausschaltung der Juden, Ausrottung, machen wir.‹ Und dann kommen sie alle an, die braven 80 Millionen Deutschen, und jeder hat seinen anständigen Juden. Es ist ja klar, die anderen sind Schweine, aber dieser eine ist ein prima Jude. Von allen, die so reden, hat keiner zugesehen, keiner hat es durchgestanden. Von Euch werden die meisten wissen, was es heißt, wenn 100 Leichen beisammenliegen, wenn 500 daliegen oder wenn 1000 daliegen. Dies durchgehalten zu haben und dabei – abgesehen von Ausnahmen menschlicher Schwächen – anständig geblieben zu sein, das hat uns hart gemacht. Dies ist ein niemals geschriebenes und niemals zu schreibendes Ruhmesblatt unserer Geschichte, denn wir wissen, wie schwer wir uns täten, wenn wir heute noch in jeder Stadt – bei den Bombenangriffen, bei den Lasten und bei den Entbehrungen des Krieges – noch die Juden als Geheimsaboteure, Agitatoren und Hetzer hätten. Wir würden wahrscheinlich jetzt in das Stadium des Jahres 1916/17 gekommen sein, wenn die Juden noch im deutschen Volkskörper säßen. (…) Wir hatten das moralische Recht, wir hatten die Pflicht gegenüber unserem Volk, dieses Volk, das uns umbringen wollte, umzubringen. (…) Insgesamt aber können wir sagen, dass wir diese schwerste Aufgabe in Liebe zu unserem Volk erfüllt haben. Und wir haben keinen Schaden in unserem Inneren, in unserer Seele, in unserem Charakter daran genommen.«[12]

Soweit nicht die Vernichtung Vorrang hat, zählt der Schutz menschlichen Lebens auch im NS-Staat zu den hervorragenden Aufgaben der deutschen Rechtsordnung, insbesondere der Strafjustiz. Deshalb muss sich der Schriftsteller Hans Fallada – sein bürgerlicher Name ist Rudolf Ditzen – vor dem Amtsgericht Neustrelitz verantworten. Die Staatsanwaltschaft beschuldigt ihn, am 28. August 1944 seine »geschiedene Ehefrau mit der Begehung des Totschlags bedroht zu haben«. Mit dem Strafrecht hat der 51 Jahre alte Fallada schon häufiger zu tun gehabt. 1923 und 1926 ist er wegen Unterschlagung zu sechs Monaten beziehungsweise zu zweieinhalb Jahren Gefängnis verurteilt worden. In beiden Fällen hatte ihn seine Drogensucht, er ist Morphinist und Alkoholiker, in Konflikt mit dem Strafrecht gebracht. 1933 war er einer Verschwörung gegen die Person des »Führers« bezichtigt und für elf Tage in Schutzhaft genommen worden. Aber diesmal geht es um ein vermeintliches versuchtes Tötungsdelikt.

Fallada und seine Frau Anna sind Anfang Juni geschieden worden. Noch immer aber wohnen sie auf dem gemeinsamen Anwesen im mecklenburgischen Carwitz. Eine unruhige Wohngemeinschaft: Außer dem geschiedenen Paar, seinen drei Kindern und Falladas Schwiegermutter leben hier unentwegt wechselnde ausgebombte Bekannte und Verwandte. Der Schriftsteller hat sich in das Gärtnerzimmer in der Scheune zurück-

12. KAPITEL

gezogen. Am Tag der Tat war Fallada wieder einmal schwer betrunken und hatte im Streit mit Anna aus seinem Terzerol, einer kleinen Vorderladerpistole, einen Schuss abgefeuert. Anna Ditzen hatte ihm die Waffe entwunden, in den See geworfen und einen Arzt aus einem Nachbarort informiert. Später haben sowohl Anna Ditzen als auch Hans Fallada erklärt, der Schuss sei – mangels Vorsatz des Schützen – kein Tötungsversuch gewesen. Der Arzt hatte einen Gendarmen gerufen, der Fallada in eine Ausnüchterungszelle brachte. Die Sache wäre damit erledigt gewesen, hätte nicht ein eifriger Staatsanwalt, dem die Sache zu Ohren gekommen war, darauf bestanden, den Delinquenten in das Amtsgericht Neustrelitz zu überführen und ihn dort zu vernehmen. Wie von ihm gefordert, ordnet das Amtsgericht am 31. August Falladas »einstweilige Unterbringung« auf unbestimmte Zeit in einer Heil- und Pflegeanstalt an. Anfang September wird er in der Landesanstalt Neustrelitz-Strelitz auf Station III weggesperrt, zusammen mit unzurechnungsfähigen beziehungsweise beschränkt zurechnungsfähigen Verbrechern. Anfang Oktober wird er einen Tag Hafturlaub nutzen, um seine geheimen, in winziger Handschrift verfassten und codierten Aufzeichnungen aus der Anstalt zu schmuggeln – seine Abrechnung mit dem NS-Regime, das *Gefängnistagebuch 1944*.[13]

Am 15. August beginnt an der Côte d'Azur zwischen Toulon und Cannes die letzte große amphibische Operation des Zweiten Weltkriegs in Europa – Operation Dragoon. Angeführt wird die Landung zwar von drei US-Infanteriedivisionen, aber ihnen folgen die frei-französischen Verbände von General Jean de Lattre de Tassigny. Das hat auch politische Gründe. Seit Charles de Gaulle am 15. Juni in Bayeux, der ersten von den Alliierten befreiten Stadt Frankreichs, sein Komitee für die nationale Befreiung (Comité français de libération nationale, kurz CFLN) zum Ärger Churchills zur französischen Regierung (Gouvernement Français) ausgerufen hat, ist klar, dass der kühle Stratege nach der Befreiung keine – von den Briten und Amerikanern gewünschte – alliierte Militärverwaltung akzeptiert, sondern für Frankreich die volle Souveränität verlangt. Es hat also große symbolische Bedeutung, wenn französischen Einheiten eine tragende Rolle bei der Befreiung Frankreichs zufällt.[14] Die Landung gelingt, die Alliierten stoßen nur auf geringen Widerstand. In den Bunkern an den Landungsstränden werden sie vor allem von alten deutschen Soldaten oder von Ostbataillonen mit schwacher Kampfkraft empfangen. Die Wehrmacht hat viele Verbände an die Normandiefront verlegt – ist also am Mittelmeer erheblich ausgedünnt –, von den ursprünglich drei Panzerdivisionen steht nur noch eine in Südfrankreich. Am 17. August befiehlt Hitler angesichts der dramatischen Lage in Nordfrankreich den vollständigen Rückzug aus dem Süden, ausgenommen die »Festungen« am Atlantik und am Mittelmeer. Aber Toulon wird schon am 23. August, Marseille am 28. August von frei-französischen Einheiten befreit.

Heinz Stahlschmidt, 24 Jahre alt, im Zivilleben Klempner in Dortmund, liebt Frankreich, Bordeaux und seine französische Freundin Henriette. Étienne de La Boétie (1530–1563) liebt er nicht, denn vermutlich kennt er ihn nicht. Warum auch sollte er von einem Autor wissen, der im 16. Jahrhundert Gerichtsrat im *Parlement* von Bordeaux gewesen und in Deutschland des Jahres 1944 kaum einer Handvoll Spezialisten bekannt ist. In seiner kleinen Schrift *Von der freiwilligen Knechtschaft des Menschen* (*Discours de la servitude volontaire*, 1574) stellt Boétie den Lesern die Frage, wie ein Tyrann Macht über sie gewinnen könne, »wenn nicht durch euch selbst«. Und er garniert sie mit dem Hinweis, die Völker Asiens seien Sklaven eines Allein-

12. KAPITEL

herrschers, weil es ihnen unmöglich sei, eine einzige Silbe auszusprechen: nein. Boéties Protest gegen die Tyrannei bedeutet für jeden Tyrannen Hochverrat, für Stalin ebenso wie für Hitler. Aber für Stahlschmidt, der von Boétie nichts gehört und seine Schrift nicht gelesen hat, ist die Silbe im Sommer 1944 kein Problem. Am 22. August sagt Unteroffizier Heinz Stahlschmidt, Sprengstoff- und Entschärfungsspezialist der Marine, unüberhörbar »nein« und jagt das deutsche Munitionslager im Hafen von Bordeaux in die Luft.

Zur Vorbereitung des Rückzugs hatte der deutsche Kommandant den Befehl erhalten, den Hafen von Bordeaux und die Brücke über die Garonne, Pont de pierre, zu sprengen. Auf zehn Kilometer Länge hatten deutsche Soldaten am Kai des Hafens schwere Sprengsätze angebracht, die im Fall der Explosion etliche Menschen getötet und die Lebensgrundlage der Stadt vernichtet hätten: zwischen der Halbinsel Médoc und den Schlachthäusern alle 50 Meter ein Sprengsatz, beiderseits des Pont de pierre, auch an den Kränen des Hafens.

Waffen-Oberfeldwebel Heinz Stahlschmidt war zwar an den Vorbereitungen beteiligt. Aber er war nicht einverstanden. Die Zerstörung des Hafens erschien ihm verrückt. Der Befehl war sinnlos, der Krieg verloren, jedes weitere Opfer unter den Zivilisten ein Verbrechen. Stahlschmidt hatte sich an einen französischen Freund gewandt, den Hafenarbeiter Jean Ducasse. Der hatte Kontakte zum französischen Widerstand. Um die Zerstörung zu verhindern, war beschlossen worden, den deutschen Munitionsbunker an der Rue Raze zu sprengen. Dort lagern 4000 Zünder, Munition, Sprengstoff und Lunten, also das Material, das für die Sprengung des Hafens benötigt wird. Stahlschmidt hat sich mehrere Male mit einem führenden Mitglied der Résistance getroffen, um Unterstützung zu bekommen. Ohne Erfolg. Die Résistance ist nur bereit, nach der Sprengung des deutschen Bunkers Stahlschmidt zu verstecken. Also macht er es allein. Um die Zahl der Opfer niedrig zu halten, gibt er einer Gruppe ihm unterstellter Soldaten am 22. August dienstfrei und schickt die Wachen weg. Dann legt er die Lunten, zündet sie an und flieht mit dem Fahrrad. Im Volkspark hört er nach 20 Uhr die gewaltige Explosion. Einige deutsche Soldaten und Franzosen kommen ums Leben. Aber sein Ziel hat er erreicht. Der Waffen-Oberfeldwebel Heinz Stahlschmidt, nach dem jetzt die Polizei und die Gestapo als Deserteur und Saboteur suchen, hat »nein« gesagt und danach gehandelt. Bis zum Ende des Kriegs wird ihn eine Familie in Bordeaux verstecken. Am 27. August verlassen die deutschen Truppen Bordeaux.[15]

Ist das noch ein geordneter Rückzug oder schon heillose Flucht? In der Kesselschlacht von Falaise in der Normandie ist die Wehrmacht zwar nicht vernichtend geschlagen worden – bis die alliierten Truppen den Kessel am 19. August geschlossen haben, sind Zehntausende deutsche Soldaten bereits entwichen. Aber 10 000 wurden bei den Kämpfen getötet, 40 000 bis 50 000 sind in Kriegsgefangenschaft geraten, und fast das gesamte schwere Material ist verloren, allein 470 Panzer und Sturmgeschütze auf dem Schlachtfeld. Die Panzer hatten die Deutschen vor allem wegen Treibstoffmangels zurücklassen müssen.

Nicht nur Ausrüstung hat die Wehrmacht an diesem Tag verloren, auch den Oberbefehlshaber West, Generalfeldmarschall Günther von Kluge. Er war während der Kämpfe bei Falaise einige Zeit für Hitler nicht zu erreichen gewesen. Hitler hatte ihn sofort verdächtigt, Kontakt mit den Alliierten aufgenommen zu haben, und ihn nach Berlin befohlen. Der Generalfeldmarschall hatte sich mit einer Zyankalikapsel auf der Fahrt das

Leben genommen, zuvor aber vorschriftsgemäß abgemeldet: »Gestatten Sie, mein Führer, in aller Ehrerbietung (…) Sollte(n) Ihre neuen, heißersehnten Kampfmittel nicht durchschlagen, dann, mein Führer, entschließen Sie sich, den Krieg zu beenden (…) Mein Führer! Ich habe stets Ihre Größe und Ihre Haltung in diesem gigantischen Kampf und Ihren eisernen Willen (…) bewundert. Wenn das Schicksal stärker ist als Ihr Wille und Ihr Genie, so ist das Fügung. Sie haben einen ehrlichen, ganz großen Kampf gekämpft. (…) Ich scheide von Ihnen, mein Führer, (…) in dem Bewusstsein, meine Pflicht (…) getan zu haben. Heil mein Führer! von Kluge.« Zu beachten ist, dass von Kluge mit diesen schneidigen Worten den nach dem 20. Juli erlassenen Befehl befolgt hat, wonach der Hitlergruß für alle Teile der Wehrmacht als jederzeit einzig zulässiger Gruß anzusehen sei. Der Deutsche Gruß (»Heil mein Führer«) ist das soldatische Äquivalent des NS-Kinderreims: »Händchen falten / Köpfchen senken / immer an den Führer denken.«

Aber auch die neue Grußpflicht steigert nicht die Wehrkraft. Die *boches* strömen heim ins Reich, gen Osten – nach Deutschland, verfolgt von den in rasantem Tempo nachdrängenden Alliierten. Am 17. August räumen die Deutschen das Sammellager von Drancy, einem Vorort von Paris, 20 Kilometer nordöstlich vom Stadtzentrum. Hier wurden im August 1941 die ersten Juden interniert, bis Mai 1943 50 000 Juden deportiert. Das hatte Adolf Eichmann, dem Chefkoordinator des Holocaust, nicht genügt. Er hatte seinen besten Mann nach Drancy entsandt, den 32 Jahre alten Burgenländer Alois Brunner. Der SS-Hauptsturmführer hat sich zuletzt durch die problemlose Vernichtung der jüdischen Gemeinde von Saloniki für künftige Spezialeinsätze empfohlen.[16] Paris ist bei Hitler nicht mehr beliebt, er hält es für ein »Sammelbecken für Versprengte und

Drückeberger«.[17] Das schroffe Urteil betrifft bestimmt nicht Alois Brunner. Er war am 18. Juni 1943 in Drancy angekommen und hatte sich unverzüglich an die Arbeit gemacht. Am 23. Juni, also bereits fünf Tage nach seiner Ankunft, war der erste von ihm verantwortete Transport mit 1005 Menschen nach Auschwitz aufgebrochen. 405 Menschen wurden sofort nach der Ankunft vergast. Einen Tag später war der nächste Transport mit 1002 Menschen in Auschwitz eingetroffen. Sie waren alle sofort ermordet worden.

Am 17. August 1944 geben die Deutschen das berüchtigte Sammellager auf. Alois Brunner begibt sich zum Bahnhof Drancy-Bobigny, von dem aus er 23 500 Menschen deportiert hat, darunter auch Fania Fénelon, die Sängerin im Mädchenorchester von Auschwitz, im Januar dieses Jahres. Bis zuletzt hat Brunner in seinem Vernichtungseifer nicht nachgelassen, vor allem jüdische Kinder hat er in den vergangenen Wochen gejagt. Persönlich hatte er zwischen dem 21. und 25. Juli mindestens 232 Kinder aus Pariser Heimen geholt, um sie nach Auschwitz in den Tod zu schicken. Schon während der Fahrt sind einige erstickt, alle anderen wurden sofort nach ihrer Ankunft ermordet. Vier Wochen nach der Ermordung der Kinder setzt sich Alois Brunner in den Zug nach Deutschland zu seinem Freund und Chef Adolf Eichmann, um von ihm den nächsten Mordauftrag entgegenzunehmen: Fortsetzung der Deportationen in Bratislava (Slowakei).

Brunner ist nicht nur ein hoch motivierter Organisator des Massenmords, auch sein Leben hat er souverän geplant. Einen Tag vor seiner Abreise hat er drei Waggons für sich reserviert. Er führt einige Holzkisten mit sich, in denen sich seine Beute befindet – Wertsachen von ihm ausgeplünderter und deportierter Juden. 51 jüdische Geiseln müssen ihn im letzten Waggon begleiten. Zurück bleiben 1386 Menschen, die in einigen

12. KAPITEL

Tagen die Befreiung des Lagers Drancy erleben werden.[18] Zu Brunners Geiseln gehört die Ende Juli verhaftete Familie Kohn, entfernt mit der englischen Bankiersfamilie Rothschild verwandt und wohl deshalb Alois Brunner besonders verhasst. Armand Edouard Kohn, Leiter des Rothschild-Hospitals in Paris, wird gemeinsam mit seiner Frau Suzanne Jenny, seiner Mutter Jeanne Marie und seinen Kindern Antoinette (22), Philippe (21), Rose Marie (18) und Georges-André (12) deportiert.[19] Georges-André Kohn ist das letzte jüdische Kind, das aus Frankreich nach Auschwitz verschleppt wird. 21 Geiseln werden in der Nacht vom 20. August noch in Frankreich flüchten, auch Rose Marie und Phillipe Kohn. Aber Georges-André werden die SS-Ärzte in Auschwitz und später auch im Konzentrationslager Neuengamme mit medizinischen Experimenten foltern. Zusammen mit 20 weiteren Kindern wird er am 20. April 1945 von der SS im Keller einer Hamburger Schule erhängt.

13. KAPITEL

Ascheregen I. und II.

PARIS – KÖNIGSBERG

Die Sommerhitze lastet auf Paris, die Luft ist mit Nervosität geladen. Seit Tagen streikt die Metro, Gendarmerie und Polizei sind von den Straßen verschwunden. Es gibt keinen Strom, Kerzen sind Mangelware. Es gibt nichts mehr zu essen, die Royal Air Force hat das Eisenbahnnetz um Paris lahmgelegt. Die Kartoffeln und Teigwaren, die Simone de Beauvoir und Jean-Paul Sartre noch haben, können sie kaum kochen, denn auch Gas gibt es seit einigen Tagen nicht mehr. Die Beschränkungen sind so einschneidend, dass sie für Simone de Beauvoir die »Nähe des Endkampfes« fühlbar machen: »Morgen, übermorgen würde etwas explodieren.«[1]

Das ahnen auch die Deutschen. Viele ziehen es vor, die Explosion nicht abzuwarten. Beauvoir beobachtet in diesen Tagen auf dem Boulevard Saint-Michel mit Soldaten und Kisten beladene Lastwagen, die nach Osten fahren. Mitte August verlassen Tausende Deutsche die Stadt. Die Mitarbeiter der meisten Stäbe von Heer, Luftwaffe und Marine, der Organisation Todt und der zahlreichen für sie tätigen Baufirmen machen sich auf den Weg nach Deutschland, am 17. August die Angehörigen der deutschen Botschaft. Einen Tag später hält es auch den neuen, erst vor einigen Wochen eingetroffenen Militärbefehlshaber in Frankreich, Fliegergeneral Karl Kitzinger, nicht

13. KAPITEL

länger in Paris.² Bis 21. Juli war Kitzinger Wehrmachtsbefehlshaber im Reichskommissariat Ukraine. Auf diesem Posten hatte er sich für weitere Verwendungen in Führungspositionen empfohlen, unter anderem durch die Weisung, rund 200 jüdische Kriegsgefangene der »Sonderbehandlung« zuzuführen. Die Stelle in Paris ist frei geworden, nachdem Kitzingers Vorgänger, General Carl-Heinrich von Stülpnagel, wegen seiner Mitwirkung an der Operation Walküre verhaftet worden ist und auf sein Todesurteil durch den Volksgerichtshof wartet (das am 30. August gesprochen und am selben Tag vollstreckt werden wird). In den Tagen vor Kitzingers eigenem Abzug – vorerst nach Reims – sind aus seiner Pariser Militärverwaltung rund 500 Mitarbeiter evakuiert worden. Walter Bargatzky, ein Kriegsverwaltungsrat aus dem Stab Kitzingers, beobachtet Szenen des überstürzten Abgangs: »Schon vorgestern, in den Abendstunden, glich die Avenue Kléber einem Heerlager; Kisten, Koffer, Fahrräder, Rucksäcke, Offiziere, Stabshelferinnen, Beamte, Zivilisten, alles stand vor einem endlosen Wagenpark, die Freunde schüttelten sich die Hände, und in der späten Dämmerung verließ die Wagenschlange die Stadt. Gestern das gleiche Bild.«³ Seit Tagen liegt Paris unter einem Ascheregen, der aus den Höfen, in denen die Besatzer Berge von Akten verbrennen, niederfällt.

Auch Bargatzky wird Paris demnächst verlassen. Aber er wird *la ville de l'amour* persönlich in bester Erinnerung behalten. Er heiratet am 11. August eine deutsche Kollegin aus dem Hotel Majestic, dem Hauptquartier des Militärbefehlshabers Frankreich. Die Ziviltrauung findet im Majestic statt, die kirchliche Hochzeit in der amerikanischen Kirche an der Avenue George V. Der originelle Trauspruch lautet: »Zuletzt, liebe Brüder, freuet euch!« (2. Korintherbrief) Der Pfarrer hält während des Gottesdienstes in seiner Tasche eine Rotkreuzbinde bereit, um im Falle »plötzlicher Feindbesetzung« die Zeremonie noch zu Ende führen zu können.⁴

Unter denen, die Paris überstürzt schon vor der vorletzten Patrone verlassen, befindet sich auch Helmut Knochen. Er ist seit Mai 1940 Befehlshaber der Sicherheitspolizei und des Sicherheitsdienstes in Frankreich und war ab Mai 1942 eine Schlüsselfigur der Judendeportationen. In einigen Wochen wird General Dietrich von Choltitz, erst seit dem 7. August Wehrmachtsbefehlshaber Groß-Paris, als britischer Kriegsgefangener in Trent Park über seine letzte Begegnung mit Knochen berichten: »Ich habe schon furchtbare Sachen erlebt! Die sind derartig beschämend vor den anderen Leuten. Da kommt der höchste SS-Führer (Helmut Knochen, Anm. des Verfassers) und sagt: ›Herr Choltitz, ich übergebe hier das Lager.‹ Da sage ich: ›Was ist denn das?‹ Da sagt er: ›Meine Lager sind nun an sich leer, aber ich habe noch ein Gefangenenlager.‹ – ›So, was ist denn da drin?‹ – ›So dreißig Frauen, die sind abzutransportieren, die sind alle schwanger.‹ – ›Was mache ich mit denen?‹ – ›Ach, lassen Sie (…) das ist mir ganz egal.‹ Am nächsten Morgen fällt mir ein, der Kerl hat ja doch irgendetwas gesagt. Die waren alle ausgerissen, *alle*. Nicht *ein* SS- oder Polizeimensch war da, nicht *einer*. Da sind das dreißig *Damen*, die Frauen von *den* Industriellen, die uns seit zwei Jahren die Kriegsindustrie in Paris machen, als Geiseln verhaftet. Damen, so wie Frau Thyssen. (…) Ich ließ die sofort heraus unter entsetzlichen Entschuldigungen. Dann finden wir im Keller die Leichen von vier ausgezogenen Frauen, die die noch schnell kurz vorher, ehe sie abgezogen sind, vergewaltigt haben. (…) Ja, vergewaltigt, die wollten einmal, nicht wahr. (…) Diese Hunde ziehen ab in der Nacht, ohne mir ›was zu sagen, lassen das Quartier offenstehen mit den Haufen von Waffen, einem Keller voll Sprengmunition, als einzige Bewachung das Hitler-Bild.‹«⁵

13. KAPITEL

Die Explosion, die Simone de Beauvoir erwartet, ereignet sich am 19. August. Am Morgen greifen Widerstandskämpfer deutsche Wagenkolonnen an, die auf den Champs-Élysées fahren. Zwar sind sie schlecht organisiert und unzureichend bewaffnet, doch gelingt es ihnen, Polizeistationen, Ministerien, Zeitungsredaktionen und das Rathaus (Hôtel de Ville) zu besetzen. Am Abend erbittet von Choltitz eine Feuerpause, um die Lage zu prüfen. Er und Repräsentanten der Résistance vereinbaren eine Waffenruhe bis zum Mittag des 23. August, damit deutsche Truppen westlich von Paris nach Osten zurückgezogen werden können, ohne sich ihren Rückzugsweg freikämpfen zu müssen. Beauvoir hört, dass Lautsprecherwagen offiziell das Ende der Kämpfe verkünden. Die Leute erzählen jedoch, dass in einigen Stadtteilen die Kämpfe weitergehen. Am Abend flaniert eine ratlose Menge auf der Place Saint-Germain auf und ab. Eine ältere, übermüdete Frau schiebt ihr Fahrrad vor sich her und ruft Beauvoir zu: »Beim ersten Schuss bombardieren die Deutschen Paris, die Kanonen sind aufgefahren. Bitte weitersagen.« Niemand achtet auf sie. Der nächste Vormittag wirkt friedlich. Am Seineufer sitzen Angler, und man sieht junge Leute, die im Badeanzug Sonnenbäder nehmen. Aber die Widerstandskämpfer der FFI halten sich in den Häusern und auf den Treppen von Metrostationen verborgen. Ein deutscher Lastwagen rollt unter dem Fenster Beauvoirs vorbei, auf ihm stehen zwei junge, »sehr blonde« Soldaten aufrecht mit angeschlagener Maschinenpistole. Beauvoir sieht, dass 20 Meter weiter »der Tod auf sie lauert«, und ist für einen Moment versucht, sie zu warnen: »Ein Feuerstoß, und sie brachen zusammen.«[6] Am 21. August erscheint zum ersten Mal die Résistancezeitung *Combat* öffentlich, und Camus frohlockt, die Befreiung von Paris sei fast vollbracht: »Nach fünfzig Monaten der Besatzung, der Kämpfe und der Opfer wird Paris im Gefühl der Freiheit wiedergeboren, trotz der Schüsse, die noch plötzlich an Straßenecken zu hören sind.«[7]

Am 22. August befiehlt de Gaulle General Philippe Leclerc de Hauteclocque ohne Rücksprache mit Amerikanern und Briten, seine französische Panzerdivision (2e division blindée) vom 200 Kilometer entfernten Argentan aus Richtung Paris in Marsch zu setzen. Zwei Tage später, am Abend des 24. August, stehen die französischen Panzer mit der 4. amerikanischen Division unter Generalmajor Raymond O. Barton vor dem Hôtel de Ville. Am 23. August hat Hitler dem Wehrmachtsbefehlshaber Groß-Paris, General von Choltitz, den Befehl erteilt, Paris zu halten oder in ein Trümmerfeld zu verwandeln: »In der Geschichte bedeutete der Verlust von Paris aber auch bisher immer den Fall von ganz Frankreich. (…) Die Seinebrücken sind zur Sprengung vorzubereiten. Paris darf nicht oder nur als Trümmerfeld in die Hand des Feindes fallen.« Hitler scheint eine Entscheidungsschlacht um Paris vorzuschweben. Dafür ist es zu spät. Im Großraum Paris befinden sich nur noch 20 000 deutsche Soldaten, in der Hauptstadt selber kaum mehr als 5000 Mann.[8] Von Choltitz' Weigerung, den Befehl auszuführen, dürfte weniger auf ethischen Bedenken beruhen. Bei seinen Einsätzen gegen Rotterdam 1940 – dessen Altstadt komplett zerstört worden war – und Sewastopol 1942 – nur neun Gebäude hatten die deutsche Bombardierung unbeschädigt überstanden – wurde er jedenfalls von keinen Skrupeln geplagt. Von Choltitz hat erkannt, dass Paris für die Deutschen verloren ist und jedes weitere Opfer sinnlos. Noch in der Nacht gibt er den Befehl zum Rückzug der deutschen Truppen.

Die Nacht zum 25. August ist schwül und ruhig. Walter Dreizner, Mitglied einer Fernmeldeeinheit in Paris, schiebt Wache. Manchmal sieht er vereinzelt Brände in der Stadt, gelegentlich Abschussfeuer. Auf der Straße hört er Schritte und Stimmen von hier und da. »Dann ist es wieder ganz ruhig. Dann knallt es wieder.« Doch Schlag 23 Uhr setzen sich plötzlich die Glocken von Paris in Bewegung, »schaurig, wie die Stimme eines höheren Gerichts senden die Glocken ihren Ruf in die dunkle Nacht«. 50 Minuten schlagen die Glocken von Paris – »anklagend, aufrührend« –, dann wieder Stille, Totenstille, nur vereinzelt sind Schüsse zu hören. In dieser Stille glaubt Dreizner das Blut in seinen Adern zu hören. Sie dauert fünf Minuten, erst »dann spielt Paris seinen Trumpf aus«: die Glocken von Notre-Dame. »Aus dem Herzen der Stadt (…) ertönt die Stimme der Geschichte, die Stimme der Nation.« Und der deutsche Fernmeldetechniker steht »in ihrem Bann«. Als die Glocken verstummen, legen sich Sekunden »schauriger Stille« über Paris: »Doch dann, dann ist der Bann gebrochen: Tausende und Abertausende menschliche Stimmen brechen in einen Schrei aus. Endlos tobt das Volk.« Man spürt, dass Walter Dreizner, der Fernmeldetechniker aus Wittenberg, in diesem Augenblick gerne einer von ihnen wäre.[9]

Am Nachmittag des 25. August unterschreibt der Wehrmachtsbefehlshaber Groß-Paris, General von Choltitz, die Kapitulationsurkunde. Sein Befehl, die Waffen niederzulegen, wird überall befolgt, die Deutschen gehen in Gefangenschaft. Einen Tag später hält General Charles de Gaulle, Führer der »Provisorischen Regierung der Französischen Republik«, unter dem Jubel der Bevölkerung Einzug in Paris. Natürlich zeigt er auch bei dieser Gelegenheit seinen Sinn für subtile Symbolik. Über die Champs-Élysées paradieren die Soldaten seiner 2e division blindée, nur sie sollen von den Franzosen als die Befreier von Paris wahrgenommen werden. Erst drei Tage später haben auch die amerikanischen Einheiten ihren Auftritt. Nur Stunden nach de Gaulles triumphalem Einzug wird Paris von der deutschen Luftwaffe bombardiert. Hitler hat den Einsatz von Bombern, Fernartillerie und V-Waffen angeordnet, um die Zerstörung der französischen Hauptstadt doch noch zu erreichen. Bei dem nächtlichen Angriff werden 213 Menschen getötet. Die Bomben treffen auch den Weingroßmarkt von Paris, die *Halles aux vins*, die bis auf die Grundmauern niederbrennen. Der makabre, hilflose Abschiedsgruß der *boches*. Camus feiert im *Combat* das Ende einer »ungeheuerlichen Geschichte« und eines »unsagbaren Kampfes«, den Sieg des Lichts über die Finsternis, in dem Paris heller leuchtet »als jene ville lumière (erleuchtete Stadt), um die uns die ganze Welt beneidete«.[10]

Königsberg, heißt es, sei 1944 in zwei Sommernächten untergegangen. In der Nacht vom 26. zum 27. August überflogen 174 Bomber der Royal Air Force die Hauptstadt Ostpreußens und griffen vor allem die nördlichen Wohnviertel an. In dieser Nacht starben 1000 Einwohner Königsbergs, 10 000 wurden obdachlos. Das war der Auftakt. In der Nacht vom 29. zum 30. August warfen 189 Lancaster 480 Tonnen Bomben ab. Auf Königsberg stürzte ein Feuerball herab, in dem die Stadt verglühte. Wie Hamburg im vorigen Jahr starb die Stadt in einem Feuersturm, der mehr als 5000 Menschen in den Tod riss, die verbrannten, verglühten oder erstickten. Tausende Spreng- und Brandstrahlbomben verwandelten die Stadt am Pregel in ein Flammenmeer, in dem das historische Königsberg versank. Zurückblieben rauchende Ruinen: der Dom und zwölf weitere Kirchen, das Schloss, in dessen Audienzsaal sich Kurfürst Friedrich III. im Januar 1701 zum König Friedrich I. von Preußen gekrönt hatte, die alte und die neue Universität, das Kneiphöfische Rathaus, das Opernhaus, die Staats- und Universitätsbibliothek, die alten Speicher am Hafen, die Hälfte aller Schulen und die seit 1722 bestehende Buchhandlung Gräfe und Unzer, die größte Sortimentsbuchhandlung Europas. In Rauch aufgelöst haben sich auch die Geburtshäuser des von Goethe geschmähten und von Heine verehrten Erzählers E. T. A. Hoffmann und Eduard von Simsons, katholisch getauftes Kind jüdischer Eltern und erster Präsident des Reichsgerichts in Leipzig, aber auch das Haus in der Löbenichtschen Langgasse, in dem Heinrich von Kleist gewohnt und 1806 den *Zerbrochenen Krug* vollendet hatte.

Ausgerechnet Kants Grabmal haben die Flammen verschont. Nur das Grab kann bezeugen, dass Königsberg der Geburts- und Lebensort Immanuel Kants gewesen ist. Das aufklärerische Erbe, das er der Stadt hinterlassen hatte, hat sie vor Jahren ausgeschlagen. Kant hatte Königsberg zu einem der Zentren der europäischen Aufklärung gemacht. Seine Geburtsstadt hatte er nie verlassen, er nannte sie »einen schicklichen Platz zur Erweiterung sowohl der Menschenkenntnis als auch der Weltkenntnis, wo diese, auch ohne zu reisen, gewonnen werden kann«. Der Untergang des Königsbergs von Immanuel Kant hatte begonnen, als ein Aufruf am 10. Mai 1933 die Bürger zur »Bücherverbrennung« auf dem Trommelplatz rief, um den »Unrat« und die »Erzeugnisse artfremden Geistes« den Flammen zu übergeben. Einige Wochen davor hatte der jüdische Kinoverwalter Max Neumann für das Verbrechen, Jude zu sein, mit seinem Leben bezahlt.[11] Im November 1938 hatten in Ostpreußen die Synagogen gebrannt, in Königsberg wurden die Alte und die Neue Synagoge zerstört. Die fürchterlichste Menschen- und Weltkenntnis haben in den vergangenen Jahren nicht nur die Juden erlangt, auch Sinti und Roma, Homosexuelle, körperlich und geistig Behinderte, Kommunisten, Sozialisten und Liberale; sie haben sie nicht nur in Königsberg erlangt, sondern im gesamten deutschen Herrschaftsgebiet. Aber keine Gruppe wurde von den Nationalsozialisten mit einem so ungebremsten Vernichtungswillen verfolgt wie die Juden, und keine andere deutsche Stadt – ausgenommen Weimar, der Vorort des KZ Buchenwald – hat ihre besten Traditionen so entschlossen vernichtet wie Königsberg. »Sapere aude! Habe Mut, dich deines eigenen Verstandes zu bedienen.« Diesen Satz hatte Kant, Professor in Königsberg und einige Zeit Rektor der Albertus-Universität, zum Wahlspruch der Aufklärung erklärt. Kants Lehrstuhl wurde 1940 von einem Ordinarius für Allgemeine Psychologie besetzt, der verlangte, die »Rassenpflege« müsse auf »eine noch schärfere Ausmerzung ethisch Minderwertiger bedacht sein, als sie heute schon ist (…). (…) So wie beim Krebs (…) der leidenden Menschheit nicht anderes geraten werden kann als möglichst frühzeitiges Erkennen und Ausmerzen des Übels (…). (…) wir müssen – und dürfen – uns hier auf die gesunden Gefühle unserer Besten verlassen und ihnen die Gedeihen oder Verderben unseres Volkes bestimmende Auslese anvertrauen.«[12] Der Ordinarius war Mitglied der NSDAP und schon damals auf gutem Weg, »Führer der Graugänse« zu werden. Sein Name war Konrad Lorenz.

1139 Juden haben am 31. August 1941 im Regierungsbezirk Königsberg gelebt. Bis zum 23. Oktober 1941 konnten Juden aus dem Deutschen Reich emigrieren, dann begannen die Deportationen. Am 24. Juni 1942 verließ der Haupttransport Königsberg. Zwei Tage später erreichte der Zug den Güterbahnhof Minsk. Dort wurden die Juden ausgeladen und auf Lastwagen abtransportiert. An den Gruben bei Maly Trostinez waren sie ermordet worden. Einige Dutzend überlebten zunächst, denn sie wurden zur Zwangsarbeit benötigt. Als die Arbeit beendet war, waren auch sie, etwa 65 bis 70 Juden, getötet worden.[13]

Der 16 Jahre alte Michael Wieck, vom NS-Regime als »Halbjude« klassifiziert, hatte die Deportation miterlebt, und er

13. KAPITEL

wurde auch Zeuge des Feuersturms, der Ende August Königsberg vernichtete. Als er um die brennende Stadt herumging, sah er »hunderttausend Obdachlose«, die »mit Leiterwagen, Handkarren, Kinderwagen, Schubkarren und allem, was Räder hatte«[14] durch die Straßen zogen, sah überall Koffer, Gepäckstücke und Taschen, die Reste der geretteten Habe. Natürlich erinnerte ihn das an die vor ihrer Deportation versammelten Juden. Aber es war vollkommen anders: »Diese Menschen hatten überlebt und konnten auf Hilfe hoffen.«[15] Drei Tage lang ließ sich die tödlich getroffene, verröchelnde Stadt nicht betreten. Der glühend heiße Boden kühlte nur langsam ab. Was von Königsberg übrig blieb, waren schwarze Ruinen mit Fensterhöhlen, die »Totenschädeln glichen«.

Am Tag nach dem Untergang Königsbergs hat es in Gertlauken Asche geregnet. Der Wind hat sie 60 Kilometer bis ins Dorf von Marianne Günther geweht.[16]

Schluss

Anfang September 1944 war fast ganz Frankreich von alliierten Truppen zurückerobert. Am 11. September betrat ein amerikanischer Spähtrupp nördlich von Trier erstmals Reichsgebiet. Im Winter 1944/1945 kam es zum letzten Versuch der Wehrmacht, das Vordringen der Alliierten zu stoppen. Doch die Ardennenoffensive scheiterte. Sie verzögerte den Vormarsch der Westalliierten nur um sechs Wochen.

Bis zum Jahresende 1944 hatte die Rote Armee das gesamte sowjetische Territorium zurückerobert. Die Gefühle, mit denen die sowjetischen Soldaten die Grenzen des Deutschen Reichs überschritten, artikulierten sich in einem Befehl Lew Kopelews, Germanist und Liebhaber der deutschen Kultur, seine Soldaten sollten beim Passieren der Grenze von ihren Lastwagen absteigen und auf den deutschen Boden urinieren.[1] Ein Symbol der Schändung des Aggressors, aber eben doch nur ein Symbol. Die letzten Monate ab Jahresbeginn 1945 wurden für die Deutschen die fürchterlichsten des gesamten Krieges, insbesondere im Osten.

Am 21. Januar überschritt die 1. Ukrainische Front die Reichsgrenze östlich von Breslau. Ende des Monats nahm sie das für die deutsche Rüstungswirtschaft lebenswichtige Industrierevier Oberschlesiens nahezu unzerstört ein. Am 27. Januar befreiten die Sowjets das Vernichtungslager Auschwitz, in dem über einen Zeitraum von drei Jahren mehr als eine Million Menschen – insbesondere Juden – systematisch und fabrikmäßig ermordet worden waren.

Als die sowjetischen Verbände Ende Januar bereits rund 80 Kilometer vor Berlin standen, schnitten die 2. und 3. Weißrussische Front Ostpreußen von sämtlichen Landverbindungen ab. Gewaltige Flüchtlingstrecks hatten sich schon seit Oktober 1944 nach Westen in Bewegung gesetzt. Wer von den Sowjets eingeholt wurde, dem drohten Ermordung, Verschleppung und Vergewaltigung. Die deutsche Kriegsmarine zog fast 800 Kriegs- und Handelsschiffe in der Ostsee zusammen, um in groß angelegten Rettungsaktionen bis Mai 1945 etwa 1,5 Millionen Zivilisten und rund 500 000 Wehrmachtssoldaten aus Ostpreußen, Pommern und Kurland nach Dänemark und Schleswig-Holstein zu evakuieren.

Im April rückte die Rote Armee mit knapp drei Millionen Soldaten auf Berlin zu. Hier stieß sie auf ein letztes Aufgebot aus Polizisten, SS und Jungen der Hitlerjugend. Am 30. April beging Hitler im Führerbunker Suizid. Am 2. Mai kapitulierte die eingekesselte Stadt.

Der Zweite Weltkrieg ist in Europa mit der bedingungslosen Kapitulation der Wehrmacht am 8. Mai 1945 zu Ende gegangen, im pazifischen Raum nach dem Abwurf der beiden Atombomben auf Hiroshima und Nagasaki mit der Kapitulation des japanischen Kaiserreichs am 12. September 1945 in Singapur. Mehr als 60 Staaten waren direkt oder indirekt am Weltkrieg beteiligt. Er hat weltweit etwa 60 bis 70 Millionen Menschen das Leben gekostet, in der Mehrzahl Zivilisten. Knapp die Hälfte der 27 Millionen Toten, die die Sowjetunion zu beklagen hatte, waren Angehörige der Roten Armee. Jeder Vierte der getöteten sowjetischen Soldaten starb allerdings nicht im Kampf, sondern in deutscher Kriegsgefangenschaft.

6,35 Millionen Deutsche wurden im Krieg getötet, überwiegend Soldaten. Von allen beteiligten Nationen hat Polen am schlimmsten gelitten. Sechs Millionen Polen wurden getötet, jeder sechste Einwohner des Landes. Jeder zweite getötete Pole war Jude. Insgesamt fielen während des Krieges etwa sechs Millionen europäische Juden dem nationalsozialistischen Rassenwahn zum Opfer.

Nachbemerkung

Die Geschichte, die in diesem Buch erzählt wird, beginnt nicht im Frühsommer 1944, auch nicht 1933, sondern Jahre davor: »Die Ereignisse von 1933 bis 1945«, schrieb Erich Kästner, »hätten spätestens 1928 bekämpft werden müssen. Später war es zu spät … Man darf nicht warten, bis aus dem Schneeball eine Lawine geworden ist. Man muss den rollenden Schneeball zertreten.« Zwei Jahre, nachdem sich die Weimarer Republik ihren Feinden ergeben und ihnen die Zukunft Deutschlands und Europas überlassen hatte, bedankte sich Goebbels auf seine Weise. 1935 erschien im Franz-Eher-Verlag, dem Zentralverlag der NSDAP, eine Auswahl seiner Hetzartikel aus der »Kampfzeit«. Unter der Überschrift »Die Dummheit der Demokratie« wird kurz und höhnisch erklärt, wie es gelingen konnte, das demokratische System und »die alten Esel« (Goebbels) – gemeint sind die Parlamentarier – in nur wenigen Jahren auszuschalten. Die Leser dieses Buchs waren nicht die verachteten Demokraten: die Liberalen, die Konservativen, die Sozialdemokraten. Sie waren seit 1933 zu Tausenden in Gefängnisse oder Konzentrationslager geworfen worden, kaltgestellt und mundtot gemacht, sofern sie nicht ermordet worden waren. Mitglieder und Anhänger der NSDAP aber durften sich an der hämischen Rückschau erfreuen: »Das wird immer einer der besten Witze der Demokratie bleiben, daß sie ihren Todfeinden die Mittel selber stellte, durch die sie vernichtet wurde. Die verfolgten Führer der NSDAP traten als Abgeordnete in den Genuß der Immunität, der Diäten und der Freifahrtkarte. Dadurch waren sie vor dem polizeilichen Zugriff gesichert, durften sich mehr zu sagen erlauben als gewöhnliche Staatsbürger und ließen sich außerdem die Kosten ihrer Tätigkeit vom Feinde bezahlen. Aus der demokratischen Dummheit ließ sich vortrefflich Kapital schlagen.«

Die »demokratische Dummheit«, politische Gegner nicht als Feinde zu betrachten, gehört zum Wesen der Demokratie. Aber der Selbstmord gehört nicht dazu. Wer nicht gezwungen sein will, irgendwann den Todeswalzer zu tanzen, kann nicht aufmerksam genug sein. Wir sind gewarnt.

Biografien

Konrad Adenauer (1876–1967) war die prägende politische Persönlichkeit der frühen Bundesrepublik. Er war einer der Gründer der CDU, deren Vorsitzender er von 1950 bis 1966 war, und Präsident des Parlamentarischen Rates in Bonn, der das Grundgesetz für die Bundesrepublik Deutschland formulierte. Nach der 1949 von der CDU gewonnenen Bundestagswahl wurde Adenauer erster Bundeskanzler – von 1951 bis 1955 auch Außenminister – und blieb es bis zu seinem Rücktritt am 15. Oktober 1963. Er trat für die Westbindung der Bundesrepublik ein, forcierte die europäische Integration, vertrat im Inland ebenso wie im Verhältnis zur Sowjetunion einen strikten Antikommunismus, setzte auf die soziale Marktwirtschaft und trieb die Souveränität der Bundesrepublik voran. Zu heftigen Kontroversen kam es, als Adenauer 1953 seinen Vertrauten Hans Globke zum Chef des Bundeskanzleramtes ernannte. Globke war in der NS-Zeit Mitverfasser und Kommentator der Nürnberger Rassegesetze und verantwortlicher Ministerialbeamter für die Namensänderungsverordnung von 1938, durch die Juden als solche erkennbar gemacht und stigmatisiert wurden. Die Spiegel-Affäre 1962, bei der sich Mitarbeiter des Nachrichtenmagazins *Der Spiegel* aufgrund eines Artikels über die Verteidigungsfähigkeit der Bundesrepublik einem Ermittlungsverfahren wegen möglichen Landesverrats ausgesetzt sahen, stürzte die von Adenauer geführte Bundesregierung in eine tiefe Krise. Nicht nur zahlreiche Medien sahen in dem staatlichen Vorgehen einen Versuch, eine missliebige Zeitschrift zum Schweigen zu bringen. Die Affäre endete mit der Entlassung zweier Staatssekretäre und des Bundesverteidigungsministers Franz Josef Strauß (CSU). Sie führte unbeabsichtigt zu einer deutlichen Stärkung der Pressefreiheit.

Die Widerstandskämpferin **Ruth Andreas-Friedrich** (1901–1977) hat den Krieg zwar in Berlin überlebt. Aber ihr Lebensgefährte Leo Borchard wurde im August 1945 von einem US-Soldaten versehentlich bei einer Straßenkontrolle getötet. Andreas-Friedrich und Borchard, ein russischer Dirigent, waren Herz und Kopf der Widerstandsgruppe »Onkel Emil«. Im Dezember 1948 siedelte Andreas-Friedrich nach München über und heiratete dort den Direktor der Universitäts-Poliklinik, Walter Seitz, nach dessen Tarnnamen »Onkel Emil« sich die Widerstandsgruppe benannt hatte. Sie schrieb einige Bücher (*Gesund und hübsch durchs Jahr*, *Ein reizender Abend: 1000 Tipps für frohe Feste*), aber ihre Tagebuchaufzeichnungen zwischen 1938 und 1945 (*Der Schattenmann*) wurden das Buch ihres Lebens. Am 17. September 1977 beging sie Suizid. Im August 2002 wurde Ruth Andreas-Friedrich von der Gedenkstätte Yad Vashem als Gerechte unter den Völkern geehrt, zwei Jahre später auch ihre Tochter Karin.

Zwei Romane haben **Simone de Beauvoir** (1908–1986) bekannt gemacht – *L'Invitée* (1943; deutsch: *Sie kam und blieb*) und *Le sang des autres* (1945; deutsch: *Das Blut der anderen*), aber mit ihrem 1949 veröffentlichten Werk *Le Deuxième Sexe* (deutsch: *Das andere Geschlecht*) hat sie Weltruhm erlangt. Es war ein bahnbrechender Beitrag zum feministischen Diskurs:

»Man kommt nicht als Frau zur Welt, sondern wird dazu gemacht.« Sie galt seitdem – und gilt bis heute – nicht nur als eine der führenden französischen Intellektuellen des 20. Jahrhunderts, vor allem war und ist sie eine Ikone der Frauenbewegung. Sie war die langjährige Lebensgefährtin Jean-Paul Sartres. Nach dessen Tod veröffentlichte sie 1981 das Buch *La cérémonie des adieux, suivi de Entretiens avec Jean-Paul Sartre: août–septembre 1974* (deutsch: *Die Zeremonie des Abschieds und Gespräche mit Jean-Paul Sartre: August–September 1974*). Darin berichtet sie mit schonungsloser Authentizität über die letzten Lebensjahre und das Siechtum Sartres. Nach ihrem Tod wurde Simone de Beauvoir neben Jean-Paul Sartre auf dem Pariser Friedhof Montparnasse beigesetzt.

Joel Berger (geb. 1937), der jüdische Budapester Junge, der seinen kleinen Freund im Sommer 1944 beim traurigen Spiel mit einer Eisenbahn beobachtete, hat den Holocaust überlebt, anders als rund 40 Mitglieder seiner Familie. Er blieb zunächst in Ungarn, begann ein Studium und kam 1956 wegen angeblicher Beteiligung am Ungarischen Volksaufstand für einige Zeit ins Gefängnis. Nach seiner Entlassung besuchte er 1957 in Budapest das Rabbinerseminar, zugleich studierte er an der Universität in Debrecen Geschichte, Pädagogik und Volkskunde. 1968 emigrierte er in den Westen und war in verschiedenen deutschen Städten – unter anderem in Dortmund und Bremen –, seit Ende der Siebzigerjahre in Stuttgart tätig. Bis zu seiner Pensionierung war Berger Landesrabbiner in Württemberg. Anlässlich der Veröffentlichung seiner Lebenserinnerungen im Jahr 2013 rühmte der ungarische Schriftsteller György Dalos Bergers »dem jüdischen Schicksal trotzende, souveräne Heiterkeit«.

BIOGRAFIEN

Heinrich Böll (1917–1985) war einer der einflussreichsten und erfolgreichsten Schriftsteller der Nachkriegszeit in Deutschland. Seine Kurzgeschichten machten ihn berühmt, seine kritischen Beiträge zu Entwicklungen der jungen Bundesrepublik zu einem ihrer umstrittensten und gefeiertsten Intellektuellen. Er ging keiner politischen Auseinandersetzung aus dem Weg, nicht mit der Linken und nicht mit der Rechten, nicht mit der Presse und nicht mit der katholischen Kirche. Selbst seine Gegner respektierten das Engagement des Humanisten Böll, der sich unter anderem für Flüchtlinge aus Vietnam und für Dissidenten in Osteuropa einsetzte. 1972 wurde Böll, als erster Deutscher der Nachkriegszeit, mit dem Nobelpreis für Literatur ausgezeichnet. Die Ehrung galt, wie es in der Würdigung der Schwedischen Akademie hieß, einer literarischen Arbeit, »die durch ihren zeitgeschichtlichen Weitblick in Verbindung mit ihrer von sensiblem Einfühlungsvermögen geprägten Darstellungskunst erneuernd im Bereich der deutschen Literatur gewirkt hat«.

Alois Brunner (1912 – verstorben zwischen 2001 und 2010) war einer der wichtigsten Mitarbeiter des Holocaust-Organisators Adolf Eichmann und verantwortlich für die Ermordung von mehr als 128 000 Juden. Der SS-Hauptsturmführer ließ Juden aus Wien, Berlin, Saloniki, Frankreich und aus der Slowakei in Konzentrationslager verschleppen. Nach Kriegsende lebte Brunner als »Alois Schmaldienst« einige Jahre in Essen. Er verließ Europa, nachdem er 1954 von Gerichten in Marseille und Paris wegen Kriegsverbrechen an Mitgliedern der Résistance in Abwesenheit zum Tode verurteilt worden war. Sein bekanntester Fluchthelfer war Reinhard Gehlen, in der Wehrmacht Leiter der Abteilung Fremde Heere Ost, seit 1947 Chef der nach ihm benannten Organisation Gehlen, ab 1956 erster Präsident des Bundesnachrichtendienstes. In Syrien tauchte Brunner unter dem Namen Dr. Georg Fischer mit Billigung des damaligen Assad-Regimes unter. 1961 erließ das Amtsgericht Frankfurt am Main gegen Brunner einen Haftbefehl, 23 Jahre später folgte 1984 ein weiterer Haftbefehl des Amtsgerichts Köln. Die Bundesregierung stellte in Damaskus ein Auslieferungsersuchen, das jedoch ergebnislos blieb. Das syrische Regime bestritt die Anwesenheit Brunners. Bei zwei Bombenanschlägen 1961 und 1980, die dem israelischen Geheimdienst zugerechnet werden, verlor Brunner ein Auge und einige Finger. 1987 verhöhnte Brunner in einem Interview seine Opfer als »Dreckzeug« und beteuerte: »Ich bereue nichts und würde es wieder tun.« Im Juli 2022 wurde der Haftbefehl des Amtsgerichts Köln aufgehoben und das Verfahren gegen Brunner damit eingestellt. Grundlage war, dass Brunner 110 Jahre nach seiner Geburt juristisch als tot galt.

Einige seiner berühmtesten Werke hat **Albert Camus** (1913–1960) bereits während des Weltkriegs veröffentlicht: 1942 *Der Fremde* und *Der Mythos von Sisyphos*. Er war einer der bedeutendsten Schriftsteller der europäischen Literatur des 20. Jahrhunderts. Aus der Redaktion der in der Résistance gegründeten Zeitung *Combat* schied er 1947 aus, da das Blatt die politische Richtung gewechselt hatte. Im selben Jahr erschien sein Roman *Die Pest*, für den er den Prix des Critiques erhielt, 1949 das Drama *Die Gerechten* und 1951 der Essay *Der Mensch in der Revolte*, der zum Bruch mit Sartre führte. 1957 erhielt Camus den Nobelpreis für Literatur für seine »bedeutende literarische Schöpfung, die mit klarsichtigem Ernst die Probleme des menschlichen Gewissens in unserer Zeit beleuchtet«. Camus starb 1960 bei einem Autounfall auf der Straße von Paris nach Sens.

BIOGRAFIEN

Kein an den Massakern in Wola beteiligter Deutscher oder in deutschen Diensten stehender Soldat wurde nach dem Krieg von der bundesdeutschen Justiz belangt. **Oskar Dirlewanger** (1895–1945) geriet im Mai 1945 in französische Kriegsgefangenschaft. Einen Monat später – vermutlich am 19. Juni – starb er infolge von Misshandlungen. Die Täter blieben unbekannt: ehemalige polnische Zwangsarbeiter, französische Mitgefangene polnischer Herkunft oder polnische Soldaten im Dienst der französischen Armee. **Erich von dem Bach-Zelewski** (1899–1972) wurde einige Jahre nach dem Krieg zwar für andere Verbrechen verurteilt, jedoch nie für seine Beteiligung am Wola-Massaker zur Rechenschaft gezogen. Er starb 1972 in einem Haftkrankenhaus. **Heinz Reinefarth** (1903–1979) wurde für seine Verbrechen in Wola nicht nur nicht bestraft. Er konnte sogar eine beeindruckende Nachkriegslaufbahn einschlagen. Er wurde Rechtsanwalt, Bürgermeister der Stadt Westerland (Sylt) von 1951 bis 1964, saß im Landesvorstand des Gesamtdeutschen Blocks/Bund der Heimatvertriebenen und Entrechteten (GB/BHE) und als Abgeordneter im Schleswig-Holsteinischen Landtag. Strafrechtliche Ermittlungen gegen ihn wurden ohne Anklage eingestellt.

Seit seinem ersten großen Roman *Bauern, Bonzen und Bomben* (1931) war **Hans Fallada** (1893–1947), ursprünglich Rudolf Wilhelm Friedrich Ditzen, in Deutschland ein bekannter Schriftsteller. Zu Weltruhm aber brachte es Fallada mit dem Roman *Kleiner Mann – was nun?* über das Schicksal eines kleinen Angestellten, der in der Wirtschaftskrise den Abstieg in Arbeitslosigkeit und Armut erlebt. Falladas Werk wurde von den Nationalsozialisten zwiespältig aufgenommen, verboten wurde es nicht. Er veröffentlichte 1938 *Der eiserne Gustav*, allerdings mit von Goebbels erzwungenen Änderungen, nach denen der Schluss auf eine Bekehrung der Hauptfiguren zum Nationalsozialismus hinauslief. 1962 wurde der Roman in der DDR in neuer Form publiziert, zwar ohne den »Nazi-Schwanz«, nun allerdings mit anderen ideologischen Eingriffen. In der Originalfassung ist der Roman erst 2019 erschienen. In den späten Vierzigerjahren fand Fallada, der sich in der NS-Zeit vor allem auf harmlose Unterhaltungsliteratur verlegt hatte, mit dem Widerstandsroman *Jeder stirbt für sich allein* zu seinem früheren Stil zurück. Das Werk erschien, ebenfalls von der Zensur verstümmelt, 1947 in der Sowjetischen Besatzungszone, in der ungekürzten Originalfassung erst 2011. Das *Gefängnistagebuch 1944* verfasste Fallada unter Lebensgefahr. Er stand in der Gefängniszelle der NS-Verwahranstalt unter ständiger Beobachtung der Wärter. Die Aufzeichnungen sind Falladas Versuch, seine Vergangenheit zu verarbeiten und sein eigenes Handeln, seine »innere Emigration« zu verteidigen. Das Tagebuch erschien erstmals 2009.

Nachdem das Mädchenorchester von Auschwitz im Herbst aufgelöst und nach Bergen-Belsen deportiert worden war, erkrankte die jüdische Résistance-Kämpferin **Fania Fénelon** (1919–1983) an Typhus. Als das Lager am 15. April 1945 von Soldaten der britischen Armee befreit wurde, wog sie noch 28 Kilogramm und war vollkommen erschöpft. Doch als die Sängerin des Orchesters gebeten wurde, in ein Mikrophon zu singen, sang sie vor Freude die »Marseillaise«. Für die BBC sang sie »God save the King« und für die sowjetischen Häftlinge die »Internationale«. Sie trat später wieder in Paris auf und wurde eine bekannte Chansonsängerin. Im Jahr 1966 zog sie mit ihrem Lebensgefährten, einem afroamerikanischen Sänger, nach Ost-Berlin, gab dort Chansonabende, nahm Platten auf und unterrichtete Schauspielstudenten im Fach

Chanson. Nach dem Tod ihres Partners kehrte sie 1971 nach Paris zurück. Das Buch über *Das Mädchenorchester in Auschwitz* schrieb sie von 1973 bis 1975. Es wurde ein großer Erfolg. Für die Verfilmung (*Playing for Time*, 1980), in der Vanessa Redgrave die Rolle Fénelons übernahm, schrieb sie gemeinsam mit Arthur Miller das Drehbuch. Im Dezember 1983 ist Fania Fénelon, geborene Fanny Goldstein, in Paris gestorben.

Patrick Leigh Fermor (1915–2011) war einer der größten Stilisten der englischen Literatur des 20. Jahrhunderts. Er hat nur einen Roman geschrieben (*Die Violinen von Saint-Jacques*, 1953), berühmt wurde er als Reiseschriftsteller mit Büchern über seine Wanderungen, *Die Zeit der Gaben* und *Zwischen Wäldern und Wasser*. Deren Lektüre lohnt bis heute. Die britische Presse bewertete es als triumphalen Lebensbeweis Fermors, als er mit über 90 Jahren ankündigte, das Schreiben mit einer Schreibmaschine zu lernen, um den dritten Teil seiner Reisebücher fertigzustellen. Fermor wurde mit Preisen und Orden überhäuft, die kretische Hauptstadt Heraklion machte ihn zu ihrem Ehrenbürger. Berühmt ist Fermor in Deutschland bis heute nicht, aber durchaus einem breiteren Publikum bekannt, insbesondere seit der deutschsprachigen Veröffentlichung seines Buches *Die Entführung des Generals* (2014) über sein Kreta-Abenteuer 1944. Der ursprünglich für die Entführung ausgewählte General **Friedrich-Wilhelm Müller** (1897–1947; »Der Schlächter von Kreta«) wurde nach dem Krieg in Athen wegen zahlloser Kriegsverbrechen zum Tode verurteilt und am 20. Mai 1947 standrechtlich erschossen. General **Heinrich Kreipe** (1895–1976) hat sich nie öffentlich zu der Entführung geäußert. 1972 ist er im griechischen Fernsehen zusammen mit Fermor aufgetreten. Fermor starb 2011 mit 96 Jahren.

BIOGRAFIEN

André François-Poncet (1887–1978) war nie – auch nicht nach dem Weltkrieg – ein Feind der Deutschen, aber zeit seines Lebens ein exzellenter Kenner und Liebhaber der deutschen Kultur (er hatte über Goethes *Wahlverwandtschaften* promoviert). Das hat sich nach 1945 für die Westdeutschen als sehr hilfreich erwiesen. Der langjährige französische Botschafter in Berlin kehrte nach Deutschland zurück: Von 1949 bis 1955 war François-Poncet Hoher Kommissar seines Landes in der Bundesrepublik Deutschland. Nach Auflösung der Alliierten Hohen Kommission im Mai 1955 war er bis September französischer Botschafter in Bonn. In all den Jahren hat er sich vehement für die deutsch-französische Annäherung eingesetzt. Sein Sohn Jean François-Poncet war in der Amtszeit von Staatspräsident Valéry Giscard d'Estaing von 1978 bis 1981 französischer Außenminister.

Margot Friedländer (Jahrgang 1921), geb. Bendheim, hat am 26. Juni 1945 Adolf Friedländer nach jüdischem Ritus noch in Theresienstadt geheiratet. Sie kannten sich aus Berlin von ihrer gemeinsamen Arbeit beim Jüdischen Kulturbund. Sie hatte dort als Kostümschneiderin, er als Leiter der Verwaltung gearbeitet. Wie Margot hatte auch Adolf Friedländer seine Familie im Konzentrationslager verloren. 1946 wanderten beide in die USA aus und bauten sich in New York eine neue Existenz auf. Nach dem Tod ihres Mannes 1997 besuchte Margot Friedländer einen Seniorenkurs für biografisches Schreiben eines jüdischen Kulturzentrums. Eine ihrer ersten Geschichten handelt von ihrer Befreiung aus dem Konzentrationslager. Durch die Veröffentlichung ihrer Geschichten lernte Margot Friedländer den Dokumentarfilmer Thomas Halaczinsky kennen, der mit ihr in ihrer alten Heimatstadt Berlin einen Dokumentarfilm drehte. 2003 nahm sie eine Einladung des Berliner

BIOGRAFIEN

Senats für »verfolgte und emigrierte Bürger« an und besuchte ihre Heimatstadt. Nach weiteren Besuchen beschloss sie, ganz zurückzukehren. Seit 2010 lebt sie wieder in Berlin. Margot Friedländer besucht Schulen und andere Einrichtungen in ganz Deutschland, um über ihr Leben zu berichten. Ihre Mutter hatte ihr zwei Dinge hinterlassen, die sie berühren kann und die sie mit ihrem früheren Leben verbinden: eine Bernsteinkette und ein kleines Adressbuch. Geblieben sind auch fünf Worte ihrer Mutter, die sie ihr bei ihrer Verhaftung durch eine Nachbarin hatte ausrichten lassen. Sie haben Margot Friedländers gemeinsam mit der Schriftstellerin Malin Schwerdtfeger verfassten Autobiografie (2008) den Titel gegeben: *Versuche, dein Leben zu machen.*

Charles de Gaulle (1890–1970) war nicht nur Gesicht und Stimme der Résistance, er war nach dem Krieg ein französischer Nationalheld und wurde der bedeutendste französische Politiker des 20. Jahrhunderts. 1958 wurde de Gaulle zum letzten Ministerpräsidenten der Vierten Republik berufen und setzte eine neue, auf ihn zugeschnittene Verfassung durch, die dem Präsidenten große Macht einräumte und die sogenannte Fünfte Republik begründete, in der de Gaulle von 1959 bis 1969 Staatspräsident war. In dieser Funktion konnte de Gaulle unter anderem 1962 eine Lösung des Algerienkonflikts erreichen und wurde zu einer wichtigen Figur der deutsch-französischen Aussöhnung. De Gaulles und Adenauers Annäherung hatte im September 1958 mit einem Treffen auf de Gaulles Landsitz Colombey-les-Deux-Églises begonnen (»Monsieur le chancelier fédérale, vous êtes en France le très bienvenu!«) und mündete am 22. Januar 1963 in die Unterzeichnung des deutsch-französischen Freundschaftsvertrages im Élysée-Palast in Paris. Die deutsch-französische Freundschaft war für de Gaulle von entscheidender Bedeutung für die Entstehung des von ihm gewünschten »Europa der Vaterländer«. In diesem Europa der zwischenstaatlichen Kooperation strebte de Gaulle die Führungsrolle Frankreichs an.

Ostpreußen ist im Januar 1945 untergegangen. Auf breiter Front überschritt die sowjetische Armee im Januar 1945 die deutschen Grenzen im Osten. Aus Angst vor Vergeltung für den Vernichtungskrieg der Wehrmacht begaben sich Hunderttausende Menschen in Ostpreußen, aber auch in Pommern und Schlesien auf die Flucht. Eine von ihnen war **Marianne Günther** (später: **Peyinghaus**) (1921–2014), die, nach einem längeren Aufenthalt in Sachsen, erst Ende Mai 1945 ihre Heimatstadt Köln erreichte. Sie selbst, ihr Verlobter und ihre Eltern haben den Krieg überlebt, nicht aber ihr Bruder Wolfgang, der sich freiwillig zur Waffen-SS gemeldet hatte und zur »Leibstandarte Adolf Hitler« gekommen war. Er kam als Rottenführer vermutlich Ende des Jahres in Belgien ums Leben. Günther hat bald nach dem Krieg Fritz Peyinghaus geheiratet, seinen Namen angenommen und zwei Söhne geboren. Ihren Beruf als Lehrerin hat sie offenbar nicht mehr ausgeübt. Im November 1984 erschien in der Wochenzeitung *Die Zeit* die Anzeige: »Verleger gesucht für Briefe aus Ostpreußen«. Warum Marianne Peyinghaus die Briefe an ihre Eltern vier Jahrzehnte später veröffentlichen wollte, ist nicht bekannt. Der Verleger – Wolf Jobst Siedler – war jedenfalls schnell gefunden und das einzigartige Buch, das aus den Briefen entstand, in den Achtziger- und Neunzigerjahren ein großer Erfolg: *Stille Jahre in Gertlauken. Erinnerungen an Ostpreußen.*

Stéphane Hessel (1917–2013) war ab Oktober 1945 Vertreter Frankreichs bei den Vereinten Nationen in New York, 1948 Mitunterzeichner der Charta der Menschenrechte. Anschließend bereiste er im Auftrag der UN und des französischen Außenministeriums die Welt. Der französische Staat verlieh ihm den Titel »Ambassadeur de France«. Er war der Sohn des Schriftstellers Franz Hessel und der Modejournalistin Helen Grund, deren ménage à trois mit dem französischen Literaten Henri-Pierre Roché Vorbild für François Truffauts Kultfilm *Jules et Jim* (1962) wurde. Großen Erfolg als Autor hatte Stéphane Hessel mit seinem 2010 veröffentlichten Essay »Empört Euch!«, der bis Ende 2011 allein in Frankreich über zwei Millionen Mal verkauft und in mehr als 40 Sprachen übersetzt wurde. Nachdem der Weimarer Stadtrat Stéphane Hessels Ehrenbürgerschaft wegen »mangelndem Bezug zu Weimar« zunächst abgelehnt hatte, hat die Stadt Weimar im August 2019 den Platz vor dem neuen Bauhaus-Museum als Stéphane-Hessel-Platz der Öffentlichkeit übergeben. Hessel starb 2013 mit 95 Jahren in Paris.

Wilm Hosenfeld (1895–1952) ist nie nach Deutschland zurückgekehrt. Im Januar 1945 geriet er in sowjetische Kriegsgefangenschaft. 1950 wurde er ohne Nachweis einer Tat zu 25 Jahren Zwangsarbeit verurteilt. Seine Bemühungen um eine Auslieferung nach Polen waren erfolglos. Trotz der Fürsprache von ihm Geretteter wurde Hosenfeld nicht entlassen. Wilm Hosenfeld starb am 13. August 1952 im Alter von 57 Jahren im Kriegsgefangenenlager Stalingrad an einem Riss der Hauptschlagader, vermutlich verursacht durch Misshandlungen. Erst Jahrzehnte nach seinem Tod ist der Lebensretter Hosenfeld gewürdigt worden. Im Oktober 2007 wurde Hosenfeld postum durch den polnischen Präsidenten Lech Kaczyński für die Rettung polnischer Bürger mit dem Orden Polonia Restituta (Komtur) geehrt. Die Jerusalemer Holocaustgedenkstätte Yad Vashem ernannte Hosenfeld am 25. November 2008 postum zum Gerechten unter den Völkern. Die Ernennung erfolgte auf Antrag Władysław Szpilmans und nach jahrelangen Bemühungen von dessen Sohn Andrzej Szpilman. Vorausgegangen waren intensive Recherchen seitens der Gedenkstätte, die nachwiesen, dass Hosenfeld in kein Kriegsverbrechen verwickelt gewesen war. Władysław Szpilman wurde durch die Veröffentlichung seiner Memoiren (*Das wunderbare Überleben*, *Der Pianist*) und durch die gefeierte Verfilmung seines Schicksals im Warschauer Aufstand von Roman Polanski (2002) weltberühmt.

Sofort nach Kriegsende hat sich **Friedrich Kellner** (1885–1970) am Wiederaufbau beteiligt. Er war einige Zeit Vorsitzender der SPD in Laubach und Stellvertreter des Bürgermeisters. Bis zu seinem Eintritt in den Ruhestand 1950 arbeitete er als Bezirksrevisor beim Landgericht Gießen. 1960 erhielt Kellner einen Wiedergutmachungsbescheid. Demnach wurde er rückwirkend zum Justizamtmann befördert und erhielt eine höhere monatliche Pension. 1968 gab Kellner neun Bände des zehnbändigen Tagebuchs aus den Jahren 1939 bis 1945 seinem amerikanischen Enkel Robert Scott Kellner mit, um es übersetzen und veröffentlichen zu lassen. Der erste Band galt lange als verschollen und ist erst später wieder aufgetaucht. Friedrich Kellner starb am 4. November 1970. Das Tagebuch erschien erst 2011. Es besteht aus zehn Bänden und insgesamt 861 Seiten. Es enthält 676 einzeln datierte Eintragungen in Sütterlinschrift und mehr als 500 Zeitungsausschnitte. Das Tagebuch wurde in mehreren internationalen Ausstellungen gezeigt, unter anderem 2005 in der George Bush Presidential Library (College Station, Texas), 2006 im Holocaust Museum Houston und 2009/2010 in den Räumen der Friedrich-Ebert-Stiftung in Berlin und Bonn. Auf die Frage, warum er das Tagebuch geschrieben habe, hat Kellner erwidert: »In der Gegenwart konnte ich damals die Nazis nicht mehr bekämpfen, also entschloss ich mich, sie in der Zukunft mit dem Tagebuch zu bekämpfen, um künftigen Generationen eine Waffe gegen jede Wiederholung solcher Untaten zu geben.«

Erich Kuby (1910–2005) hat sich sehr bald nach dem Krieg den Ruf erarbeitet, ein »Nestbeschmutzer von Rang« (Heinrich Böll) zu sein, ein linker Gesellschaftskritiker und kompromissloser Demokrat. Er engagierte sich als Redakteur bei der *Süddeutschen Zeitung* gegen die Wiederbewaffnung und schrieb als freier Mitarbeiter des *Spiegel*, des *Stern* und der *Frankfurter Hefte*. Bis in die Siebzigerjahre war er einer der profiliertesten linken Journalisten der Bundesrepublik und gilt als ein Wegbereiter der Studentenbewegung. Er war auch als Buchautor erfolgreich: *Das ist des Deutschen Vaterland – 70 Millionen in zwei Wartesälen* (1957) war ein Bestseller, ebenso wie *Rosemarie. Des deutschen Wunders liebstes Kind* (1958), in dem er sich mit dem Leben der ermordeten Frankfurter Prostituierten Rosemarie Nitribitt und der Doppelmoral in der bundesdeutschen Gesellschaft auseinandersetzte. Das Buch wurde in 17 Sprachen übersetzt. Auch die Verfilmung von *Rosemarie* nach dem Drehbuch Kubys wurde ein Welterfolg. Seine Kriegserfahrungen hat Kuby unter anderem in *Mein Krieg. Aufzeichnungen aus 2129 Tagen* (1975) verarbeitet. Ein Hörspiel über die sinnlose Verteidigung der Festung von Brest durch die Wehrmacht brachte ihm eine Beleidigungsklage des verantwortlichen Generals Hermann Bernhard Ramcke ein. Kuby wurde freigesprochen.

Egon Oelwein (1902–1945) hat den Krieg nicht überlebt. Sein letzter Eintrag ins Familienbuch vom 28. November 1944 lautet: »Ich möchte euch später auf die Frage: ›Wo warst Du im

Kriege, Vater?‹ gerade in die Augen sehen können und Ihr sollt stolz auf ihn sein können, gleich was mir auch geschehen sollte. Das ist wichtiger für die spätere Entwicklung eurer eigenen Haltung, als vielleicht die Möglichkeit, dass ich Euch durch meine Zurückhaltung im Kriege ein leichteres Fortkommen bereite. Ihr sollt Euch nicht durchs Leben schwindeln.« Oelwein hat seinen Kindern nicht mehr in die Augen sehen müssen. Im März 1945 wurde er als Soldat der Waffen-SS an die Ostfront geschickt. Am 8. April 1945 hat ihm seine Frau Marta einen Feldpostbrief geschickt: »Geliebtes Manderle! Ob Dich diese Zeilen jemals erreichen? Man schreibt eben weiter und muss doch annehmen: umsonst! Mit den Kindern bin ich nun nach etlichen Strapazen hier gelandet. (…) Ob wir hier aus dem Frontgebiet, das es ja wohl mal werden wird, mal wieder herauskommen, wird die Vorhersehung bestimmen.« Der Brief ist zurückgekommen. Marta Oelwein ist schon im Januar 1945 mit den Kindern aus Oberschlesien geflohen. Über Dresden gelangten sie nach Nordböhmen und kamen mithilfe des Reichsarbeitsdienstes im April weiter Richtung Westen. Von dort aus hat sich Marta Oelwein mit ihren drei Kindern allein durchgeschlagen.

Mordechai Papirblat (1923–2022) hat als Einziger seiner Familie den Holocaust überlebt – 900 Tage in Auschwitz. Er wurde im Februar 1945 auf einen Todesmarsch geschickt, konnte entkommen, ging im Februar 1947 nach Palästina und arbeitete als Schriftsetzer bei einer Tageszeitung. In der zweiten Jahreshälfte 1947 begann er, seine Aufzeichnungen zu ordnen, und schrieb seine Erlebnisse nieder. Es war ein therapeutischer Prozess der Bewältigung des Todes seiner Angehörigen und der sechs Jahre in ständiger Lebensgefahr. Er beschrieb zwölf Hefte, mehr als 500 Seiten. Als das Projekt abgeschlossen war, verschloss er die

Aufzeichnungen in einem Umschlag und verwahrte sie in einem Schrank. Dort lagen sie mehrere Jahrzehnte. Er sprach mit niemandem darüber. 1954 heiratete er Sima Goldfarb (1930–2012), die als Kind auf der Flucht vor NS-Truppen ihre Mutter und alle vier Geschwister verloren hatte, und bekam mit ihr zwei Söhne, Shlomo und Zvi. In den 1990er Jahren begann Mordechai Papirblat, sein Wissen als Zeitzeuge zur Verfügung zu stellen. 2015 besuchte er Deutschland und sprach in Schulen. 2020 erschien sein Buch *900 Tage in Auschwitz. Tagebuch eines Holocaust-Überlebenden* auf Deutsch.

Unmittelbar nach dem Krieg erkrankte **Leni Riefenstahl** (1902–2003), Hitlers Lieblingsregisseurin, wie Millionen andere Deutsche an Amnesie. Sie konnte sich zwar ausgezeichnet an ihre Olympia-Filme erinnern, die den Nationalsozialisten sehr gefallen hatten und für die sie 1948 das vom Internationalen Olympischen Komitee verliehene Olympische Diplom gerührt entgegennahm. Nicht erinnern konnte sie sich hingegen an das Schicksal der von ihr in *Tiefland* als Statisten benutzten, im Konzentrationslager ermordeten Sinti und Roma. Sie musste zwar mehrere Spruchkammerverfahren absolvieren, am Ende wurde sie jedoch lediglich als »Mitläuferin« eingestuft. Als der Verleger Helmut Kindler über die Zwangsrekrutierung der Sinti und Roma berichtete, wurde er von Riefenstahl wegen übler Nachrede verklagt und 1949 vom Amtsgericht München verurteilt. *Tiefland* wurde erst 1954 in Stuttgart uraufgeführt. Der Streifen, die letzte vollendete Filmregie Riefenstahls, wurde kein großer Erfolg. Zwar lobten einige Kritiker den »Nebel- und Lichtzauber der Berglandschaft«, attestierten dem Werk aber vor allem »primitive Symbolik« und einen »Bildschnitt von der Rasanz einer fußkranken Schnecke« (*Stuttgarter Nachrichten*). Riefenstahl hat sich noch Jahre nach der Produktion an den Preis erinnert, den sie für den Film hat bezahlen müssen: »Er hat mich acht Verhaftungen gekostet, vier Entnazifizierungen, Irrenhaus, eine Gerichtsverhandlung, Nervenzusammenbrüche, schwere Krankheit und die Millionen, die ich mit meinen Filmen verdient hatte.« Nur an den Preis, den die Sinti und Roma entrichten mussten, hat sie sich, wie erwähnt, bis zu ihrem Tod nicht erinnert. »›Das habe ich getan‹, sagt mein Gedächtnis. ›Das kann ich nicht getan haben‹, sagt mein Stolz und bleibt unerbittlich. Endlich – gibt das Gedächtnis nach.« (Friedrich Nietzsche)

Ihr intimes Verhältnis mit dem Nationalsozialismus hat **Marika Rökk** (1913–2004) nicht weiter geschadet. Sie blieb der beliebteste Paprika des deutschen Films – nach dem Krieg dann eben in Schwarz-Rot-Gold. Ihre ganz große Zeit war zwar vorbei, aber unverdrossen spielte sie in den neuen Filmen ihre alten Rollen: »*Die Csardasfürstin* (1951) oder *Bühne frei für Marika* (1958), was der *Spiegel* mit den Worten kommentierte: »Ebenso spurlos wie die Jahre sind an Hauptdarstellerin und Regisseur (…) auch die Fortschritte des internationalen Musikfilms vorübergegangen.« Ihrem Image, unverwüstlich zu sein, kamen zwischen 1968 und 1972 Werbespots für die Hautcreme Hormocenta zugute: »Hormocenta macht jung, schön und faltenlos«. Das Unternehmen arbeitet inzwischen nach eigenen Angaben mit dem »innovativen Phyto-Wirkstoff-Komplex«. Er besteht »aus den wissenschaftlich bestätigten Wirkstoffen Rotklee und Traubensilberkerze«. Von Paprika ist keine Rede mehr.

Bis zu seinem Tod war **Hans Günter Rosenthal** (1925–1987) einer der populärsten Moderatoren und Quizmaster im deutschen Radio und Fernsehen. Er startete seine Karriere – nach Konflikten mit den Aufsichtsgremien im Berliner Rundfunk in der damaligen Ostzone – im Westberliner Sender RIAS, zunächst als Aufnahmeleiter und Unterhaltungsredakteur. Er entwarf und gestaltete etliche Rate- und Unterhaltungssendungen und wurde zu einem der beliebtesten Quizmaster im Hörfunk. 1962 wurde er Abteilungsleiter Unterhaltung beim RIAS. Seit 1955 trat Rosenthal auch als Fernsehquizmaster auf. Seinen größten Fernseherfolg feierte Rosenthal mit der Show *Dalli Dalli* von 1971 bis 1986. Wenn Kandidaten besonders viele Punkte erreichten, fragte Rosenthal das Publikum: »Sie sind der Meinung, das war …?« Das Publikum antwortete mit »spitze!«, während Rosenthal in die Luft sprang. Es war auch diese – vermeintlich – unerbittliche Harmlosigkeit, mit der Rosenthal das deutsche Publikum für sich gewann. Weniger bekannt war, dass Rosenthal sich seit den 1960er Jahren im Zentralrat der Juden in Deutschland engagierte, ab 1973 als Mitglied dessen Direktoriums, in der Jüdischen Gemeinde zu Berlin und in diversen sozialen Projekten. Nach seinem Tod wurde – unter anderem von seiner Witwe Traudl und von seinem Sohn Gert – 1987 die »Hans-Rosenthal-Stiftung« gegründet, die unverschuldet in Not geratene Menschen unterstützt.

Der kleine Prinz hat **Antoine de Saint-Exupéry** (1900–1944) unsterblich gemacht. Weltweit ist es eines der erfolgreichsten Bücher überhaupt. 1950 erschien die erste deutsche Übersetzung von Grete und Josef Leitgeb. Das Kunstmärchen wurde in 505 verschiedene Sprachen und Dialekte übersetzt und ist damit nach der Bibel sowie dem Koran das am meisten übersetzte literarische Werk.

Nur wenige Mitglieder des engsten Kreises des militärischen Widerstands haben überlebt. **Fabian von Schlabrendorff** (1907–

1980) war eines von ihnen. Der Folter der Gestapo hatte er widerstanden, im Februar 1945 sollte der Volksgerichtshof unter dem Vorsitz Freislers die Anklage gegen ihn verhandeln. Am 3. Februar 1945 kam Freisler bei einem Bombentreffer des Gerichtsgebäudes ums Leben. Nach der Darstellung Schlabrendorffs hielt der tote Präsident des Volksgerichtshofs seine Akte in der Hand. Von Schlabrendorff hatte sich schon früh am Widerstand beteiligt. Am 13. März 1943 schmuggelte er in einer Box mit zwei Flaschen Cointreau eine Sprengstoffbombe in die Focke-Wulf Fw 200 Hitlers, als dieser von einer Frontbesichtigung in sein Hauptquartier Wolfsschanze zurückfliegen wollte. Von Schlabrendorff aktivierte selbst den Zünder und übergab das Päckchen einem Offizier, der in Hitlers Flugzeug mitflog. Der Sprengsatz explodierte jedoch wegen der Kälte im Frachtraum des Flugzeugs nicht. Am nächsten Morgen flog von Schlabrendorff mit einem Kurierflugzeug nach Ostpreußen und tauschte das Paket wieder aus. Nach dem Krieg arbeitete von Schlabrendorff als Rechtsanwalt, von 1967 bis 1975 war er Mitglied des Zweiten Senats am Bundesverfassungsgericht. Sein 1946 veröffentlichtes Buch *Offiziere gegen Hitler* war das erste und lange Zeit das bekannteste Werk der Nachkriegszeit über den militärischen Widerstand gegen das NS-Regime.

Die ersten Jahre der Bundesrepublik wurden auch die Jahre **Carlo Schmids**, ursprünglich Karl Johann Martin Heinrich Schmid (1896–1979). Er war einer der brillantesten Politiker der jungen Republik. Der Sozialdemokrat war maßgebliches Mitglied des Verfassungskonvents von Herrenchiemsee, der das spätere Grundgesetz für die Bundesrepublik Deutschland in die Wege leitete, Vorsitzender der SPD-Fraktion im Parlamentarischen Rat und dort Vorsitzender des verfassungspolitisch entscheidenden Hauptausschusses. Auf seine Initiative gelangten das konstruktive Misstrauensvotum, das Recht auf Kriegsdienstverweigerung und das Recht auf Asyl ins Grundgesetz. Bis zu seinem Tod trat Schmid für die deutsch-französische Aussöhnung ein und für die europäische Integration. Von 1963 bis 1966 war er Präsident der Versammlung der Westeuropäischen Union in Paris, von Ende 1966 bis 1969 Bundesminister für Angelegenheiten des Bundesrates. Die Annäherung Deutschlands und Frankreichs war für Schmid nicht nur eine wesentliche politische Aufgabe, sondern auch eine ästhetische Herausforderung: Seine Übersetzung von Charles Baudelaires *Les Fleurs du Mal (Die Blumen des Bösen)* suchte lange Zeit ihresgleichen.

Paul Karl Schmidt, Pseudonym: **Paul Carell** (1911–1997), war einer der erfolgreichsten Geschichtsfälscher in den ersten Jahrzehnten der Bundesrepublik. Seine Karriere im NS-Staat als SS-Obersturmbannführer und Pressechef von Außenminister Ribbentrop setzte er als Autor nach 1945 bruchlos fort: Er log nicht mehr im Auftrag des NS-Staats, aber in dessen Geist. Unter dem Pseudonym Paul Carell etablierte er sich als Chronist des Zweiten Weltkriegs, seine Bücher waren jahrzehntelang Bestseller, insbesondere der 1963 erstmals erschienene Band *Unternehmen Barbarossa*. Das Bild von der »sauberen« Wehrmacht, das er darin durch Unterschlagung aller Kriegsverbrechen der Wehrmacht kunstvoll gestaltet, hat den deutschen Lesern so gut gefallen, dass das Buch in immer neuen Auflagen erschien. Zum Erfolg wird beigetragen haben, dass Carell den Holocaust mit keinem Wort erwähnt. Inzwischen wird das *Unternehmen Barbarossa* von einem rechtsextremen Verlag angeboten. Es ist also dort angekommen, wo es hingehört.

Der ehemalige SPD-Reichstagsabgeordnete **Kurt Schumacher** (1895–1952) hat schon wenige Wochen vor Kriegsende in Hannover mit dem Wiederaufbau der SPD begonnen. Er war nicht nur die unumstrittene Führungsfigur der Partei – seit 1946 ihr Vorsitzender –, sondern auch der unversöhnliche, rhetorisch versierte Gegenspieler Konrad Adenauers. Noch vor diesem hat sich Schumacher in der unmittelbaren Nachkriegszeit eine erhebliche nationale und internationale Reputation erarbeitet: durch seinen Kampf gegen die Kommunisten (»Kommunisten sind rotlackierte Faschisten«), durch seine scharfe, gelegentlich ätzende Kritik an den Siegermächten und durch seine körperlich beglaubigte Rolle als Märtyrer des Widerstands. Im Gegensatz zum Sozialdemokraten Otto Grotewohl, der in der Ostzone mit dem Kommunisten Wilhelm Pieck paktierte, lehnte Schumacher jegliche Zusammenarbeit mit der KPD in den Westzonen und der SED in der sowjetischen Besatzungszone ab. Eine Beinamputation infolge einer Thrombose 1948 verhinderte seine Präsenz bei den Verfassungsberatungen des Parlamentarischen Rates in Bonn 1948/1949. Entgegen Schumachers Erwartungen verlor die SPD die erste Bundestagswahl 1949. Schumacher wurde Oppositionsführer. Als Adenauer 1949 das Petersberger Abkommen unterzeichnete, das einerseits unter anderem die Bundesrepublik berechtigte, konsularische Beziehungen zu westlichen Staaten aufzunehmen und internationalen Organisationen beizutreten, sie aber andererseits verpflichtete, der Ruhrbehörde beizutreten, die die Produktion des Ruhrgebiets an Kohle, Koks und Stahl beaufsichtigte, beschimpfte ihn Schumacher, »Kanzler der Alliierten« zu sein. Schumacher war ein Fanatiker der Demokratie, ein Einpeitscher des Antiautoritären, ein Diktator des Pluralismus. Und er war einer der Gründerväter der Bundesrepublik.

BIOGRAFIEN

Heinz Stahlschmidt (1919–2010) ist nach dem Krieg in Bordeaux geblieben. Er wurde französischer Staatsbürger, änderte 1947 seinen Namen in **Henri Salmide** und heiratete im März 1947 seine französische Freundin Henriette Buisson. Nicht zuletzt durch seine Arbeit bei der Waldfeuerwehr in Grenoble und für den Minenräumdienst, mit dem er deutsche Hinterlassenschaften im Hafen von Bordeaux beseitigte, war er in die französische Nachkriegsgesellschaft perfekt integriert. Bis zu seiner Pensionierung 1969 arbeitete er bei der Hafenfeuerwehr von Bordeaux, erst als Unteroffizier, dann als Leutnant. Lange Zeit wurde ihm die Anerkennung seiner mutigen Sabotage verweigert. Die Nachkriegsdeutschen betrachteten ihn als Verräter, als Deserteur und Mörder. Sein Name wurde von der Liste pensionsberechtigter Kriegsteilnehmer gestrichen. Die Résistance bestritt seine Verdienste und reklamierte sie für sich selbst. Das änderte sich in den 1990er Jahren nach dem Bericht einer französischen Regionalzeitung über Henri Salmide und dessen beherzten Einsatz im August 1944. Der Bürgermeister der Stadt, der frühere Résistancekämpfer Jacques Chaban-Delmas (von 1969 bis 1972 Premierminister Frankreichs), verlieh ihm am 19. Mai 1995 die Medaille der Stadt Bordeaux. Der im Jahr 2012 eröffnete Neubau der Hafenverwaltung von Bordeaux wurde *Henri-Salmide* benannt und an ihn auf einer Gedenktafel erinnert: »Son action héroïque du 22 Août 1944 qui sauva des milliers de vies humaines, évita la destruction des installations portuaires et des quais de Bordeaux.« (Deutsch: »Seine Heldentat vom 22. August 1944, die Tausende Menschenleben rettete, verhinderte die Zerstörung der Hafenanlagen und der Kais von Bordeaux.«) Im Jahr 2000 wurde er »für 23 Jahre zivilen Dienstes« zum Ritter der französischen Ehrenlegion ernannt. Am Tag nach seinem Tod am 23. Februar 2010 titelte die Tageszeitung von Bordeaux, *Sud-Ouest*: »Bordeaux hat seinen Retter verloren«.

Marie »Missie« Wassiltschikow (1917–1978) hat 1946 geheiratet und ist mit ihrem Mann Peter Harnden nach Paris gezogen, wo er ein Architekturbüro eröffnete. Nach dem Tod Harndens 1971 übersiedelte sie mit den vier gemeinsamen Kindern nach London. Erst kurz vor ihrem Tod im Jahre 1978 beendete Missie, die wiederholt von ihrer Familie zu einer Veröffentlichung ermuntert werden musste, die letzten Korrekturen an den frühen Tagebuchaufzeichnungen. 1985 erschien das Buch in seiner Originalsprache Englisch, zwei Jahre später in deutscher Übersetzung unter dem Titel *Die Berliner Tagebücher der Marie »Missie« Wassiltschikow 1940–1945*. Es war international, aber auch in Deutschland ein großer Erfolg. Beachtung fand vor allem die Unmittelbarkeit ihrer Darstellung. Durch ihre Arbeit in der kulturpolitischen Abteilung des Auswärtigen Amtes kam sie mit einer Gruppe überzeugter Regimegegner um Graf Stauffenberg und dem diesem geistig nahestehenden »Kreisauer Kreis« zusammen. Zwar gehörte Marie Wassiltschikow nicht selbst dem Widerstand an, aber war ihm über persönliche Freundschaften mit einigen der Männer des deutschen Widerstands verbunden. Ihre Beschreibungen der Luftangriffe auf Berlin beeindrucken durch die Genauigkeit der Darstellung und die Empathie der Autorin. Entstanden ist ein beeindruckendes Zeitdokument. Marie Wassiltschikow starb 1978 an Leukämie in London. Die Tagebücher wurden von ihrem Bruder George Wassiltschikow herausgegeben.

Alexander Werth (1901–1969) arbeitete von 1946 bis 1948 als Moskauer Korrespondent des *Manchester Guardian*. Von 1949 bis 1953 schrieb Werth in Paris als Auslandskorrespondent des britischen *New Statesman and Nation* und der amerikanischen *New York Nation*. Seither war er freier Schriftsteller in Paris. In seinen Büchern beschäftigte er sich hauptsächlich mit Frankreich und Russland: *The De Gaulle Revolution* (1960), *The Khrushchev Phase* (1961), *De Gaulle* (1965), und *Russia at Peace* (1968). Zwar hat Werth zeit seines Lebens der Vorwurf begleitet, die Sowjetunion zu wohlwollend zu betrachten. Doch gilt sein 1964 im Original und 1965 in deutscher Übersetzung erschienenes Werk *Russland im Krieg. 1941–1945* bis heute als eine der eindringlichsten Darstellungen des deutschen Russlandfeldzugs.

Literatur

Alfred Andersch, Die Kirschen der Freiheit, Zürich 2006
Ruth Andreas-Friedrich, Der Schattenmann, Frankfurt am Main 2000
Archives du Service de Recherche des Crimes de Guerre d'Ennemis. Offices Francaises Edition, 3. Januar 1946, S. 49 f.: Oradour sur Glane. Documents pour servir a l'Histoire de la Guerre. Crimes d'Ennemis en France.
Corrado Augias, Die Geheimnisse des Vatikan. Eine andere Geschichte der Papststadt, München 2012
Simone de Beauvoir, In den besten Jahren, Reinbek 2015
Antony Beevor, D-Day. Die Schlacht um die Normandie, München 2011
Wolfgang Benz, Theresienstadt. Eine Geschichte von Täuschung und Vernichtung, München 2013
Joel Berger, Der Mann mit dem Hut. Geschichten meines Lebens, Tübingen 2014
Thomas Bernhard, Die Ursache. Eine Andeutung, München 1977
Bertolt Brecht, Journale 2. Große kommentierte Berliner und Frankfurter Ausgabe, Berlin/Weimar/Frankfurt am Main 1995
Paul Bruppacher, Adolf Hitler und die Geschichte der NSDAP. Teil 2, 1938–1945, Norderstedt 2008

LITERATUR

Heinrich Böll, Briefe aus dem Krieg, Köln 2001

Albert Camus/Maria Casares, Schreib ohne Furcht und viel. Eine Liebesgeschichte in Briefen 1944–1959, Hamburg 2021

Ulrich Chaussy/Christoph Püschner, Nachbar Hitler. Führerkult und Heimatzerstörung am Obersalzberg, Berlin 2012

Danuta Czech, Kalendarium der Ereignisse im Konzentrationslager Auschwitz-Birkenau 1939–1945, Reinbek 1989

Torsten Diedrich, Stalingrad 1942/43, Ditzingen 2018

Max Domarus, Hitler, Reden und Proklamationen 1932–1945, Bd. 2, Würzburg 1963

Klaus Dreher, Der Weg zum Kanzler. Adenauers Griff nach der Macht, Düsseldorf/Wien 1972

Lewis Joachim Edinger, Kurt Schumacher. Persönlichkeit und politisches Verhalten, Köln/Opladen 1967

Chronik 1944, Tag für Tag in Wort und Bild, Chronik Jubiläumsbände, Gütersloh 2013

Thomas Gayda, Einführung, in: André François-Poncet, Tagebuch eines Gefangenen. Erinnerungen eines Jahrhundertzeugen, München 2015, S. 14–41

Tobias Engelsing, Kein Mensch, der sich für normale Zeiten eignet. Mein Vater zwischen NS-Film und Widerstand, Berlin 2022

Hans Fallada, In meinem fremden Land. Gefängnistagebuch 1944, Berlin 2009

Fania Fénelon, Das Mädchenorchester in Auschwitz, München 2013

Patrick Leigh Fermor, Die Entführung des Generals, Zürich 2015

Joachim Fest, Staatsstreich. Der lange Weg zum 20. Juli, München 1997

Theodor Fontane, Quitt, Berlin 1993

LITERATUR

André François-Poncet, Tagebuch eines Gefangenen. Erinnerungen eines Jahrhundertzeugen, München 2015

Anne Frank, Tagebuch, Frankfurt am Main 2001

Französisches Büro des Informationsdienstes über Kriegsverbrechen, Konzentrationslager Dokument F 321, Frankfurt am Main 2008

Margot Friedländer/Malin Schwerdtfeger, »Versuche, dein Leben zu machen«. Als Jüdin versteckt in Berlin, Reinbek 2010

Elke Fröhlich, Der Zweite Weltkrieg, Stuttgart 2015

Thomas Gayda, Einführung, in: André François-Poncet, Tagebuch eines Gefangenen. Erinnerungen eines Jahrhundertzeugen, München 2015, S. XXX

Johannes Gelich, Nach Ostland wollen wir reiten, in: FAZ vom 8. August 2010

Christian Gerlach/Götz Aly, Das letzte Kapitel. Der Mord an den ungarischen Juden, Stuttgart/Zürich 2002

Christian Gerlach, Militärische »Versorgungszwänge«, Besatzungspolitik und Massenverbrechen. Die Rolle des Generalquartiermeisters des Heeres und seiner Dienststellen im Krieg gegen die Sowjetunion, in: Norbert Frei u. a. (Hg.): Ausbeutung, Vernichtung, Öffentlichkeit. Neue Studien zur nationalsozialistischen Lagerpolitik, München 2000, S. 175–208

Reimar Gilsenbach/Otto Rosenberg, Riefenstahls Liste. Zum Gedenken an die ermordeten Komparsen, in: Berliner Zeitung vom 17./18. Februar 2001

Joseph Goebbels, Tagebücher, 5 Bde., München 2008

Wassili Grossman, Die Hölle von Treblinka, Wien/Hamburg 2020

Georg Hafner/Esther Schapira, Die Akte Alois Brunner. Warum einer der größten Naziverbrecher noch immer auf freiem Fuß ist, Frankfurt am Main 2000

LITERATUR

Joseph Hanimann, Antoine de Saint-Exupéry.
Der melancholische Weltenbummler, Zürich 2013
Martin Hauser, Shalom al Israel. Aus den Tagebüchern eines
deutschen Juden 1929–1967, Bonn 1980
Stéphane Hessel, Tanz mit dem Jahrhundert, Berlin 2011
Heinrich Himmler, Rede des Reichsführers SS bei der
SS-Gruppenführertagung in Posen am 4. Oktober 1943, in:
https://www.1000dokumente.de/pdf/dok_0008_pos_de.pdf
Heinrich Himmler, Reichsführer SS Himmler auf der
Gauleitertagung am 3. August 1944 in Posen, in: Viertel-
jahresschrift für Zeitgeschichte, Jahrgang 1 (1953), Heft 4,
S. 363 ff.
Peter Hoffmann, Claus Schenk Graf von Stauffenberg. Die
Biographie, München 2017
Wilm Hosenfeld, Ich versuche jeden zu retten. Das Leben
eines deutschen Offiziers in Briefen und Tagebüchern,
München 2004
Walther Hubatsch (Hg.), Hitlers Weisungen für die Krieg-
führung 1939–1945, Frankfurt am Main 1962
Glenn B. Infield, Leni Riefenstahl. The Fallen Film Goddess,
New York 1976
Jacqueline Levi-Valensi, Albert Camus – Journalist in der
Résistance, Band I, Hamburg 2014
Roxane van Iperen, Ein Versteck unter Feinden, Hamburg
2021
Wolfgang Jacobsen, Nazis können nicht lieben. Drei Filme aus
Deutschland, Berlin 2020
Bruno Kartheuser, Die Erhängungen von Tulle. Der 9. Juni
1944, St. Vith 2004
Friedrich Kellner, »Vernebelt, verdunkelt sind alle Hirne«:
Tagebücher 1939–1945, 2 Bände, Göttingen 2011
Ian Kershaw, Hitler 1889–1945, München 2009

Stefan Klemp, Heinz Stahlschmidt. Der Mann, der den Hafen von Bordeaux rettete, in: https://www.dortmund.de/de/freizeit_und_kultur/stadtarchiv/steinwache/steinwache_online/beitraege_so/heinz_stahlschmidt.html

Victor Klemperer, Ich will Zeugnis ablegen bis zum letzten, Tagebücher 1942–1945, Berlin 2022

Jakob Knab, Generaloberst Eduard Dietl, in: Gerd R. Ueberschär (Hg.): Hitlers militärische Elite. Vom Kriegsbeginn bis zum Weltkriegsende. Bd. 2, Darmstadt 1998, S. 299–307

Tobias Kniebe, Verschwörer in Uniform. Rekonstruktion eines gescheiterten Putsches, in: https://www.geo.de/wissen/weltgeschichte/attentat-vom-20-juli-verschwoerer-uniform-rekonstruktion-eines-gescheiterten-30179230.html

Andreas Kossert, Ostpreußen. Geschichte und Mythos, München 2005

Erich Kuby, Mein Krieg. Aufzeichnungen aus 2129 Tagen, Berlin 1999

Étienne de La Boétie, Von der freiwilligen Knechtschaft des Menschen, Norderstedt 2021

Erwin Leiser, »Deutschland, erwache!« Propaganda im Film des Dritten Reiches, Reinbek 1968

Jacqueline Lévi-Valensi (Hg.), Albert Camus – Journalist in der Résistance, Hamburg 2014

Peter Lieb, Konventioneller Krieg oder NS-Weltanschauungskrieg? Kriegführung und Partisanenbekämpfung in Frankreich 1943/44, München 2007

Peter Lieb, Unternehmen Overlord. Die Invasion in der Normandie und die Befreiung Westeuropas, München 2014

Kerstin von Lingen, Kesselrings letzte Schlacht. Kriegsverbrecherprozesse, Vergangenheitspolitik und Wiederbewaffnung. Der Fall Kesselring, Paderborn/München/Wien/Zürich 2004

LITERATUR

Thomas Mann, Deutsche Hörer! Radiosendungen nach Deutschland aus den Jahren 1940 bis 1945, Frankfurt am Main 1987

Thomas Mann, Doktor Faustus, Frankfurt am Main 1980

Thomas Mann, Tagebücher 1944–1946, Frankfurt am Main 2003

Stefan Martens / Friedrich-Rudolf Nagel (Hg.), Walter Dreizner. Ein deutscher Soldat erlebt die Befreiung von Paris im August 1944, in: https://docs.google.com/document/d/16P1k0qTW3IpY8FefpKqMRHfQDX6Iy SZYKwTaa9HM3ek/edit

Klaus Marxen, Ein Führerwitz genügte zur Hinrichtung, in: https://www.lto.de/recht/hintergruende/h/ausstellung-berlin-volksgerichtshof-nationalsozialismus-willkuerjustiz/

Niklaus Meienberg, Es ist kalt in Brandenburg. Ein Hitler-Attentat, Berlin 1990

Theodor Michael, Deutsch sein und schwarz dazu. Erinnerungen eines Afro-Deutschen, München 2015

Lee Miller, Eine Amerikanerin in Hitlers Badewanne, Hamburg 2015

Manfred Mittermayer, Das Salzburg des Thomas Bernhard, Berlin 2017

Martin Moll (Hg.), Führer-Erlasse 1939–1945, Stuttgart 1997

Michael Morosow, Schuld und Sühne, https://www.sueddeutsche.de/muenchen/landkreismuenchen/ottobrunner-kriegsverbrecher-schuld-und-suehne-1.2472097

Bengt von zur Mühlen/Frank Bauer (Hg.), Der 20. Juli 1944 in Paris. Verlauf – Hauptbeteiligte – Augenzeugen, Berlin-Kleinmachnow 1995

Hans Erich Nossack, Der Untergang, Frankfurt am Main 1976

Sönke Neitzel, Abgehört. Deutsche Generäle in britischer Kriegsgefangenschaft 1942–1945, Berlin 2007

Sönke Neitzel/Harald Welzer, Soldaten. Protokolle vom Kämpfen, Töten und Sterben, Frankfurt am Main 2020

Marta Oelwein/Egon Oelwein, »Im Übrigen hat die Vorsehung das letzte Wort …«. Tagebücher und Briefe von Marta und Egon Oelwein 1938–1945, Göttingen 2021

Wolf Oschlies, 17. Juli 1944: 57.600 deutsche Kriegsgefangene marschieren durch Moskau, https://www.zukunft-braucht-erinnerung.de/kriegsgefangene-moskau-1944/

Rüdiger Overmans, Die Kriegsgefangenenpolitik des Deutschen Reiches 1939 bis 1945, in: Die Deutsche Kriegsgesellschaft 1939–1945. Zweiter Halbband: Ausbeutung, Deutungen, Ausgrenzung. Im Auftrag des Militärgeschichtlichen Forschungsamtes herausgegeben von Jörg Echternkamp, München 2005

Richard Overy, Russlands Krieg. 1941–1945, Reinbek 2011

Mordechai Papirblat, 900 Tage in Auschwitz. Tagebuch eines Holocaust-Überlebenden, Wildberg 2020

Marianne Peyinghaus, Stille Jahre in Gertlauken. Erinnerungen an Ostpreußen, Berlin 1985

Ulrich Pfeil, Kriegsende in Frankreich, in: Aus Politik und Zeitgeschichte vom 08. April 2015, https://www.bpb.de/shop/zeitschriften/apuz/204280/kriegsende-in-frankreich/

Dietmar Pieper, Lebenssaft der Wehrmacht, in: Spiegel online, 28. Juni 2010

Christian Plöger, Von Ribbentrop zu Springer. Zu Leben und Wirken von Paul Karl Schmidt alias Paul Carell, Marburg 2009

Dieter Pohl, Wassili Grossman und das Wissen um das Vernichtungslager Treblinka, in: Wassilij Grossmann, Die Hölle von Treblinka, Wien/Hamburg 2020, S. XXX

Steffen Prauser, Mord in Rom? Der Anschlag in der Via
Rasella und die deutsche Vergeltung in den Fosse Ardeatine
im März 1944, in: Vierteljahresschrift für Zeitgeschichte,
50. Jg. 2002, 2. Heft, S. 269 ff.
Iris Radisch, Warum die Franzosen so gute Bücher schreiben,
Reinbek 2017
Anthony Read/David Fisher, Der Fall von Berlin, Berlin 1998
Friedrich Reck-Malleczewen, Tagebuch eines Verzweifelten,
Frankfurt am Main 1994
Otto Rosenberg, Das Brennglas. Aufgezeichnet von Ulrich
Enzensberger, Berlin 2012
Hans Rosenthal, Zwei Leben in Deutschland, Bergisch-
Gladbach 1987
Cornelius Ryan, Der längste Tag. Normandie 6. Juni 1944,
München 1998
Fabian von Schlabrendorff, in: Johannes Tuchel/Reinold
Schattenfroh, Zentrale des Terrors. Prinz-Albrecht-Straße
8: Hauptquartier der Gestapo, Berlin 1987, S. 270 ff.
Carlo Schmid, Erinnerungen, Bern/München/Wien 1979
Hans-Peter Schwarz, Adenauer. Der Aufstieg: 1876–1952,
Stuttgart 1991
Christian Seguin, Allein gegen Résistance und Wehrmacht, in:
taz vom 20. August 1994
Timothy Snyder, Bloodlands. Europa zwischen Hitler und
Stalin, München 2013
Albert Speer, Erinnerungen, Berlin 1969
Knut Stang, Dr. Oskar Dirlewanger – Protagonist der Terror-
kriegsführung, in: Klaus-Michael Mallmann/Gerhard Paul
(Hg.), Karrieren der Gewalt. Nationalsozialistische Täter-
biographien, Darmstadt 2013, S. 66 ff.
Harald Steffahn, Claus Schenk Graf von Stauffenberg, Reinbek
2002

Tereza Štěpková, Die »Verschönerungsaktion« in Theresienstadt, https://www.holocaust.cz/de/geschichte/ghetto-theresienstadt/propagandistische-funktion-von-theresienstadt/die-verschoenerungsaktion-in-theresienstadt/

Thomas Urban, Der Verlust. Die Vertreibung der Deutschen und Polen im 20. Jahrhundert, München 2006

Thomas Vogel, Wilm Hosenfeld. Ein deutsches Leben, in: Wilm Hosenfeld, »Ich versuche jeden zu retten«. Das Leben eines deutschen Offiziers in Briefen und Tagebüchern, München 2004, S. XXX

Marie Wassiltschikow, Die Berliner Tagebücher der Marie »Missie« Wassiltschikow 1940–1945, Berlin 1987

Bernd Wegner, Das deutsche Paris. Der Blick der Besatzer 1940–1944, Paderborn 2019

Alexander Werth, Russland im Krieg 1941–1945, Bd. 2, München/Zürich 1967

Wolfram Wette/Gerd R. Ueberschär (Hg.), Stalingrad. Mythos und Wirklichkeit einer Schlacht. Erweiterte Neuausgabe, Frankfurt am Main 2012

Michael Wieck, Zeugnis vom Untergang Königsbergs. Ein »Geltungsjude« berichtet, München 2009

Karin Wieland, Dietrich & Riefenstahl. Die Geschichte zweier Jahrhundertfrauen, München 2014

Michael Wildt, Zerborstene Zeit. Deutsche Geschichte 1918–1945, München 2022

Weertje Willms, »Hinreißende, bezaubernde Marika«, in: Das Wort. Germanistisches Jahrbuch Russland, 2012/2013, S. 121–134

Jay Winik, 1944. Roosevelt und das Jahr der Entscheidung, Stuttgart 2017

Document 257-F. War Diary of the German Main Liaison Staff (Hauptverbindungsstab) 588 IN

Clermont-Ferrand, 12 January TO 13 September 1944, Concerning Battles and Disputes with the »Maquis« and the »Armée Secrète«, and other matters. Volume XXXVII Official Text English Edition. Documents and other Material in Evidence. Numbers 257-F to 180-L. In: Trial of the Major War Criminals Before the International Military Tribunal, Nuremberg, 14 November 1945 –1 October 1946

Der Spiegel 11/1982

Der Spiegel 22/1994, »Schluss mit dem Krieg, ihr Idioten«

TV-Dokumentation: Hitlers Krieg im Osten. Teil 4: Die Vergeltung. BBC und NDR 1996

https://memoria.provincia.arezzo.it/biografie/eugenio_calo.asp

Film-Nachrichten – Mitteilungsblatt für den gesamten Bereich des deutschen Filmschaffens vom 28. Oktober 1944

https://www.derstandard.at/story/2000075764557/schuschniggs-gespraech-mit-hitler-ich-bin-entschlossen-ein-ende-zu)

Dank

Es war keine erfreuliche Erfahrung, ein Buch über die blutigsten Monate des verheerendsten Kriegs der Weltgeschichte zu schreiben. Dass ich es beenden konnte, habe ich vor allem der uneigennützigen Unterstützung von Freunden und Bekannten zu verdanken.

Mein Dank gilt Ulrich Wank für wertvolle Literaturhinweise und geduldige Lektüre des Manuskripts, Johannes Gelich, der mir die Bedeutung der Ölfelder von Ploiești erklärte, Rosemarie Zerr, die mich auf das Leben des Budapester Juden Joel Berger aufmerksam machte, Katja Tichomirowa, die ihre Kenntnisse von der Sowjetunion im Krieg großzügig mit mir teilte, Hartmut Bäumer, Bernd Brunn und Peter Wivel für zahllose Gespräche.

Bei German Neundorfer bedanke ich mich für das aufmerksame Lektorat (die Verantwortung für eventuell verbliebene Fehler liegt selbstverständlich ausschließlich bei mir).

Wie immer bin ich meiner Agentin Rebekka Göpfert zu großem Dank für ihr Engagement verpflichtet und Stefan Ulrich Meyer für die Idee und Ermutigung zu diesem Buch.

Den größten Dank schulde ich Kristin, die meine Erzählungen über den Krieg nicht nur klaglos ertragen hat, sondern mich immer wieder daran erinnert hat, dass es auch ein anderes Leben gibt.

Anmerkungen

VORWORT
1 Winik, 1944 – Roosevelt und das Jahr der Entscheidung, S. 425
2 Ebd., S. 415

1. KAPITEL
1 Goebbels, Tagebücher, Bd. 5, S. 2048
2 Ebd.
3 Camus/Casares, Schreib ohne Furcht und viel, S. 30
4 Friedländer, »Versuche, dein Leben zu machen«, S. 178
5 Oelwein, »Im Übrigen hat die Vorsehung das letzte Wort …«, S. 41
6 Ebd., S. 433
7 Hauser, Shalom al Israel, S. 160
8 Ebd., S. 161/162
9 Andersch, Die Kirschen der Freiheit, S. 87 ff.
10 Wassiltschikow, Die Berliner Tagebücher, S. 161
11 Ebd., S. 145 f.
12 Ebd., S. 165
13 Ebd., S. 220
14 Ebd., S. 165
15 Ebd., S. 225
16 Ebd., S. 67
17 Ebd., S. 220
18 Ebd., S. 221
19 Iperen, Ein Versteck unter Feinden, S. 99
20 Frank, Tagebuch, S. 290 f.
21 Klemperer, Ich will Zeugnis ablegen, S. 427
22 Böll, Briefe aus dem Krieg, Bd. 2, S. 1057 f.
23 Czech, Kalendarium der Ereignisse im Konzentrationslager Auschwitz-Birkenau, S. 794
24 Bruppacher, Adolf Hitler und die Geschichte der NSDAP, Teil 2, S. 491
25 Völkischer Beobachter vom 6. Juni 1944
26 Goebbels, Tagebücher, Bd. 5, S. 2051
27 Alle Angaben nach Lieb, Unternehmen Overlord, S. 81 f. 87 f.

2. KAPITEL

1 Miller, Eine Amerikanerin in Hitlers Badewanne, S. 145
2 Neitzel, Abgehört, S. 451
3 Ebd., S. 116
4 Hessische Landes-Zeitung vom 1.10.1942
5 Fröhlich, Der Zweite Weltkrieg, S. 194
6 Lieb, Unternehmen Overlord, S. 48; Ryan, Der längste Tag, S. 27 f.
7 Lieb, Unternehmen Overlord, S. 53
8 Ebd.
9 Pieper, Lebenssaft der Wehrmacht
10 Lieb, Unternehmen Overlord, S. 53 f.
11 Beevor, D-Day, S. 11
12 Ebd., S. 11 ff.
13 Lieb, Unternehmen Overlord, S. 67
14 Ryan, Der längste Tag, S. 26
15 Lieb, Unternehmen Overlord, S. 148
16 Fröhlich, Der Zweite Weltkrieg, S. 197
17 Lieb, Unternehmen Overlord, S. 112
18 Lévi-Valensi, Albert Camus – Journalist in der Résistance, S. 92
19 Ebd., S. 94
20 Schmid, Erinnerungen, S. 202 f.
21 Combat Nr. 58, Juli 1944
22 Document 257-F. War Diary of the German Main Liaison Staff (Hauptverbindungsstab) 588 IN Clermont-Ferrand, 12 January TO 13 September 1944, Concerning Battles and Disputes with the »Maquis« and the »Armée Secrète«, and other matters. Volume XXXVII Official Text English Edition. Documents and other Material in Evidence. Numbers 257-F to 180-L. In: Trial of the Major War Criminals Before the International Military Tribunal, Nuremberg, 14 November 1945 – 1 October 1946. Boston Public Library, S. 11
23 https://www.gedenkorte-europa.eu/content/list/78/
24 Kartheuser, Die Erhängungen von Tulle, S. 450 ff.; Lieb, Konventioneller Krieg oder NS-Weltanschauungskrieg, S. 364
25 Neitzel/Welzer, Soldaten, S. 384
26 Oradour sur Glane. Documents pour servir à l' Histoire de la Guerre. Crimes d'Ennemis en France. In: Archives du Service de Recherche des Crimes de Guerre d' Ennemis. Offices Francaises Edition, 3. Januar 1946, S. 49 f.
27 Operation Bulbasket, in: British Resistance archive

3. KAPITEL

1 Engelsing, Kein Mensch, der sich für normale Zeiten eignet, S. 16
2 Andreas-Friedrich, Der Schattenmann, S. 148–150
3 Völkischer Beobachter, Norddeutsche Ausgabe vom 21. Juni 1944
4 zit. nach Chronik 1944, S. 100
5 Andreas-Friedrich, Der Schattenmann, S. 127
6 Wassiltschikow, Die Berliner Tagebücher, S. 157
7 Read/Fisher, Der Fall von Berlin, S. 158
8 Michael, Deutsch sein und schwarz dazu, S. 81
9 Ebd.
10 Ebd., S. 88
11 Ebd.
12 Wassiltschikow, Die Berliner Tagebücher, S. 212
13 Ebd., S. 213
14 Ebd., S. 234
15 Engelsing, Kein Mensch, der sich für normale Zeiten eignet, S. 21
16 Augias, Die Geheimnisse des Vatikan, S. 340 ff.
17 Benz, Theresienstadt, S. 188
18 Štěpková, Die »Verschönerungsaktion« in Theresienstadt; Benz, Theresienstadt, S. 190
19 Friedländer, »Versuche, dein Leben zu machen«, S. 191 ff.

4. KAPITEL

1 Wieland, Dietrich & Riefenstahl, S. 395 ff.
2 Ebd., S. 400
3 Hauser, Shalom al Israel, S. 166
4 Ebd.
5 Lingen, Kesselrings letzte Schlacht, S. 51
6 Ebd.
7 Ebd., S. 53
8 Ebd., S. 69
9 Prauser, Der Anschlag in der Via Rasella, S. 269 ff.
10 Lingen, Kesselrings letzte Schlacht, S. 65
11 Ebd.
12 https://www.sueddeutsche.de/muenchen/landkreismuenchen/ottobrunner-kriegsverbrecher-schuld-und-suehne-1.2472097
13 Fermor, Die Entführung des Generals, S. 62 f.
14 Ebd., S. 24
15 Kuby, Mein Krieg, S. 11
16 Ebd., S. 426
17 Ebd., S. 427
18 Ebd., S. 429
19 Peyinghaus, Stille Jahre in Gertlauken, S. 166
20 Ebd., S. 101
21 Ebd., S. 169
22 Ebd., S. 171
23 Ebd.
24 Jacobsen, Nazis können nicht lieben, S. 107 ff.
25 Mann, Deutsche Hörer!, S. 58 f.

ANMERKUNGEN

26 Jacobsen, Nazis können nicht lieben, S. 107 ff.

5. KAPITEL

1 Berger, Der Mann mit dem Hut, S. 26 f.
2 Gerlach/Aly, Das letzte Kapitel, S. 10
3 Fénelon, Das Mädchenorchester in Auschwitz, S. 269
4 Ebd., S. 271
5 Ebd.
6 Gerlach/Aly, Das letzte Kapitel, S. 30 ff.
7 Willms, »Hinreißende, bezaubernde Marika«
8 Spiegel Nr. 11, 1982
9 Goebbels, Tagebücher, Bd. 5, S. 2061
10 Ebd.
11 Ebd., S. 2060
12 Ebd.
13 Bernhard, Die Ursache, S. 20 f.
14 Goebbels, Tagebücher, Bd. 5, S. 2060
15 Ebd., S. 2067
16 Overy, Russlands Krieg, S. 368
17 Ebd., S. 346
18 Werth, Russland im Krieg, S. 626
19 Alle Angaben bei Werth, Russland im Krieg, S. 466; neuere Angaben siehe Overy, Russlands Krieg, S. 303
20 Führer-Befehl Nr. 11 (Kommandanten der festen Plätze und Kampfkommandanten) vom 8. März 1944; zitiert in: Hubatsch (Hg.): Hitlers Weisungen für die Kriegführung, Dok. 53
21 TV-Dokumentation: Hitlers Krieg im Osten. Teil 4: Die Vergeltung. BBC und NDR 1996
22 Werth, Russland im Krieg, S. 628
23 Böll, Briefe aus dem Krieg, Bd. 2, S. 1071
24 Knab, Generaloberst Eduard Dietl, S. 301
25 Der Spiegel 22/1994, »Schluss mit dem Krieg, ihr Idioten«
26 Spiegel Nr. 22, 1994
27 https://www.spiegel.de/politik/ schluss-mit-dem-krieg-ihr-idioten-a-d83ee0b2-0002-0001-0000-000013685164
28 Hessel, Tanz mit dem Jahrhundert, S. 95
29 Ebd., S. 98
30 Ebd., S. 100

6. KAPITEL

1 Wassiltschikow, Die Berliner Tagebücher, S. 195 f.
2 Ebd., S. 196
3 Plöger, Von Ribbentrop zu Springer, S. 15
4 Gerlach/Aly, Das letzte Kapitel, S. 326 ff.
5 Gayda, Einführung, S. 20

ANMERKUNGEN

6 François-Poncet, Tagebuch eines Gefangenen, Freitag, 19. Januar 1945, S. 413
7 Ebd., Freitag, 14. Juli 1944, S. 215
8 Hauser, Shalom al Israel, S. 168
9 Ebd., S. 169
10 https://memoria.provincia.arezzo.it/biografie/eugenio_calo.asp
11 Kuby, Mein Krieg, S. 431
12 Ebd.
13 Ebd.
14 Film-Nachrichten vom 28. Oktober 1944
15 Speer, Erinnerungen, S. 102
16 Chaussy/Püschner, Nachbar Hitler, S. 139
17 Ebd., S. 155 f.
18 Ebd., S. 157
19 Meienberg, Es ist kalt in Brandenburg, S. 118
20 Ebd.
21 Niederschrift Schuschniggs, zitiert nach https://www.derstandard.at/story/2000075764557/schuschniggs-gespraech-mit-hitler-ich-bin-entschlossen-ein-ende-zu
22 Domarus, Hitler, Reden und Proklamationen, S. 1238
23 Lieb, Unternehmen Overlord, S. 207 f.
24 Beevor, D-Day, S. 355
25 Völkischer Beobachter, Süddeutsche Ausgabe (3. Druck) vom 16. Okt. 1941, S. 2
26 Oschlies, 17. Juli 1944
27 Ebd.
28 Beauvoir, In den besten Jahren, S. 714
29 Reck-Malleczewen, Tagebuch eines Verzweifelten, S. 223
30 Kellner, »Vernebelt, verdunkelt sind alle Hirne«, Bd. 2, S. 1035
31 Ebd., Bd. 1, S. 19
32 Ebd., Bd. 1, S. 51
33 Ebd., Bd. 1, S. 38
34 Ebd., Bd. 1, S. 42
35 Ebd.
36 Ebd., Bd. 1, S. 77
37 Ebd., Bd. 1, S. 65
38 Ebd., Bd. 1, S. 81
39 Fröhlich, Der Zweite Weltkrieg, S. 64 f.
40 Ebd., S. 85
41 Ebd., S. 10
42 Kellner, »Vernebelt, verdunkelt sind alle Hirne«, Bd. 1, S. 158
43 Ebd., Bd. 1, S. 191
44 Ebd., Bd. 1, S. 207
45 Ebd., Bd. 1, S. 392
46 Wette/Ueberschär, Stalingrad, S. 15
47 Diedrich, Stalingrad 1942/43, S. 149
48 Kellner, »Vernebelt, verdunkelt sind alle Hirne«, Bd. 1, S. 392
49 Ebd., Bd. 1, S. 313
50 Ebd., Bd. 1, S. 241 f.
51 Fröhlich, Der Zweite Weltkrieg, S. 146
52 Ebd., S. 147 f.

53 Ebd., S. 148
54 Nossack, Der Untergang, S. 49
55 Goebbels, Tagebücher, 3. 8. 1943; 1.8.1943; 7.8.1943
56 Kellner, »Vernebelt, verdunkelt sind alle Hirne«, Bd. 1, S. 513
57 Ebd., Bd. 1, S. 513
58 Ebd., Bd. 1, S. 605
59 Ebd., Bd. 1, S. 591
60 Ebd., Bd. 1, S. 592
61 Ebd., Bd. 2, S. 716
62 Ebd., Bd. 2, S. 734
63 Ebd., Bd. 2, S. 740
64 Goebbels, Tagebücher, Bd. 5, S. 2073
65 Völkischer Beobachter, Süddeutsche Ausgabe (3. Druck) vom 9. Juli 1944, S. 1 f.
66 Kellner, »Vernebelt, verdunkelt sind alle Hirne«, Bd. 2., S. 751

7. KAPITEL

1 Mann, Doktor Faustus, S. 337 f.
2 Mann, Tagebücher 1944–1946, S. 79
3 Brecht, Journale 2, S. 197
4 Reck-Malleczewen, Tagebuch eines Verzweifelten, S. 223
5 Kellner, »Vernebelt, verdunkelt sind alle Hirne«, Bd. 2, S. 762
6 Overmans, Die Kriegsgefangenenpolitik des Deutschen Reiches, S. 809
7 Fröhlich, Der Zweite Weltkrieg, S. 126
8 Gerlach, Militärische »Versorgungszwänge«, S. 196 f.
9 Mann, Tagebücher 1944–1946, S. 100
10 Hoffmann, Claus Schenk Graf von Stauffenberg, S. 412 f.
11 Mühlen/Bauer, Der 20. Juli 1944 in Paris, S. 9
12 Kniebe, Verschwörer in Uniform
13 Mühlen/Bauer, Der 20. Juli 1944 in Paris, S. 11
14 Goebbels, Tagebücher, Bd. 5, S. 2083
15 Völkischer Beobachter, Norddeutsche Ausgabe vom 22. Juli 1944, in: Kellner, »Vernebelt, verdunkelt sind alle Hirne«, Bd. 2, S. 755
16 Kellner, »Vernebelt, verdunkelt sind alle Hirne«, Bd. 2, S. 762 f.
17 Reck-Malleczewen, Tagebuch eines Verzweifelten, S. 223
18 https://www.stuttgarter-zeitung.de/inhalt.von-zeit-zu-zeit-luftangriffe-1944-die-schlimmsten-nacht.5c424b8d-427a-44e8-b672-58572e5387d7.html
19 Peyinghaus, Stille Jahre in Gertlauken, S. 178
20 Ebd., S. 179
21 Ebd., S. 180
22 Wieland, Dietrich & Riefenstahl, S. 377
23 Read/Fisher, Der Fall von Berlin, S. 214 f.

24 https://www.ukrainianhistory
portal.org/themenmodule/
der-zweite-weltkrieg/ns-
zwangsarbeiter-aus-der-
ukraine-im-deutschen-reich/
25 Wieland, Dietrich & Riefenstahl,
S. 377
26 Ebd.
27 Wassiltschikow, Die Berliner
Tagebücher, S. 258
28 Wieland, Dietrich & Riefenstahl,
S. 378
29 Infield, Leni Riefenstahl,
S. 164 f.
30 Czech, Kalendarium der
Ereignisse im Konzentrationslager Auschwitz-Birkenau, S. 838
31 Gilsenbach/Rosenberg,
Riefenstahls Liste; Rosenberg,
Das Brennglas, S. 147 u. 151 f.
32 Papirblat, 900 Tage in
Auschwitz, S. 37
33 Ebd., S. 55
34 Ebd., S. 56
35 Ebd.
36 Ebd.
37 Ebd., S. 57
38 https://www.papierblatt.de/
papirblat/
39 Papirblatt, 900 Tage in
Auschwitz, S. 126
40 Ebd., S. 151
41 Czech, Kalendarium der
Ereignisse im Konzentrationslager Auschwitz-Birkenau,
S. 373 f.
42 Papirblat, 900 Tage in
Auschwitz, S. 161
43 Ebd.
44 Ebd., S. 193
45 Ebd., S. 206
46 Ebd., S. 209 f.
47 Ebd., S. 320
48 Ebd., S. 321
49 Ebd., S. 324
50 Ebd., S. 338
51 Ebd.
52 Ebd.
53 Ebd., S. 339

8. KAPITEL

1 Werth, Russland im Krieg,
S. 649
2 Ebd., S. 650
3 Ebd.
4 Ebd., S. 561
5 Ebd., S. 648
6 Kuby, Mein Krieg, S. 432 f.
7 Deutsche Zeitung vom
31.8.1944, S. 2
8 Andreas-Friedrich, Der
Schattenmann, S. 161
9 Ebd.
10 Fabian von Schlabrendorff, in:
Tuchel/Schattenfroh, Zentrale
des Terrors – Prinz-Albrecht-
Straße 8, S. 272 ff.
11 Rosenthal, Zwei Leben in
Deutschland, S. 61
12 Ebd., S. 64
13 Ebd.
14 Ebd.

15 Ebd., S. 81
16 Wassiltschikow, Die Berliner Tagebücher, S. 245 ff.

9. KAPITEL

1 Goebbels, Tagebücher, Bd. 5, S. 2076
2 Ebd., S. 2080 f.
3 Ebd., S. 2076
4 Ebd., S. 2080
5 Ebd., S. 2079
6 Ebd., S. 2081
7 Ebd., S. 2084
8 Read/Fisher, Der Fall von Berlin, S. 249 f.
9 Ebd., S. 251
10 »Deine Arbeitskraft gehört der Nation«, in: Völkischer Beobachter, Norddeutsche Ausgabe vom 30. Juli 1944, zit. nach: Kellner, »Vernebelt, verdunkelt sind alle Hirne«, Bd. 2, S. 767
11 Leiser, »Deutschland, erwache!«, S. 104 f.
12 Kershaw, Hitler, S. 930
13 Fröhlich, Der Zweite Weltkrieg, S. 148
14 Read/Fisher, Der Fall von Berlin, S. 221 f.

10. KAPITEL

1 Hanimann, Antoine de Saint-Exupéry, S. 275 f.
2 Special Report Air Force, SRA, 5538, vom 30. Juli 1944, zitiert nach Neitzel/Welzer, Soldaten, S. 100
3 Pfeil, Kriegsende in Frankreich
4 Lieb, S. 179 f.
5 https://www.gedenkorte-europa.eu/content/list/398/
6 Snyder, Bloodlands, S. 310
7 Stang, Dr. Oskar Dirlewanger, S. 66 ff.
8 Ebd., S. 70 f.
9 Snyder, Bloodlands, S. 310
10 Hosenfeld, Ich versuche jeden zu retten, S. 828
11 Urban, Der Verlust, S. XXX
12 Vogel, Wilm Hosenfeld. Ein deutsches Leben, S. 38 ff.

11. KAPITEL

1 Iperen, Ein Versteck unter Feinden, S. 244 f.
2 Lieb, Unternehmen Overlord, S. 155
3 Neitzel, Abgehört, S. 530
4 Ebd.
5 Kuby, Mein Krieg, S. 435
6 Ebd., S. 436
7 Ebd., S. 437
8 Wassiltschikow, Die Berliner Tagebücher, S. 278
9 Himmler, Reichsführer SS Himmler auf der Gauleitertagung am 3. August 1944 in Posen, S. 385
10 Marxen, Ein Führerwitz genügte zur Hinrichtung

11 Kershaw, Hitler, S. 916 f.
12 Fest, Staatsstreich, XXX
13 Ebd., S. XXX
14 Czech, Kalendarium der Ereignisse im Konzentrationslager Auschwitz-Birkenau, S. 857
15 Ebd., S. 844
16 Böll, Briefe aus dem Krieg, Bd. 2, S. 1102

12. KAPITEL

1 Gelich, Nach Ostland wollen wir reiten
2 Wassiltschikow, Die Berliner Tagebücher, S. 275
3 Ebd., S. 274
4 Ebd., S. 275
5 Dreher, Der Weg zum Kanzler, S. 77
6 Völkischer Beobachter, Norddeutsche Ausgabe (Berlin), 16. September 1944
7 Pohl, Wassili Grossmann und das Wissen um das Vernichtungslager Treblinka, S. 9
8 Grossmann, Die Hölle von Treblinka, S. 74
9 Ebd.
10 Ebd., S. 75
11 Ebd., S. 35
12 Himmler, Rede des Reichsführers SS bei der SS-Gruppenführertagung in Posen am 4. Oktober 1943

13 Fallada, In meinem fremden Land, S. 7 ff.
14 Lieb, Unternehmen Overlord, S. 164
15 Klemp, Heinz Stahlschmidt
16 Hafner/Schapira, Die Akte Alois Brunner, S. 102 ff.
17 Moll, Führer-Erlasse, S. 441
18 Hafner/Schapira, Die Akte Alois Brunner, S. 176
19 Ebd.

13. KAPITEL

1 Beauvoir, In den besten Jahren, S. 715 f.
2 Wegner, Das deutsche Paris, S. 186
3 Ebd., S. 187
4 Ebd., S. 186
5 Neitzel, Abgehört, S. 255 f.
6 Beauvoir, In den besten Jahren, S. 718 f.
7 Lévi-Valensi, Albert Camus – Journalist in der Résistance, S. 103
8 Wegner, Das deutsche Paris, S. 189
9 Martens/Nagel, Walter Dreizner
10 Camus, Combat vom 24. und 25. August 1944
11 Kossert, Ostpreußen, S. 285
12 Wieck, Zeugnis vom Untergang Königsbergs, S. 61

ANMERKUNGEN

13 Kossert, Ostpreußen, S. 292 f.
14 Wieck, Zeugnis vom Untergang Königsbergs, S. 152
15 Ebd., S. 153
16 Peyinghaus, Stille Jahre in Gertlauken, S. 185

SCHLUSS

1 Fröhlich, Der Zweite Weltkrieg, S. 202

Das spannendste Jahr der Weimarer Republik

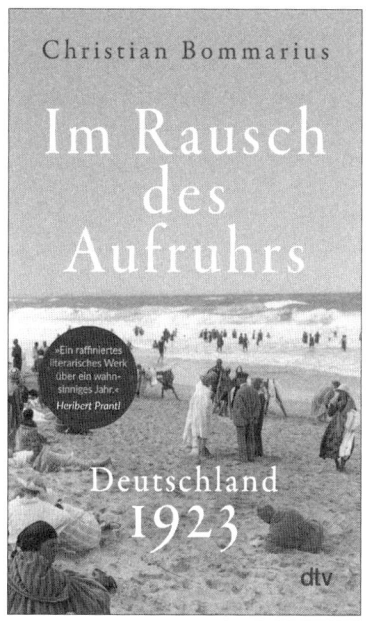

ALLE LIEFERBAREN TITEL, INFORMATIONEN UND SPECIALS FINDEN SIE ONLINE

Auch als **eBook**   **www.dtv.de** dtv